# Le langage C

ANSI

# *CHEZ LE MÊME ÉDITEUR*

*Les solutions de tous les exercices proposés dans cet ouvrage sont développées dans* : LE LANGAGE C, SOLUTIONS, aux exercices de l'ouvrage de B.W. KERNIGHAN et D.M. RITCHIE, par C.L. TONDO et S.E. GIMPEL. Traduit de l'anglais par A. BERTIER. *Collection MIM - Langages*. 1992, 2e édition, 2e tirage, 168 pages.

***Dans la même collection***

LANGAGE C : MANUEL DE RÉFÉRENCE, par S.P. HARBISON et G.L. jr STEELE. Traduit de l'anglais par J.Cl. FRANCHITTI. 1990, 472 pages.

LANGAGE C NORME ANSI, vers une approche orientée objet, par Ph. DRIX. 1990, 2e tirage, 376 pages.

VARIATIONS C ANSI SUR DES THÈMES PASCAL, par Ph. DRIX. 1991, 216 pages.

MÉTHODOLOGIE DE LA PROGRAMMATION EN LANGAGE C. Principes et applications, par J.-P. BRAQUELAIRE. 1991, 472 pages.

LANGAGE C. PROBLÈMES ET EXERCICES, par A.R. FEUER. Traduit de l'anglais par C. ARTHUR et J. KOTT. 1991, 2e édition, 184 pages.

PROGRAMMER EN C++, par S.C. DEWHURST et K.T. STARK. Traduit de l'anglais par J.-F. GROFF. 1990, 208 pages.

UNIX, PROGRAMMATION AVANCÉE, par M.J. ROCHKIND. Traduit de l'anglais par A. GUY. 1988, 288 pages.

UNIX SYSTEM V : SYSTÈME ET ENVIRONNEMENT, par A.B. FONTAINE et P.H. HAMMÈS. 1989, 2e édition révisée et augmentée, 400 pages.

PROGRAMMATION EN INFOGRAPHIE. Principes et exercices, programmes en C, par L. AMMERAAL. Traduit de l'anglais par M. LICHTENBERG. 1989, 208 pages.

OUTILS LOGICIELS POUR LA PROGRAMMATION SYSTÈME, par T.J. BIGGERSTAFF. Traduit de l'anglais par A. KERMARREC. 1989, 368 pages.

***Autres ouvrages***

PROGRAMMER EN C, par M.I. BOLSKY et AT&T. Traduit de l'anglais par M. CALLEUX. *Collection des Mémo-Guides*. 1987, 88 pages.

UNIX SYSTEM V/386. Rédigé et traduit par UNIX SYSTEM LABORATORIES, 1991.
- — Guide d'évolution, 126 pages.
- — Guide d'utilisation, 864 pages.
- — Guide de conversion ANSI/C, 62 pages.
- — Guide de programmation conformité POSIX, 64 pages.
- — Guide de programmation ANSI/C et outils de support de programmation, 792 pages.

CONCEPTION DU SYSTÈME UNIX, par M.J. BACH. 1991, 3e tirage, 512 pages.

*Voir liste de la collection MIM en pages 2 et 3 de couverture*

MANUELS INFORMATIQUES MASSON



# Le langage C

ANSI



Brian W. KERNIGHAN et Dennis M. RITCHIE
*AT&T Bell Laboratories, Murray Hill, New Jersey*

*Traduit de l'anglais par*

Jean-François GROFF et Éric MOTTIER
avec la collaboration de Étienne ALLARD
*enseignant à l'Institut National des Télécommunications*

2^e édition
3^e tirage

MASSON PARIS | 1992 | PRENTICE HALL LONDON

Traduction de l'ouvrage publié en langue anglaise,
par Prentice Hall Inc., Englewood Cliffs, New Jersey,
sous le titre
*THE C PROGRAMMING LANGUAGE 2nd Edition*



Publié en langue française en coédition par
MASSON - Paris et PRENTICE HALL International - London



ISBN : 2-225-82070-8
ISSN : 0249-6992

MASSON — 120, bd Saint-Germain, 75280 Paris Cedex 06
MASSON S.p.A. — Via Statuto 2/4, 20121 Milano
MASSON S.A. — Balmes 151, 08008 Barcelona
DÜRR und KESSLER — Maarweg, 30, 5342, Rheinbreitbach b. Bonn

# Table des matières

# Avant-propos

Depuis la parution de l'ouvrage *Le langage C* en 1978, le monde de l'informatique a été révolutionné. Les « gros » ordinateurs le sont encore plus, et les performances des micro-ordinateurs d'aujourd'hui rivalisent avec celles des ordinateurs centraux d'il y a dix ans. Pendant ce temps, le langage C a changé aussi, quoique dans une moindre mesure, et il s'est répandu bien au-delà de ses origines en tant que langage des systèmes d'exploitation UNIX.

La popularité croissante du C, les modifications de ce langage au cours du temps, ainsi que le développement de compilateurs par des équipes qui n'avaient pas participé à sa conception, ont rendu nécessaire une définition du langage C plus précise et plus actuelle que celle donnée par la première édition de cet ouvrage. En 1983, l'Institut National Américain de Normalisation (ANSI, American National Standards Institute), a mis en place une commission dont le but était de donner « une définition du langage C non ambiguë et indépendante de la machine », tout en préservant l'esprit de ce langage. Le résultat de ces travaux est la norme ANSI du langage C.

Cette norme formalise des constructions auxquelles la première édition faisait allusion sans les décrire, en particulier l'affectation des structures et les énumérations. Elle fournit une nouvelle forme de déclaration des fonctions, qui permet de vérifier que leur utilisation concorde avec leur définition. Elle définit une bibliothèque standard comprenant un vaste ensemble de fonctions dédiées aux entrées-sorties, à la gestion de la mémoire, au traitement des chaînes de caractères, et à d'autres tâches similaires. Elle précise certaines particularités du langage, qui n'étaient pas expliquées en détail dans la définition d'origine, et en même temps elle énonce de façon explicite les aspects du langage qui dépendent toujours de la machine.

Cette deuxième édition du *Langage C* décrit le C tel qu'il est défini par la norme ANSI. Bien que nous ayons signalé les endroits où le langage a évolué, nous avons choisi d'écrire nos programmes exclusivement selon la nouvelle forme. Dans la plupart des cas, cela ne fait pas de différence significative ; le changement le plus visible réside dans la nouvelle forme de déclaration et de définition des fonctions. Les compilateurs récents prennent déjà en compte la plupart des caractéristiques de la norme.

Nous avons essayé de conserver la brièveté de la première édition. Le C est un langage concis, et un livre épais le desservirait. Nous avons amélioré la présentation des particularités fondamentales de la programmation en C, comme les pointeurs. Nous avons perfectionné les exemples originaux, et ajouté de nouveaux exemples dans plusieurs chapitres. Par exemple, les explications sur les déclarations complexes s'accompagnent de programmes qui convertissent les déclarations du C en des descriptions verbales des objets déclarés, et vice-versa. Comme dans la première édition, tous les exemples ont été testés directement depuis le texte des programmes, qui est fourni sous une forme directement compréhensible par le compilateur.

L'annexe A contient un manuel de référence, qui n'est pas celui de la norme, mais où nous avons fait de notre mieux pour exprimer l'essentiel de la norme de façon plus concise. Ce manuel est conçu pour être compris aisément par les programmeurs, mais pas comme une définition destinée à ceux qui écrivent des compilateurs — c'est là le rôle de la norme elle-même. L'annexe B est un résumé des possibilités qu'offre la bibliothèque standard. Cette annexe aussi est conçue pour servir de référence aux programmeurs, pas aux personnes qui s'occupent des implémentations. L'annexe C est un bref récapitulatif des changements par rapport à la version originale.

Comme nous l'avons dit dans l'avant-propos à la première édition, « l'usage du C s'améliore avec la pratique. » Avec dix ans d'expérience supplémentaire, nous le pensons toujours. Nous espérons que ce livre vous aidera à apprendre le C et à bien vous en servir.

Nous devons beaucoup aux amis qui nous ont aidés à rédiger cette deuxième édition. Jon Bentley, Doug Gwyn, Doug McIlroy, Peter Nelson et Rob Pike nous ont fait part de remarques pertinentes sur presque toutes les pages de notre manuscrit. Nous remercions Al Aho, Dennis Allison, Joe Campbell, G.R. Emlin, Karen Fortgang, Allen Holub, Andrew Hume, Dave Kristol, John Linderman, Dave Prosser, Gene Spafford et Chris Van Wyk pour avoir relu cet ouvrage attentivement. Nous avons également reçu des suggestions utiles de la part de Bill Cheswick, Mark Kernighan, Andy Koenig, Robin Lake, Tom London, Jim Reeds, Clovis Tondo et Peter Weinberger. Dave Prosser a répondu à de nombreuses questions au sujet de la norme ANSI. Nous avons utilisé abondamment le traducteur C++ de Bjarne Stroustrup pour tester nos programmes localement, et Dave Kristol nous a fourni un compilateur ANSI C pour les derniers essais. Rich Drechsler nous a beaucoup aidé pour la composition typographique.

A tous, merci du fond du cœur.

Brian W. Kernighan
Dennis M. Ritchie

# Avant-propos à la première édition

Le langage C est conçu pour de nombreuses utilisations et caractérisé par une économie d'expression, par des instructions de contrôle et des structures de données modernes, ainsi que par un ensemble très complet d'opérateurs. Ce langage n'est ni « de très haut niveau », ni très « riche » ; il ne se spécialise pas non plus dans un champ particulier d'applications. Mais l'absence de restrictions et son côté général le rendent dans de nombreux cas plus adapté et plus efficace que des langages supposés plus puissants.

A l'origine, le langage C a été inventé par Dennis Ritchie pour le système d'exploitation UNIX utilisé sur le DEC PDP-11, et a été mis en œuvre sur ce même système. Le système d'exploitation, le compilateur C et la plupart des programmes d'application UNIX (y compris tous les logiciels employés pour préparer ce livre) sont écrits en langage C. Des compilateurs destinés à la production existent également pour certaines autres machines, comme le système IBM/370, le Honeywell 6000, et l'Interdata 8/32. Le langage C n'est pas lié à une structure matérielle ou à une machine particulière, il permet donc d'écrire très facilement des programmes qui fonctionnent sur n'importe quelle machine acceptant le langage C, sans qu'il soit nécessaire de les modifier.

Ce livre se propose d'aider le lecteur à apprendre à programmer en langage C. Il contient une présentation générale servant d'enseignement de base du langage C et préparant les nouveaux utilisateurs à l'expérimenter le plus tôt possible, plusieurs chapitres développant chacun un concept fondamental du langage, et enfin un manuel de référence. La méthode employée dans ce livre s'appuie en grande partie sur la lecture, l'écriture et la reprise d'exemples plutôt que sur un simple exposé des règles. De plus, on a préféré des exemples réels et complets à des fragments isolés. Tous les exemples ont été testés directement depuis le texte des programmes, qui est fourni sous une forme directement compréhensible par le compilateur. Nous avons montré comment employer efficacement ce langage tout en nous efforçant, dans la mesure du possible, d'illustrer les algorithmes les plus utilisés, ainsi que certains principes de bon goût et de construction solide.

Ce livre ne constitue pas une initiation à la programmation. Il suppose connus quelques concepts de programmation, tels que les variables, les instructions d'affectation, les boucles et les fonctions. Néanmoins, un programmeur néophyte devrait être capable de parcourir ce livre et de s'initier rapidement à ce langage, bien que le recours à l'aide d'un collègue plus qualifié puisse lui être utile.

En ce qui nous concerne, le C s'est avéré être un langage plaisant, expressif et polyvalent pour une large gamme de programmes. Il est facile à apprendre et son usage s'améliore avec la pratique. Nous espérons que ce livre vous aidera à l'employer correctement.

Les critiques et les suggestions judicieuses de nombreux amis et collègues ont beaucoup apporté à cet ouvrage, et nous ont donné plus de plaisir à l'écrire. Nous remercions particulièrement Mike Bianchi, Jim Blue, Stu Feldman, Doug McIlroy, Bill Roome, Bob Rosin et Larry Rosler pour le soin qu'ils ont porté à la lecture des versions successives de ce livre. Nous exprimons également notre gratitude à Al Aho, Steve Bourne, Dan Dvorak, Chuck Haley, Debbie Haley, Marion Harris, Rick Holt, Steve Johnson, John Mashey, Bob Mitze, Ralph Muha, Peter Nelson, Elliot Pinson, Bill Plauger, Jerry Spivack, Ken Thompson et Peter Weinberger pour leurs précieux commentaires pendant les étapes successives de la conception, ainsi qu'à Mike Lesk et Joe Ossanna pour leur concours inestimable lors de la composition typographique.

Brian W. Kernighan
Dennis M. Ritchie

# Introduction

Le C est un langage de programmation conçu pour de multiples utilisations. Il est souvent associé au système UNIX, sur lequel il a été développé, car ce système est écrit en C, ainsi que la majorité des logiciels qui tournent sous UNIX. Néanmoins, ce langage n'est lié à aucune machine ni à aucun système d'exploitation particulier ; bien qu'il ait été baptisé « langage de programmation système » car il sert beaucoup à écrire des compilateurs et des systèmes d'exploitation, son usage s'est étendu également à l'écriture de programmes importants dans des domaines d'application très divers.

De nombreux principes fondamentaux du C sont issus du langage BCPL, développé par Martin Richards. L'influence du BCPL s'est exercée sur le C par l'intermédiaire du langage B, inventé par Ken Thompson en 1970 pour le premier système UNIX, sur le DEC PDP-7.

Le BCPL et le B sont des langages « non typés ». Au contraire, le C fournit différents types de données. Les types fondamentaux sont d'une part les caractères, d'autre part des nombres de diverses tailles, entiers ou en virgule flottante. De plus, on peut créer toute une hiérarchie de types de données dérivés grâce aux pointeurs, aux tableaux, aux structures et aux unions. On forme des expressions à l'aide d'opérateurs et d'opérandes ; toutes les expressions, y compris les affectations et les appels de fonction, peuvent être des instructions. Les pointeurs permettent d'effectuer des calculs d'adresses indépendamment de la machine.

Le langage C fournit les structures de contrôle nécessaires à l'élaboration de programmes structurés : le regroupement des instructions, les prises de décision (`if-else`), le choix d'un cas parmi un ensemble de possibilités (`switch`), les boucles avec le test de sortie au début (`while`, `for`) ou à la fin (`do`), et la sortie de boucle anticipée (`break`).

Les fonctions peuvent retourner des valeurs de n'importe quel type : les types de base, des structures, des unions ou des pointeurs. Toutes les fonctions peuvent être appelées récursivement. Les variables locales sont typiquement « automatiques », c'est-à-dire qu'elles sont recréées à chaque appel. Il n'est pas possible d'imbriquer les définitions de fonction, mais on peut déclarer les variables selon une structure en blocs. Les fonctions constitutives d'un programme C peuvent figurer dans des fichiers sources distincts qui sont compilés séparément. Les variables peuvent être soit internes à une fonction, soit externes mais seulement visibles à l'intérieur d'un seul fichier source, soit visibles dans la totalité du programme.

Une étape de prétraitement s'occupe de substituer les macro-instructions dans le texte du programme, d'inclure d'autres fichiers source, et traite la compilation conditionnelle.

Le C est un langage que l'on peut qualifier de « bas niveau ». Cette appellation n'est pas péjorative ; elle signifie simplement que le C manipule les mêmes sortes d'objets que la plupart des ordinateurs, à savoir des caractères, des nombres et des adresses. On peut combiner ces objets entre eux et les manipuler grâce aux opérateurs arithmétiques et logiques que les machines fournissent réellement.

Le langage C ne comporte aucune opération qui traite directement des objets composés, tels que les chaînes de caractères, les ensembles, les listes ou les tableaux. Il n'existe pas d'opérations qui manipulent l'intégralité d'un tableau ou d'une chaîne, bien qu'il soit possible de copier les structures dans leur ensemble. Le langage ne définit pas d'autre possibilité d'allocation de mémoire que la définition statique et la structure de pile où sont rangées les variables locales des fonctions ; il n'y a pas de segments de mémoire, ni de récupération de la mémoire inutilisée (ramasse-miettes). Enfin, le C proprement dit ne fournit aucun moyen de réaliser des entrées-sorties ; il ne comporte pas d'instructions READ ou WRITE, ni de méthodes intrinsèques d'accès aux fichiers. Ce sont des fonctions, appelées explicitement, qui doivent donner accès à tous ces mécanismes d'un niveau supérieur. La plupart des implémentations du C offrent un assortiment convenablement normalisé de fonctions de cette sorte.

De même, le C ne propose que des structures de contrôle simples et séquentielles : des tests, des boucles, des regroupements et des sous-programmes, mais pas de multiprogrammation, de traitements effectués en parallèle, de synchronisation ni de coprogrammes.

Bien que l'absence de certaines de ces caractéristiques puisse sembler être un handicap majeur (« Il faut vraiment que j'appelle une fonction pour comparer deux chaînes de caractères ? »), le fait de limiter les dimensions du langage lui procure des avantages certains. Comme le C est relativement petit, il suffit de peu de place pour le décrire, et il s'apprend vite. Un programmeur peut s'attendre avec raison à connaître, à comprendre et à utiliser effectivement la totalité de ce langage.

Pendant de nombreuses années, la définition du langage C était contenue dans le manuel de référence de la première édition du *Langage C*. En 1983, l'Institut National Américain de Normalisation (ANSI, American National Standards Institute), a mis en place une commission dans le but de proposer une définition du langage C moderne et détaillée. La définition issue de ces travaux, la norme ANSI, ou le « C ANSI » a été approuvée définitivement fin 1988. Les compilateurs récents prennent déjà en compte la plupart des caractéristiques de cette norme.

La norme est fondée sur le manuel de référence d'origine. Le langage a relativement peu changé ; l'un des objectifs de la normalisation était d'assurer que la majorité des programmes existants restent opérationnels ou, à défaut, que les nouveaux compilateurs puissent avertir les programmeurs des changements de comportement.

Pour la plupart des programmeurs, la modification la plus profonde réside dans la nouvelle syntaxe de déclaration et de définition des fonctions. Une déclaration de fonction peut désormais comporter une description des arguments de cette fonction ; la syntaxe de la définition a été modifiée en conséquence. Ces renseignements supplémentaires permettent aux compilateurs de détecter beaucoup plus facilement les erreurs dues à des arguments incohérents ; d'après notre expérience, cet ajout est très utile au langage.

Le langage a subi d'autres modifications mineures. L'affectation des structures et les énumérations, qui étaient très répandues, font désormais officiellement partie du langage. Les calculs en virgule flottante peuvent s'effectuer en simple précision. Les propriétés de l'arithmétique ont été clarifiées, en particulier à propos des types non signés. Le préprocesseur est plus élaboré. La plupart de ces innovations affecteront très peu les habitudes des programmeurs.

La norme apporte au langage C une seconde contribution de taille : elle définit une bibliothèque d'accompagnement. Celle-ci spécifie des fonctions qui permettent d'accéder au système d'exploitation (par exemple, pour lire et écrire des fichiers), de réaliser des entrées-sorties avec mise en forme, d'allouer de la mémoire, de manipuler des chaînes, etc. Un assortiment de fichiers d'en-tête standard offre un accès uniformisé aux déclarations de fonctions et aux types de données définis dans la bibliothèque. Elle garantit un fonctionnement compatible aux programmes qui l'utilisent pour dialoguer avec le système sous lequel ils tournent. La plus grande partie de cette bibliothèque est calquée sur la « bibliothèque standard d'entrées-sorties » du système UNIX. La première édition décrivait cette bibliothèque-là, qui a été également très utilisée sur d'autres systèmes d'exploitation. Là non plus, les programmeurs ne verront pas de modifications profondes.

Puisque les types de données et les structures de contrôle que fournit le C existent directement sur la plupart des ordinateurs, la bibliothèque d'exécution, nécessaire à l'implémentation de programmes autonomes, est d'une taille minuscule. Les fonctions de la bibliothèque standard ne peuvent être appelées qu'explicitement ; on peut donc s'en passer si l'on n'en a pas besoin. La plupart d'entre elles peuvent s'écrire en C, et mis à part les spécificités du système d'exploitation qu'elles dissimulent, elles sont elles-mêmes portables.

Bien que le langage C soit compatible avec les possibilités de nombreux ordinateurs, il est indépendant de toute architecture matérielle particulière. Avec un minimum d'attention, il est facile d'écrire des programmes portables, c'est-à-dire des programmes qui peuvent tourner tels quels sur des matériels différents. La norme expose clairement les questions concernant la portabiblité, et elle définit un ensemble de constantes qui caractérisent la machine sur laquelle tourne le programme.

Le C n'est pas un langage à typage fort, mais il a évolué et l'on a renforcé ses vérifications de types. La définition originale du C autorisait, tout en les désapprouvant, les échanges entre pointeurs et nombres entiers ; cette possibilité a vite été éliminée, et la norme impose désormais des déclarations correctes et des conversions explicites, comme l'exigeaient déjà les bons compilateurs. Les nouvelles déclarations de fonctions constituent un nouveau pas dans cette direction. Les compilateurs indiquent la majorité des erreurs de type, et les types de données incompatibles entre eux ne sont pas convertis automatiquement. Toutefois, la philosophie de base du C consiste toujours à supposer que les programmeurs savent ce qu'ils font ; il leur demande simplement d'exposer leurs intentions de façon explicite.

Le C, comme tous les autres langages, a ses imperfections. Certains opérateurs n'ont pas le bon degré de priorité ; certaines parties de la syntaxe pourraient être améliorées. Cependant, le C a prouvé qu'il est un langage extrêmement efficace et expressif pour une large gamme d'applications de programmation.

Cet ouvrage est organisé comme suit. Le premier chapitre est une initiation aux principes fondamentaux du langage C. Son objectif est de permettre au lecteur de démarrer le plus vite possible, car nous sommes totalement persuadés que la seule manière d'apprendre un nouveau langage est de s'en servir pour programmer. Cette initiation s'appuie sur une connaissance pratique des techniques de base de la programmation ; elle ne donne pas d'explications sur les ordinateurs, ni sur la compilation, ni sur le sens d'une expression telle que `n=n+1`. Bien que nous ayons essayé d'expliquer, partout où cela était possible, des techniques de programmation utiles, ce livre n'a pas la prétention d'être un ouvrage de référence sur les structures de données et les algorithmes ; partout où nous avons dû choisir, notre attention s'est concentrée sur le langage en soi.

Les chapitres 2 à 6 traitent plus en détail divers aspects du langage C, et de façon nettement plus formelle que dans le premier chapitre, bien que nous mettions encore l'accent sur des exemples de programmes complets, plutôt que des fragments isolés. Le chapitre 2 présente les types de base, les opérateurs et les expressions. Le chapitre 3 expose les structures de contrôle : `if-else`, `switch`, `while`, `for`, etc. Le chapitre 4 traite des fonctions et de la structure des programmes — les variables externes, les règles de visibilité, les fichiers source multiples, etc. — et il aborde également le préprocesseur. Le chapitre 5 parle des pointeurs et des calculs d'adresses. Le chapitre 6 étudie les structures et les unions.

Le chapitre 7 décrit la bibliothèque standard, qui offre une interface normalisée avec le système d'exploitation. Cette bibliothèque est définie par la norme ANSI, et elle est censée exister sur toutes les machines qui supportent le langage C, de sorte que l'on peut porter sur un autre système, sans changement, les programmes qui l'utilisent pour les entrées-sorties et les autres appels au système d'exploitation.

Le chapitre 8 présente une interface entre les programmes en C et le système d'exploitation UNIX, en insistant sur les entrées-sorties, le système de gestion des fichiers et l'allocation de la mémoire. Bien qu'une partie de ce chapitre ne s'applique qu'aux systèmes UNIX, les programmeurs qui travaillent avec d'autres systèmes d'exploitation devraient également y trouver des renseignements utiles, en particulier des indications sur la manière dont une certaine version de la bibliothèque standard a été implémentée, et des suggestions concernant la portabilité.

L'annexe A contient un manuel de référence du langage. L'énoncé officiel de la syntaxe et de la sémantique du C est donné par la norme ANSI elle-même. Toutefois, ce document est principalement destiné aux concepteurs de compilateurs. Le manuel de référence que nous fournissons contient une définition du langage plus concise, et dans un style moins formel. L'annexe B est une description résumée de la bibliothèque standard ; elle aussi est plus destinée aux utilisateurs qu'à ceux qui s'occupent d'implémenter le langage. L'annexe C récapitule brièvement les modifications apportées au langage par rapport à sa version d'origine. Néanmoins, en cas de doute, ce sont toujours la norme et votre propre compilateur qui font autorité sur le langage.

# CHAPITRE PREMIER : **Présentation générale du C**

Commençons par une rapide introduction au langage C. Notre but est d'exposer les principes fondamentaux de ce langage à l'aide de véritables programmes, sans nous enliser pour autant dans un fouillis de détails, de règles et d'exceptions. A ce stade, nous ne cherchons pas à être complets, ni même précis (toutefois, les exemples sont censés être justes). Nous voulons que vous arriviez le plus vite possible à écrire des programmes utiles, et pour cela, il faut que nous insistions sur les bases : les variables et les constantes, les calculs, les structures de contrôle, les fonctions et quelques rudiments d'entrées-sorties. Dans ce chapitre, nous laissons volontairement de côté certaines notions capitales pour écrire des programmes plus longs. Il s'agit des pointeurs, des structures, de la plupart des nombreux opérateurs du C, de diverses instructions de contrôle, et de la bibliothèque standard.

Une telle approche n'est pas exempte de défauts. En particulier, on ne trouvera pas ici toutes les explications sur un point quelconque du langage, et cette initiation peut également être trompeuse par sa brièveté. De plus, comme les exemples n'utilisent pas toute la puissance du C, ils pourraient être plus concis et plus élégants. Nous avons tenté de minimiser les effets de cette simplification, mais soyez-en conscient. Un autre inconvénient de cette présentation est le fait que les chapitres suivants répèteront parfois des notions déjà introduites ici. Nous espérons que ces quelques redites vous aideront sans vous agacer.

En tout cas, les programmeurs expérimentés devraient pouvoir extrapoler en fonction de leurs besoins. Nous conseillons aux néophytes de compléter la lecture de ce chapitre en écrivant eux-mêmes de petits programmes semblables aux nôtres. Tous peuvent considérer ceci comme la base sur laquelle reposent les explications plus détaillées qui commencent au chapitre 2.

## 1.1 Pour commencer

La seule manière d'apprendre un nouveau langage est de s'en servir pour programmer. Le premier programme à écrire est le même pour tous les langages :

*Afficher les mots :*

```
bonjour, maître
```

Ce n'est pas simple comme bonjour ; pour réussir cet exercice, il vous faut créer le texte du programme quelque part, le compiler sans erreurs, le charger, l'exécuter, et trouver l'endroit où votre texte s'est affiché. Si vous maîtrisez ces mécanismes-là, tout le reste sera relativement simple.

En C, le programme qui écrit «`bonjour, maître`» est le suivant :

```
#include <stdio.h>

main()
{
    printf("bonjour, maître\n");
}
```

La manière d'exécuter ce programme dépend du système d'exploitation que vous utilisez. Pour prendre un exemple, si vous travaillez sous UNIX, il vous faut créer le programme dans un fichier dont le nom se termine par «`.c`», comme `bonjour.c`, puis le compiler à l'aide de la commande

```
cc bonjour.c
```

Si vous n'avez pas fait d'erreur, par exemple en oubliant un caractère ou en faisant une faute de frappe, le compilateur va faire son travail en silence et créer un fichier exécutable appelé `a.out`. Si vous exécutez `a.out` en tapant la commande

```
a.out
```

la machine va afficher

```
bonjour, maître
```

Sous d'autres systèmes d'exploitation, il faut procéder différemment ; renseignez-vous auprès d'un spécialiste de votre système.

Venons-en maintenant à quelques explications sur le programme en soi. Tout programme en C, quelle que soit sa taille, est constitué de *fonctions* et de *variables*. Les fonctions contiennent des *instructions* qui indiquent les opérations à effectuer, et les variables mémorisent les valeurs utilisées au cours du traitement. Les fonctions du C ressemblent aux sous-programmes et aux fonctions du Fortran, ou bien aux procédures et aux fonctions du Pascal. Notre exemple est constitué d'une fonction appelée `main` *(fonction principale)*. Normalement, vous avez le droit de donner aux fonctions le nom que vous voulez, mais «`main`» est un cas particulier — l'exécution de votre programme démarre au début de `main`. Cela signifie que tout programme doit comporter une fonction `main` quelque part.

`main` fait en général appel à d'autres fonctions pour remplir sa tâche. Vous écrivez vous-même certaines de ces fonctions, et des bibliothèques vous en fournissent d'autres. La première ligne du programme,

```
#include <stdio.h>
```

demande au compilateur d'inclure dans votre programme certaines informations sur la bibliothèque standard d'entrées-sorties ; cette ligne figure au début d'un grand nombre de fichiers source en C. Nous décrivons la bibliothèque standard dans le chapitre 7 et l'annexe B.

Un moyen de communiquer entre fonctions consiste à transmettre une liste de valeurs appelées *arguments* de la fonction appelante à la fonction appelée. Les parenthèses qui suivent le nom de la fonction contiennent sa liste d'arguments. Dans cet exemple, `main` est définie comme une fonction qui n'attend pas d'arguments, ce que l'on indique par une liste vide `()`.

| | |
|---|---|
| #include <stdio.h> | *inclut des informations sur la bibliothèque standard* |
| main() | *définit une fonction appelée* main *qui ne reçoit pas d'arguments* |
| { | *les instructions de* main *sont placées entre accolades* |
| printf("bonjour, maître\n"); | main *appelle la fonction* printf *de la bibliothèque pour afficher cette séquence de caractères ;* \n *représente le caractère de fin de ligne* |
| } | |

**Le premier programme en C**

Les instructions qui composent une fonction figurent entre accolades { }. La fonction main contient une seule instruction,

```
printf("bonjour, maître\n");
```

On appelle une fonction en écrivant son nom, suivi d'une liste d'arguments entre parenthèses. Ainsi, cette ligne appelle la fonction printf *(afficher)* avec l'argument "bonjour, maître\n". printf est une fonction de la bibliothèque qui affiche ses arguments en sortie, ici la chaîne de caractères entre guillemets.

Une série de caractères entre guillemets, comme "bonjour, maître\n", s'appelle une *chaîne de caractères (character string)* ou une *constante de type chaîne (string constant)*. Pour le moment, nous n'utiliserons les chaînes de caractères que pour servir d'arguments à printf et à d'autres fonctions.

La séquence \n qui figure dans la chaîne représente en C le *caractère de fin de ligne (newline)*, dont l'effet est de faire passer le périphérique de sortie à la ligne et de l'aligner sur sa marge gauche. Si vous omettez le \n (une expérience qui en vaut la peine), vous remarquerez qu'après l'affichage de votre texte, il n'y a pas de passage à la ligne. Il faut que vous utilisiez \n pour ajouter un caractère de fin de ligne dans l'argument de printf ; si vous essayez quelque chose comme

```
printf("bonjour, maître
");
```

le compilateur C produira un message d'erreur.

printf ne passe jamais à la ligne automatiquement, si bien que vous pouvez l'appeler plusieurs fois pour construire pas à pas une ligne de texte à sortir. Notre premier programme aurait aussi bien pu s'écrire

```
#include <stdio.h>

main()
{
    printf("bonjour, ");
    printf("maître");
    printf("\n");
}
```

et il aurait produit exactement le même résultat.

Remarquez que `\n` ne représente qu'un seul caractère. Les ***séquences d'échappement (escape sequences)*** comme `\n` constituent un mécanisme universel et extensible pour représenter des caractères non imprimables ou difficiles à taper. Parmi toutes celles que le C reconnaît, citons `\t` pour le caractère de tabulation ***(tab)***, `\b` pour le caractère de retour en arrière ***(backspace)***, `\"` pour le guillemet, et `\\` pour le caractère \ lui-même ***(backslash)***. Une liste complète des séquences d'échappement figure à la section 2.3.

**Exercice 1-1.** Exécutez le programme «`bonjour, maître`» sur votre ordinateur. Recommencez en supprimant certaines parties du programme, pour voir les différents messages d'erreur que vous obtiendrez.

**Exercice 1-2.** Essayez de donner comme argument à `printf` une chaîne de caractères contenant *c*, où *c* est un autre caractère que ceux mentionnés ci-dessus, et observez ce qui se passe.

## 1.2 Les variables et les calculs

Le programme suivant se sert de la formule °*C* = (5/9)(°*F*–32) pour afficher la table des températures en degrés Fahrenheit et de leurs équivalents en degrés Celsius, ou centigrades, comme suit :

```
0   -17
20  -6
40  4
60  15
80  26
100 37
120 48
140 60
160 71
180 82
200 93
220 104
240 115
260 126
280 137
300 148
```

Le programme en soi est toujours constitué par la définition d'une seule fonction appelée `main`. Il est plus long que celui qui affichait `"bonjour, maître"`, mais il n'est pas compliqué. Il présente plusieurs nouveaux concepts : les commentaires, les déclarations, les variables, les calculs, les boucles et les sorties mises en forme.

```
#include <stdio.h>

/* affiche la table de conversion Fahrenheit-Celsius
    pour fahr = 0, 20, ..., 300 */
main()
{
    int fahr, celsius;
    int mini, maxi, intervalle;
```

```
        mini = 0;          /* borne inférieure de la table */
        maxi = 300;        /* borne supérieure */
        intervalle = 20;  /* intervalle entre les valeurs en
                              degrés Fahrenheit */

        fahr = mini;
        while (fahr <= maxi) {
            celsius = 5 * (fahr-32) / 9;
            printf("%d\t%d\n", fahr, celsius);
            fahr = fahr + intervalle;
        }
    }
```

Les deux lignes

```
    /* affiche la table de conversion Fahrenheit-Celsius
       pour fahr = 0, 20, ..., 300 */
```

sont un *commentaire*, qui explique brièvement ce que fait le programme. Les caractères placés entre `/*` et `*/` ne sont pas pris en compte par le compilateur ; on peut s'en servir à volonté pour rendre un programme plus facile à comprendre. On peut insérer des commentaires partout où l'on peut mettre un espace, une tabulation ou une fin de ligne.

En C, il faut déclarer toutes les variables avant de les utiliser, en général au début de la fonction, avant la première instruction exécutable. Une *déclaration* énonce les propriétés des variables qu'elle concerne ; elle se compose d'un nom de type et d'une liste de variables, comme

```
    int fahr, celsius;
    int mini, maxi, intervalle;
```

Le type `int` (*integer*) signifie que les variables concernées sont des nombres entiers, contrairement à `float`, qui signifie flottant, c'est-à-dire des nombres qui peuvent avoir une partie fractionnaire. Le domaine de définition des types `int` et `float` dépend de la machine que vous utilisez ; les entiers sur 16 bits, compris entre –32768 et +32767, sont assez répandus, ainsi que les entiers sur 32 bits. Un nombre à virgule flottante est généralement une quantité codée sur 32 bits, comprenant au moins six chiffres significatifs, et comprise entre $10^{-38}$ et $10^{+38}$ environ.

Le C fournit d'autres types fondamentaux que `int` et `float`. Ce sont :

| | |
|---|---|
| `char` | caractère — un seul octet |
| `short` | nombre entier court |
| `long` | nombre entier long |
| `double` | nombre à virgule flottante en double précision |

Les tailles de ces objets dépendent aussi de la machine utilisée. Il existe aussi des *tableaux (arrays)*, des *structures* et des *unions* de ces types fondamentaux, des *pointeurs* sur ces types, et des *fonctions* qui retournent des valeurs de ces types. Nous étudierons tout cela en temps utile.

Dans le programme de conversion des températures, le traitement commence par des *instructions d'affectation* :

```
mini = 0;
maxi = 300;
intervalle = 20;
fahr = mini;
```

qui donnent aux variables leurs valeurs initiales. Chaque instruction se termine par un point-virgule.

Puisque chacune des lignes de la table se calcule de la même façon, nous nous servons d'une boucle qui se répète une fois pour chaque ligne de sortie ; c'est là le rôle de la boucle `while` *(tant que)*

```
while (fahr <= maxi) {
    ...
}
```

La boucle `while` fonctionne de la manière suivante : tout d'abord, on évalue la condition entre parenthèses. Si elle est vraie (`fahr` est inférieur ou égal à `maxi`), on exécute le corps de la boucle (les trois instructions entre les accolades). Puis on teste de nouveau la condition, et si elle est vraie, on exécute le corps de la boucle une nouvelle fois. Lorsque la condition devient fausse (`fahr` est supérieur à `maxi`), la boucle se termine et l'exécution continue au niveau de l'instruction qui suit la boucle. Notre programme ne contenant plus d'autres instructions, il s'arrête.

Le corps d'un `while` peut être constitué d'une ou plusieurs instructions placées entre accolades, comme dans le cas de la table de conversion des températures, ou bien d'une seule instruction, sans accolades, comme ceci :

```
while (i < j)
    i = 2 * i;
```

Dans les deux cas, nous placerons toujours les instructions que le `while` contrôle en retrait d'une tabulation (ce que nous avons représenté par 4 espaces), de sorte que vous distinguiez immédiatement quelles instructions font partie de la boucle. Cette mise en retrait du texte met en valeur la structure logique du programme. Bien que les compilateurs C ne prennent pas en compte l'aspect visuel des programmes, il est indispensable de mettre le texte en retrait et de l'aérer correctement pour en faciliter la lecture. Nous conseillons d'écrire une seule instruction par ligne, et de placer des espaces autour des opérateurs afin que les regroupements soient clairs. La position des accolades a moins d'importance, bien que chacun tienne passionnément à ses habitudes en la matière. Nous avons choisi l'un des nombreux styles répandus. Choisissez une façon d'écrire qui vous plaît, et tenez-vous-y.

La plus grande partie du travail s'effectue dans le corps de la boucle. La température en degrés Celsius est calculée et affectée à la variable `celsius` par l'instruction

```
celsius = 5 * (fahr-32) / 9;
```

La raison pour laquelle on commence par multiplier par 5 avant de diviser par 9, au lieu de multiplier simplement par `5/9`, est que en C, comme dans de nombreux autres langages, le résultat de la division des nombres entiers est *tronqué* : la partie fractionnaire éventuelle disparaît. Puisque `5` et `9` sont des entiers, `5/9` serait tronqué à zéro, et ainsi toutes les températures en degrés Celsius vaudraient zéro.

Cet exemple donne aussi plus de détails sur le fonctionnement de `printf`. Il s'agit d'une fonction de sortie avec mise en forme, à usage général, que nous décrirons en détail dans le chapitre 7. Son premier argument est une chaîne de caractères à afficher, dans laquelle chaque `%` indique l'endroit où l'un des arguments suivants (le deuxième, le troisième, ...) doit se substituer, et sous quelle forme il faut l'afficher. Par exemple, `%d` indique un argument entier, de sorte que l'instruction

```
printf("%d\t%d\n", fahr, celsius);
```

provoque l'affichage des valeurs des deux entiers `fahr` et `celsius`, séparés par une tabulation (`\t`).

Dans le premier argument, chacune des séquences comportant un `%` est associée à l'argument correspondant, dans l'ordre le deuxième, le troisième, etc. ; le nombre et le type des arguments doivent correspondre exactement, sous peine de mauvais résultats.

Au passage, notez que `printf` ne fait pas partie du langage C ; le langage en soi ne définit pas d'instructions d'entrées-sorties. `printf` est simplement une fonction utile extraite de la bibliothèque standard de fonctions accessibles aux programmes en C. Cependant, le comportement de `printf` est défini par la norme ANSI, si bien que ses propriétés sont censées être les mêmes avec n'importe quel compilateur muni d'une bibliothèque conforme à la norme.

Pour mieux nous concentrer sur le C lui-même, nous ne parlerons pas beaucoup des entrées-sorties d'ici le chapitre 7. En particulier, l'étude des entrées mises en forme ne se fera qu'à ce moment-là. Si vous voulez lire des nombres en entrée, reportez-vous à la section 7.4 où nous parlons de la fonction `scanf` *(scruter)*. `scanf` fonctionne comme `printf`, mis à part qu'elle lit des données en entrée au lieu d'en écrire en sortie.

Notre programme de conversion des températures présente quelques problèmes. Tout d'abord, la sortie n'est pas très bien présentée car les nombres ne sont pas alignés à droite. Ce problème se règle facilement ; si nous précisons une largeur pour chaque `%d` de l'instruction `printf`, les nombres affichés seront alignés à droite dans des champs de largeur correspondante. Par exemple, nous pourrions écrire

```
printf("%3d %6d\n", fahr, celsius);
```

pour afficher le premier nombre de chaque ligne dans un champ de trois chiffres, et le deuxième dans un champ de six chiffres, avec un espace fixe entre ces deux champs, comme ceci :

```
  0    -17
 20     -6
 40      4
 60     15
 80     26
100     37
...
```

Cependant, il nous reste un problème plus grave : comme nous ne nous sommes servis que de nombres entiers, les températures en degrés Celsius ne sont pas très précises ; par exemple, 0°F correspond en réalité à environ –17,8°C, et non à –17. Pour obtenir des réponses plus précises, nous devrions effectuer nos calculs en virgule flottante plutôt qu'avec des nombres entiers. Cela nécessite quelques modifications du programme. En voici une deuxième version :

```
#include <stdio.h>

/* affiche la table de conversion Fahrenheit-Celsius
    pour fahr = 0, 20, ..., 300 ;
    version en virgule flottante */
main()
{
    float fahr, celsius;
    int mini, maxi, intervalle;

    mini = 0;           /* borne inférieure de la table */
    maxi = 300;         /* borne supérieure */
    intervalle = 20;    /* intervalle entre les valeurs en
                           degrés Fahrenheit */

    fahr = mini;
    while (fahr <= maxi) {
        celsius = (5.0/9.0) * (fahr-32.0);
        printf("%3.0f %6.1f\n", fahr, celsius);
        fahr = fahr + intervalle;
    }
}
```

Cette version ressemble beaucoup à la précédente, mis à part que `fahr` et `celsius` sont déclarés être de type `float`, et que la formule de conversion s'écrit de façon plus naturelle. Nous ne pouvions pas utiliser `5/9` dans la version précédente parce que la division entière aurait donné zéro. Mais ici, un point décimal dans les constantes indique qu'elles sont en virgule flottante ; par conséquent, la valeur `5.0/9.0` n'est pas tronquée car elle est le quotient de deux nombres en virgule flottante.

Si un opérateur arithmétique a des opérandes entiers, le calcul s'effectue en nombres entiers. Mais si l'un des opérandes est un nombre en virgule flottante et l'autre un entier, ce dernier est converti en un flottant avant le calcul. Si nous avions écrit `fahr-32`, le `32` aurait été converti en flottant automatiquement. Cependant, pour les lecteurs en chair et en os, il est bon de mettre en valeur la nature flottante de telles constantes en écrivant clairement le point décimal.

Les règles précises de conversion des entiers en flottants sont énoncées au chapitre 2. Pour l'instant, notez que l'affectation

```
fahr = mini;
```

et le test

```
while (fahr <= maxi)
```

fonctionnent également comme on s'y attend — le `int` est converti en `float` avant l'exécution de l'opération.

Dans le `printf`, la spécification de conversion `%3.0f` indique qu'il faut afficher un nombre en virgule flottante (ici `fahr`) sur une largeur minimum de trois caractères, sans point décimal ni chiffres après la virgule. `%6.1f` décrit le format d'impression d'un autre nombre (`celsius`), qu'il faut afficher sur au moins six caractères, avec 1 chiffre après la virgule (c'est-à-dire après le point décimal). La sortie aura l'allure suivante :

```
  0  -17.8
 20   -6.7
 40    4.4
...
```

Il n'est pas obligatoire d'indiquer la largeur et la précision dans les spécifications de conversion : `%6f` exprime seulement que le nombre doit être affiché sur au moins six caractères ; `%.2f` demande deux caractères après le point décimal, mais sans contrainte sur la largeur ; enfin, `%f` se contente de faire afficher le nombre en flottant.

| | |
|---|---|
| `%d` | affiche un entier décimal |
| `%6d` | affiche un entier décimal sur une largeur minimum de 6 caractères |
| `%f` | affiche un flottant |
| `%6f` | affiche un flottant sur une largeur minimum de 6 caractères |
| `%.2f` | affiche un flottant avec 2 chiffres après le point décimal |
| `%6.2f` | affiche un flottant sur au moins 6 caractères, avec 2 chiffres après le point décimal |

`printf` reconnaît aussi, entre autres, `%o` pour l'octal, `%x` pour l'hexadécimal, `%c` pour un caractère, `%s` pour une chaîne de caractères et `%%` pour le signe `%` lui-même.

**Exercice 1-3.** Modifiez le programme de conversion des températures pour qu'il affiche un en-tête au-dessus de la table.

**Exercice 1-4.** Ecrivez un programme qui affiche la table de conversion des degrés Celsius en degrés Fahrenheit.

## 1.3 L'instruction for

Il existe une multitude de manières d'écrire un programme qui remplisse une tâche donnée. Essayons d'écrire une variante du convertisseur de températures.

```
#include <stdio.h>

/* affiche la table de conversion Fahrenheit-Celsius */
main()
{
    int fahr;

    for (fahr = 0; fahr <= 300; fahr = fahr + 20)
        printf("%3d %6.1f\n", fahr, (5.0/9.0)*(fahr-32));
}
```

Ce texte produit les mêmes résultats, mais il a un tout autre aspect. Un changement majeur est le fait que la plupart des variables aient disparu ; il ne reste que `fahr`, que nous avons déclaré être un `int`. Les bornes inférieures et supérieures, de même que l'intervalle entre les températures à convertir, n'apparaissent que comme des constantes dans l'instruction `for`, qui est elle-même une autre structure de contrôle, et l'expression qui calcule les degrés Celsius est désormais le troisième argument de `printf` et non une instruction d'affectation séparée.

Cette dernière modification constitue en fait la mise en application d'une règle générale — partout où il est permis d'employer la valeur d'une variable d'un certain type, on peut aussi utiliser une expression plus complexe du même type. Comme le troisième argument de `printf` doit être une valeur en virgule flottante qui corresponde à `%6.1f`, n'importe quelle expression en virgule flottante peut convenir.

L'instruction `for` est une boucle qui est une généralisation du `while`. Comparée au `while` utilisé précédemment, son fonctionnement devrait être clair. A l'intérieur des parenthèses, on distingue trois parties, séparées par des points-virgules. La première partie, l'initialisation

```
fahr = 0
```

s'effectue une seule fois, avant l'entrée dans la boucle. La deuxième partie est le test de la condition qui contrôle le déroulement de la boucle :

```
fahr <= 300
```

Cette condition est évaluée ; si elle est vraie, on exécute le corps de la boucle (ici un simple `printf`). Puis on passe à la phase d'incrémentation

```
fahr = fahr + 20
```

et on évalue de nouveau la condition. La boucle se termine si la condition est devenue fausse. Comme dans le cas du `while`, le corps de la boucle peut être constitué d'une seule instruction, ou bien d'une série d'instructions placées entre accolades. L'initialisation, la condition et l'incrémentation peuvent être des expressions quelconques.

On peut choisir arbitrairement entre `while` et `for` la forme qui semble la plus claire. Le `for` est en général bien adapté aux boucles où l'initialisation et l'incrémentation sont des instructions uniques ayant un rapport entre elles, car cette structure est plus compacte qu'un `while` et elle regroupe en tête les instructions de contrôle de la boucle.

**Exercice 1-5.** Modifiez le programme de conversion des températures pour qu'il affiche la table à l'envers, c'est-à-dire de 300 degrés à 0.

## 1.4 Les constantes symboliques

Une dernière remarque avant d'abandonner définitivement les conversions de températures : ce n'est pas une bonne habitude d'enterrer des «nombres magiques» comme 300 et 20 dans un programme ; ces nombres ne sont pas très parlants pour les gens qui seraient amenés à lire le programme plus tard, et ils sont difficiles à modifier de façon systématique. Une bonne manière de traiter les nombres magiques est de leur donner des noms qui ont un sens. Une ligne `#define` définit un *nom symbolique* ou une *constante symbolique* en remplacement d'une certaine chaîne de caractères :

`#define` *nom* *texte de remplacement*

Par la suite, toutes les occurrences de *nom* (du moment qu'elles ne sont pas entre guillemets et ne font pas partie d'un autre nom) seront remplacées par le *texte de remplacement* correspondant. Le *nom* a la même forme qu'un nom de variable : une séquence de lettres et de chiffres commençant par une lettre. Le *texte de remplacement* peut être constitué de n'importe quelle séquence de caractères ; il n'est pas limité aux nombres.

```
#include <stdio.h>

#define  MINI   0   /* borne inférieure de la table */
#define  MAXI   300 /* borne supérieure */
#define  INTER  20  /* intervalle entre les valeurs en
                       degrés Fahrenheit */

/* affiche la table de conversion Fahrenheit-Celsius */
main()
{
    int fahr;

    for (fahr = MINI; fahr <= MAXI; fahr = fahr + INTER)
        printf("%3d %6.1f\n", fahr, (5.0/9.0)*(fahr-32));
}
```

Les quantités `MINI`, `MAXI` et `INTER` sont des constantes symboliques, pas des variables, de sorte qu'elles n'apparaissent pas dans les déclarations. Par convention, les noms de constantes symboliques s'écrivent en majuscules, de manière à les distinguer aisément des noms de variables en minuscules. Notez qu'il n'y a pas de point-virgule à la fin des lignes `#define`.

## 1.5 Les entrées et sorties de caractères

Nous allons examiner maintenant quelques programmes d'une même famille qui traitent des données sous forme de caractères. Vous découvrirez qu'un grand nombre de programmes ne sont que des extensions des prototypes dont nous allons parler ici.

Le modèle d'entrées-sorties qu'offre la bibliothèque standard est très simple. Les entrées et sorties de texte, quelles que soient leur provenance et leur destination, sont manipulées en tant que flots de caractères. Un *flot de texte (text stream)* est une séquence de caractères divisée en lignes ; chaque ligne est constituée d'une suite de carctères, éventuellement vide, suivie d'un caractère de fin de ligne. C'est la bibliothèque qui s'occupe de rendre tous les flots d'entrée et de sortie conformes à ce modèle ; le programmeur qui utilise cette bibliothèque n'a pas besoin de se soucier de la représentation des lignes à l'extérieur du programme.

La bibliothèque standard fournit plusieurs fonctions pour lire ou écrire un caractère à la fois ; les plus simples d'entre elles sont `getchar` *(lire_caractère)* et `putchar` *(écrire_caractère)*. A chaque appel, `getchar` lit le *caractère suivant reçu en entrée* sur un flot de texte, et elle prend ce caractère comme valeur de retour. Ainsi, après

```
c = getchar()
```

la variable `c` contient le caractère suivant reçu en entrée. Ce caractère vient normalement du clavier ; les entrées depuis les fichiers sont abordées au chapitre 7.

La fonction `putchar` affiche un caractère à chacun de ses appels :

```
putchar(c)
```

affiche le contenu de la variable entière `c` sous la forme d'un caractère, en général sur l'écran. On peut mélanger des appels à `putchar` et à `printf` ; les sorties s'effectueront dans l'ordre des appels.

### 1.5.1 Copier des fichiers

Avec `getchar` et `putchar`, on peut écrire un nombre surprenant de programmes utiles, sans rien savoir de plus sur les entrées-sorties. L'exemple le plus simple est un programme qui copie son entrée sur sa sortie caractère par caractère :

*lire un caractère*
*tant que (ce caractère n'est pas l'indicateur de fin de fichier)*
    *écrire en sortie le caractère que l'on vient de lire*
    *lire un caractère*

Traduit en C, cela donne

```
#include <stdio.h>

/* copie l'entrée sur la sortie ; première version */
main()
{
    int c;

    c = getchar();
    while (c != EOF) {
        putchar(c);
        c = getchar();
    }
}
```

L'opérateur relationnel `!=` signifie «différent de».

Ce qui prend l'apparence d'un caractère sur le clavier ou sur l'écran est bien sûr représenté à l'intérieur, comme tout le reste, sous la forme d'une séquence de bits. Le type `char` est spécialement conçu pour mémoriser des caractères sous cette forme, mais on peut le faire avec n'importe quel type entier. Ici, nous nous sommes servis de `int` pour une raison subtile, mais importante.

Le problème est de détecter la fin des données en entrée. La solution est que `getchar` retourne une valeur pariculière lorsqu'il n'y a plus rien en entrée, une valeur que l'on ne puisse pas confondre avec un vrai caractère. Cette valeur s'appelle `EOF`, ce qui signifie «fin de fichier» *(«End Of File»)*. Il faut que le type de `c` soit assez grand pour contenir n'importe quelle valeur renvoyée par `getchar`. On ne peut pas se servir de `char` puisque `c` doit pouvoir recevoir `EOF` en plus de toutes les valeurs possibles de `char`. Voilà pourquoi nous avons pris un `int`.

`EOF` est un entier défini dans `<stdio.h>`, mais sa valeur numérique particulière n'a pas d'importance, du moment qu'elle ne fait pas partie des valeurs possibles de `char`. En nous servant de cette constante symbolique, nous sommes certains que le programme est totalement indépendant de la valeur particulière de `EOF`.

Des programmeurs ayant une plus grande expérience du C auraient écrit ce programme de copie de façon plus concise. En C, toute affectation, comme

```
c = getchar()
```

est une expression et possède une valeur, qui est la valeur prise par la partie gauche de l'affectation après son exécution. Cela signifie que l'on peut faire figurer une affectation à l'intérieur d'une expression plus longue. Si l'on place l'affectation d'un caractère à `c` dans le test d'une boucle `while`, le programme de copie s'écrit ainsi :

```
#include <stdio.h>

/* copie l'entrée sur la sortie ; deuxième version */
main()
{
    int c;

    while ((c = getchar()) != EOF)
        putchar(c);
}
```

Le `while` lit un caractère, l'affecte à `c`, puis teste si ce caractère est l'indicateur de fin de fichier. Si non, le corps de la boucle s'exécute et affiche le caractère. Puis le `while` recommence. Lorsqu'il atteint la fin de l'entrée, le `while` s'arrête, et `main` aussi.

Dans cette version, la lecture des caractères reçus est centralisée — il n'y a plus qu'une seule référence à `getchar` — et le programme est raccourci. Le résultat est un programme plus compact et, une fois que l'on maîtrise ce procédé, plus facile à lire. De telles tournures sont très fréquentes. (Le C permet de se laisser emballer et d'écrire du code impénétrable, mais nous nous efforcerons de réfréner cette tendance).

Les parenthèses qui entourent l'affectation à l'intérieur de la condition sont nécessaires. La *priorité (precedence)* de `!=` est supérieure à celle de `=`, c'est-à-dire qu'en l'absence de parenthèses, le test de relation `!=` serait effectué avant l'affectation `=`. Donc l'instruction

```
c = getchar() != EOF
```

équivaut à

```
c = (getchar() != EOF)
```

Cette instruction a l'effet indésirable de mettre `c` à 0 ou à 1 selon que l'appel à `getchar` a rencontré la fin de fichier ou pas. (Pour de plus amples détails, reportez-vous au chapitre 2.)

**Exercice 1-6.** Vérifiez que l'expression `getchar() != EOF` vaut soit 0, soit 1.

**Exercice 1-7.** Ecrivez un programme qui affiche la valeur de `EOF`.

### 1.5.2 Compter les caractères

Le programme suivant compte les caractères ; il est similaire au programme de copie.

```
#include <stdio.h>

/* compte les caractères en entrée ; lère version */
main()
{
    long nc;

    nc = 0;
    while (getchar() != EOF)
        ++nc;
    printf("%ld\n", nc);
}
```

L'instruction

```
++nc;
```

introduit un nouvel opérateur, `++`, qui signifie *ajouter un* ou *incrémenter*. Vous pourriez aussi bien écrire `nc = nc+1`, mais `++nc` est une instruction plus concise, et souvent plus efficace. Il existe également un opérateur `--` qui retranche 1 (décrémentation). Les opérateurs `++` et `--` peuvent être placés soit devant la variable (`++nc`, forme préfixée), soit derrière (`nc++`, forme postfixée) ; ces deux écritures donnent des valeurs différentes dans les expressions, comme nous le verrons au chapitre 2, mais les instructions `++nc` et `nc++` incrémentent `nc` toutes les deux. Pour le moment, nous nous tiendrons à la notation préfixée.

Le programme de comptage des caractères travaille sur une variable de type `long` au lieu d'un `int`. Les entiers de type `long` sont stockés sur 32 bits au minimum. Bien que sur certaines machines, `int` et `long` aient la même taille, d'autres utilisent des `int` sur 16 bits, qui valent au maximum 32767, si bien qu'un compteur de type `int` serait vite saturé. La spécification de conversion `%ld` indique à `printf` que l'argument correspondant est un entier de type `long`.

On peut envisager de traiter des nombres encore plus grands grâce au type `double` (nombre à virgule flottante en double précision). De plus, nous allons remplacer le `while` par un `for` pour illustrer une autre manière d'écrire la boucle.

```
#include <stdio.h>

/* compte les caractères en entrée ; 2ème version */
main()
{
    double nc;

    for (nc = 0; getchar() != EOF; ++nc)
        ;
    printf("%.0f\n", nc);
}
```

`printf` se sert de `%f` aussi bien pour le type `double` que pour le type `float` ; `%.0f` indique qu'il ne faut pas afficher le point décimal ni la partie fractionnaire, qui est nulle.

Le corps de cette boucle `for` est vide car tout le travail s'effectue dans les phases de test et d'incrémentation. Cependant, d'après la grammaire du C, toute instruction `for` doit comporter un corps. C'est pour cette raison que nous avons ajouté un point-virgule isolé, que l'on appelle une *instruction vide (null statement)*. Nous l'avons placé sur une nouvelle ligne pour qu'il soit bien en évidence.

Avant de quitter le programme de comptage des caractères, vous pouvez remarquer que s'il n'y a aucun caractère en entrée, la condition du `while` ou du `for` est fausse dès le premier appel de `getchar`, et le programme donne la bonne réponse : zéro. Ce point est important. L'un des avantages des boucles `while` et `for` est qu'elles évaluent leur condition d'arrêt au sommet de la boucle, avant de continuer en exécutant le corps. S'il ne faut rien faire, rien ne se fait, même si dans ces conditions, le corps de la boucle ne s'exécute jamais. Il faut que les programmes se comportent intelligemment lorsque la longueur de leur entrée est nulle. Les instructions `while` et `for` garantissent que les programmes traitent convenablement les cas limites.

### 1.5.3 Compter les lignes

Le programme suivant compte les lignes en entrée. Comme nous l'avons dit plus haut, la bibliothèque standard garantit que tout flot de texte apparaît en entrée comme une séquence de lignes dont chacune se termine par un caractère de fin de ligne. Par conséquent, compter les lignes revient à compter les caractères de fin de ligne :

```
#include <stdio.h>

/* compte les lignes en entrée */
main()
{
    int c, nl;

    nl = 0;
    while ((c = getchar()) != EOF)
        if (c == '\n')
            ++nl;
    printf("%d\n", nl);
}
```

Le corps de la boucle `while` est maintenant constitué d'un `if` *(si)*, qui contrôle à son tour l'incrémentation `++nl`. L'instruction `if` évalue la condition placée entre parenthèses, et si cette condition est vraie, l'instruction qui suit (ou le groupe d'instructions placées entre accolades) est exécutée. Une fois de plus, nous avons placé les lignes en retrait pour bien montrer qui contrôle quoi.

Le double signe d'égalité == est une notation du C qui signifie «est égal à» (comme le simple = du Pascal ou le `.EQ.` du Fortran). On emploie ce symbole pour que le test d'égalité se distingue du simple = que le C utilise pour l'affectation. Prudence : les débutants en C écrivent parfois = à la place de ==. Comme nous le verrons au chapitre 2, cela donne généralement une expression valide ; l'erreur ne sera donc pas signalée par le compilateur.

Un caractère placé entre apostrophes représente une valeur entière égale à la valeur numérique de ce caractère dans l'alphabet de la machine (son *jeu de caractères*). Cela s'appelle une *constante de type caractère*, bien que ce ne soit qu'une manière différente d'écrire un petit nombre entier. Ainsi, par exemple, `'A'` est une constante de type caractère ; selon le jeu de caractères ASCII, sa valeur est 65, la représentation interne du caractère `A`. Bien entendu, il vaut mieux écrire `'A'` que `65` : le sens en est clair et indépendant d'un jeu de caractères particulier.

Les séquences d'échappement utilisées dans les constantes de type chaîne sont également valables pour les constantes de type caractère, de sorte que `'\n'` représente la valeur du caractère de fin de ligne, c'est-à-dire 10 en ASCII. Il faut bien noter que `'\n'` est un caractère unique, et que c'est simplement un nombre entier dans les expressions ; au contraire, `"\n"` est une constante de type chaîne qui présente la particularité de ne contenir qu'un seul caractère. Nous approfondirons le thème des chaînes et des caractères au chapitre 2.

**Exercice 1-8.** Ecrivez un programme qui compte les espaces, les tabulations et les fins de ligne.

**Exercice 1-9.** Ecrivez un programme qui copie son entrée sur sa sortie en remplaçant les séries de un ou plusieurs espaces par un seul caractère espace.

**Exercice 1-10.** Ecrivez un programme qui copie son entrée sur sa sortie en remplaçant les tabulations par `\t`, les caractères de retour en arrière par `\b` et les backslashs par `\\`. Cela visualise les tabulations et les retours en arrière sans ambiguïté.

### 1.5.4 Compter les mots

Le quatrième de nos programmes utiles compte les lignes, les mots et les caractères, en définissant un mot approximativement comme toute séquence de caractères qui ne contient ni espace, ni tabulation, ni fin de ligne. Ce programme constitue une version, réduite à l'essentiel, du programme UNIX `wc` *(word count)*.

```
#include <stdio.h>

#define DEDANS 1     /* à l'intérieur d'un mot */
#define DEHORS 0     /* à l'extérieur d'un mot */

/* compte les lignes, les mots
   et les caractères en entrée */
main()
{
    int c, nl, nm, nc, etat;

    etat = DEHORS;
    nl = nm = nc = 0;
    while ((c = getchar()) != EOF) {
        ++nc;
        if (c == '\n')
            ++nl;
        if (c == ' ' || c == '\n' || c == '\t')
            etat = DEHORS;
        else if (etat == DEHORS) {
            etat = DEDANS;
            ++nm;
        }
    }
    printf("%d %d %d\n", nl, nm, nc);
}
```

Chaque fois que le programme rencontre le premier caractère d'un mot, il ajoute un mot au total. La variable `etat`[1] indique si le programme se trouve déjà à l'intérieur d'un mot ou pas ; au départ, il n'est «pas dans un mot», ce que nous représentons par la valeur `DEHORS`. Nous préférons utiliser les constantes symboliques `DEDANS` et `DEHORS` plutôt que les valeurs littérales 1 et 0 car de telles constantes rendent le programme plus lisible. Dans un programme aussi court, la différence est minime, mais dans des programmes plus longs, le gain en clarté vaut bien la peine que l'on se force à écrire ainsi dès le départ. De plus, vous vous rendrez compte qu'il est plus facile de faire subir d'importantes transformations à des programmes où les nombres magiques sont écrits uniquement sous forme de constantes symboliques.

[1]N.d.T. : Les informaticiens francophones sont souvent confrontés au problème des accents. L'attitude la plus sûre consiste à ne pas s'en servir dans les noms de variables ou autres, car de nombreux compilateurs ne les prennent pas en compte correctement. C'est pourquoi notre variable ne s'appelle pas `état`. En revanche, il est généralement possible, si votre clavier le permet, de placer des lettres accentuées dans les chaînes et les constantes de type caractère, comme dans «`bonjour, maître`».

La ligne

```
nl = nm = nc = 0;
```

met les trois variables à zéro. Cette notation n'est pas un cas particulier, c'est une conséquence du fait qu'une affectation est une expression qui possède une valeur, et que les affectations se regroupent de droite à gauche. Tout se passe comme si nous avions écrit

```
nl = (nm = (nc =0));
```

L'opérateur `||` signifie OU ; ainsi la ligne

```
if (c == ' ' || c == '\n' || c == '\t')
```

dit « si `c` est un espace *ou* `c` est une fin de ligne *ou* `c` est une tabulation ». (Souvenez-vous que la séquence d'échappement `\t` est une représentation visible du caractère de tabulation.) Il existe également un opérateur `&&` pour ET ; sa priorité est immédiatement supérieure à celle de `||`. Les expressions reliées par `&&` ou `||` sont évaluées de gauche à droite, et il est garanti que l'évaluation s'arrête dès que la véracité ou la fausseté de l'expression est déterminée. Si `c` est un espace, il n'est pas nécessaire de regarder si `c` est une fin de ligne ou une tabulation, donc ces tests ne s'effectuent pas. Ici, cela n'a guère d'importance, mais cette règle prendra tout son sens dans des situations plus complexes, comme nous le verrons bientôt.

Cet exemple montre également un `else` *(sinon)*, qui indique ce qu'il faut faire si la condition d'une instruction `if` n'est pas remplie. La forme générale de la construction `if-else` est

```
if (expression)
      instruction₁
else
      instruction₂
```

On exécute une et une seule des deux expressions associées à un `if-else`. Si l'*expression* est vraie, l'$instruction_1$ s'exécute ; sinon, c'est l'$instruction_2$ qui s'exécute. Chaque *instruction* peut être en réalité constituée d'une seule instruction, ou bien de plusieurs instructions, placées entre accolades. Dans le programme de comptage des mots, l'instruction qui suit le `else` est un `if` qui contrôle deux instructions entre accolades.

**Exercice 1-11.** Comment testeriez-vous le programme de comptage des mots ? Quelles sortes d'entrées ont le plus de chances de révéler les erreurs éventuelles ?

**Exercice 1-12.** Ecrivez un programme qui affiche son entrée à raison d'un mot par ligne.

## 1.6 Les tableaux

Ecrivons un programme qui compte les occurrences des dix chiffres, des caractères d'espacement (espace, tabulation, fin de ligne), et de tous les autres caractères. Cet exemple est artificiel, mais il permet d'illustrer plusieurs aspects du C dans un seul programme.

Nous avons défini douze catégories de caractères en entrée, il est donc pratique de se servir d'un tableau pour stocker le nombre d'occurrences de chaque chiffre, plutôt que dix variables distinctes. Voici une version de ce programme :

```
#include <stdio.h>

/* compte les chiffres, les caractères d'espacement
   et les autres caractères en entrée */
main()
{
    int c, i, nespace, nautre;
    int nchiffre[10];

    nespace = nautre = 0;
    for (i = 0; i < 10; ++i)
        nchiffre[i] = 0;

    while ((c = getchar()) != EOF)
        if (c >= '0' && c <= '9')
            ++nchiffre[c-'0'];
        else if (c == ' ' || c == '\n' || c == '\t')
            ++nespace;
        else
            ++nautre;

    printf("chiffres =");
    for (i = 0; i < 10; ++i)
        printf(" %d", nchiffre[i]);
    printf(", espacement = %d, autres = %d\n",
        nespace, nautre);
}
```

Appliqué à lui-même, ce programme donne

```
chiffres = 9 3 0 0 0 0 0 0 0 1, espacement = 159, autres = 403
```

La déclaration

```
int nchiffre[10];
```

déclare `nchiffre` comme un tableau de 10 entiers. En C, les indices des tableaux commencent toujours à zéro, donc les éléments de `nchiffre` sont `nchiffre[0]`, `nchiffre[1]`, ..., `nchiffre[9]`. C'est ce que l'on constate dans les boucles `for` d'initialisation et d'affichage du tableau.

Un indice peut être une expression entière quelconque, en particulier une variable entière comme `i` ou bien une constante de type entier.

Cet exemple de programme dépend des propriétés de la représentation des chiffres en caractères. Par exemple, le test

```
if (c >= '0' && c <= '9') ...
```

détermine si le caractère `c` est un chiffre. Si oui, la valeur numérique de ce chiffre est

```
c - '0'
```

Cela ne fonctionne que si `'0'`, `'1'`, ..., `'9'` ont des valeurs qui se suivent dans l'ordre croissant. Heureusement, tous les jeux de caractères possèdent cette propriété.

Par définition, les `chars` sont simplement des petits entiers, donc les variables et les constantes de type `char` sont identiques à des `ints` dans les expressions arithmétiques. Cette caractéristique est naturelle et pratique ; par exemple, `c-'0'` est une expression entière qui prend une valeur entre 0 et 9 selon le caractère `'0'` à `'9'` stocké dans `c` ; on peut donc s'en servir comme indice pour le tableau `nchiffre`.

C'est la séquence

```
if (c >= '0' && c <= '9')
    ++nchiffre[c-'0'];
else if (c == ' ' || c == '\n' || c == '\t')
    ++nespace;
else
    ++nautre;
```

qui décide si un caractère est un chiffre, un espacement ou autre chose. Dans les programmes en C, on rencontre souvent la structure

```
if (condition₁)
    instruction₁
else if (condition₂)
    instruction₂
...
    ...
else
    instructionₙ
```

pour exprimer une décision à choix multiples. Les *conditions* sont évaluées dans l'ordre en partant du haut jusqu'à ce que l'une d'entre elles soit satisfaite ; à ce moment, on exécute l'*instruction* correspondante, et toute la construction est terminée. (Toute *instruction* peut être composée de plusieurs instructions entre accolades.) Si aucune des conditions n'est satisfaite, on exécute le cas échéant l'*instruction* qui suit le dernier `else`. Si la structure ne se termine pas par un dernier `else` et une dernière instruction, comme dans le cas de notre simple compteur de mots, rien ne se passe. On peut insérer un nombre illimité de

```
else if (condition)
    instruction
```

entre le premier `if` et le dernier `else`.

Pour ce qui est du style, il est conseillé d'écrire cette construction sous la forme que nous avons donnée ; si chaque `if` était mis en retrait par rapport au `else` précédent, de nombreuses prises de décision imbriquées déborderaient sur la droite de la page.

L'instruction `switch`, dont nous parlerons au chapitre 3, fournit une autre manière d'écrire un branchement à choix multiples, qui est particulièrement adaptée quand la condition consiste à déterminer si une expression entière ou de type caractère fait partie d'un jeu de constantes. Pour voir la différence, nous présenterons à la section 3.4 une version de ce programme utilisant un `switch`.

**Exercice 1-13.** Ecrivez un programme qui affiche un histogramme des longueurs des mots qu'il reçoit en entrée. Il est facile de dessiner cet histogramme avec des barres horizontales ; les orienter verticalement constitue un défi plus ardu.

**Exercice 1-14.** Ecrivez un programme qui affiche un histogramme des fréquences des différents caractères qu'il reçoit en entrée.

## 1.7 Les fonctions

Une fonction en C correspond à un sous-programme ou une fonction en Fortran, ou bien à une procédure ou une fonction en Pascal. Une fonction offre un moyen commode d'enfermer certains traitements dans une «boîte noire», dont on peut ensuite se servir sans se soucier de la façon dont elle est programmée. Avec des fonctions conçues correctement, il est possible de ne pas se soucier de la *manière* dont un traitement s'effectue ; il suffit de connaître la *nature* de ce traitement. Le C fait de l'usage des fonctions une tâche facile, pratique et efficace ; on définit souvent de courtes fonctions que l'on appelle une seule fois, uniquement parce qu'elles clarifient le texte du programme.

Jusqu'ici, nous n'avons employé que des fonctions qui nous étaient fournies, comme `printf`, `getchar` et `putchar` ; le moment est venu d'en programmer quelques-unes nous-mêmes. Comme le C ne dispose pas d'un opérateur d'exponentiation comme le `**` du Fortran, nous allons illustrer le mécanisme des fonctions en écrivant une fonction `puiss(m,n)` qui élève l'entier `m` à la puissance `n`, `n` étant un entier positif. Par exemple, `puiss(2,5)` vaut 32. Cette fonction d'exponentiation n'est pas très utilisable en pratique, puisqu'elle ne peut calculer que des puissances positives de petits nombres entiers, mais elle suffira à illustrer notre propos. (La bibliothèque standard contient une fonction `pow(x,y)` qui calcule $x^y$.)

Voici le texte de la fonction `puiss` et un programme principal (`main`) qui l'utilise, afin que vous voyiez l'ensemble de la structure d'un coup.

```
#include <stdio.h>
int puiss(int m, int n);

/* essai de la fonction puiss */
main()
{
    int i;

    for (i = 0; i < 10; ++i)
        printf("%d %d %d\n", i, puiss(2,i), puiss(-3,i));
    return 0;
}

/* puiss : élève base à la puissance n ; n >= 0 */
int puiss(int base, int n)
{
    int i, p;

    p = 1;
    for (i = 1; i <= n; ++i)
        p = p * base;
    return p;
}
```

Une définition de fonction est de la forme :

*type-de-retour nom-de-fonction* (*déclarations des paramètres éventuels*)
{
    *déclarations*
    *instructions*
}

Les définitions de fonctions peuvent être placées dans n'importe quel ordre, et dans un ou plusieurs fichiers source, bien qu'on ne puisse pas diviser une même fonction entre des fichiers différents. Si le programme source est réparti sur plusieurs fichiers, vous aurez sans doute plus d'ordres à donner pour le compiler et le charger que dans le cas où il est d'un seul tenant, mais cela dépend du système d'exploitation, ce n'est pas une caractéristique du langage. Pour le moment, nous supposerons que les deux fonctions sont dans le même fichier ; ainsi ce que vous avez appris sur le lancement des programmes en C restera valable.

La fonction `puiss` est appelée deux fois par `main`, dans la ligne

```
printf("%d %d %d\n", i, puiss(2,i), puiss(-3,i));
```

Chaque appel passe deux arguments à `puiss`, qui retourne à chaque fois un entier à mettre en forme et à afficher. Dans une expression, `puiss(2,i)` est un entier, tout comme `2` et `i`. (Les fonctions ne donnent pas toutes une valeur entière ; nous en parlerons au chapitre 4.)

La première ligne de `puiss`,

```
int puiss(int base, int n)
```

déclare les types et les noms des paramètres, et le type du résultat que cette fonction retourne. Les noms des paramètres de `puiss` ne sont définis qu'à l'intérieur de `puiss`, et ils sont invisibles pour les autres fonctions : celles-ci peuvent utiliser les mêmes noms sans qu'il y ait conflit. Ceci est également valable pour les variables `i` et `p` : le `i` de `puiss` n'a rien à voir avec le `i` de `main`.

Nous appellerons généralement *paramètre* une variable dont le nom est donné dans la liste entre parenthèses au niveau d'une définition de fonction, et *argument* la valeur employée lors de l'appel de cette fonction. Cette distinction s'exprime parfois par les termes *argument formel* et *argument effectif.*

La valeur que calcule `puiss` est retournée à `main` par l'instruction `return`, que l'on peut faire suivre par une expression quelconque :

`return` *expression*`;`

Les fonctions ne retournent pas obligatoirement une valeur ; une simple instruction `return`, sans expression à la suite, rend la main à la fonction appelante, mais ne retourne pas de valeur utile ; il se passe la même chose lorsque la machine arrive à la fin de la fonction, c'est-à-dire à la dernière accolade fermante. De plus, la fonction appelante peut ne pas tenir compte de la valeur que lui renvoie la fonction appelée.

Vous avez peut-être remarqué qu'il y a une instruction `return` à la fin de `main`. Puisque `main` est une fonction comme les autres, elle peut retourner une valeur au programme qui l'appelle, c'est-à-dire à l'environnement depuis lequel votre programme a été lancé. Typiquement, une valeur de retour égale à zéro signifie que le programme s'est terminé normalement ; les valeurs non nulles indiquent que le programme s'est arrêté dans des conditions inhabituelles ou à la suite d'une erreur. Pour simplifier, nous n'avons pas mis d'instruction `return` dans les fonctions `main` que nous avons écrites jusqu'à présent, mais dorénavant nous ferons figurer cette instruction, pour rappeler que les programmes doivent retourner à leur environnement une valeur représentant leur état.

La déclaration

```
int puiss(int m, int n);
```

placée juste avant `main` annonce que `puiss` est une fonction qui attend deux arguments de type `int` et qui retourne un `int`. Cette déclaration, que l'on appelle un *prototype de fonction*, doit être en accord avec la définition et les appels de `puiss`. Il y a erreur si la définition d'une fonction ou l'un de ses appels n'est pas conforme à son prototype.

Il n'est pas nécessaire que les noms des paramètres soient les mêmes. En fait, les noms des paramètres sont facultatifs dans les prototypes de fonctions ; ainsi, notre prototype aurait pu s'écrire

```
int puiss(int, int);
```

Néanmoins, des noms choisis judicieusement constituent une bonne documentation, si bien que nous en mentionnerons souvent.

Le moment est venu de faire une remarque historique : la plus grande différence entre le C ANSI et les versions antérieures réside dans la manière de déclarer et de définir les fonctions. Suivant la définition d'origine du C, on aurait écrit la fonction `puiss` ainsi :

```
/* puiss : élève base à la puissance n ; n >= 0 */
/*         (version écrite sous l'ancienne forme) */
puiss(base, n)
int base, n;
{
    int i, p;

    p = 1;
    for (i = 1; i <= n; ++i)
        p = p * base;
    return p;
}
```

On donne les noms des paramètres entre les parenthèses, et on déclare leurs types avant l'accolade ouvrante ; les paramètres qui ne sont pas déclarés sont considérés comme des `int`. (Le corps de la fonction n'a pas changé.)

La déclaration de `puiss` au début du programme aurait été

```
int puiss();
```

On ne pouvait pas préciser la liste des paramètres, de sorte que le compilateur ne pouvait pas vérifier facilement que `puiss` était appelée correctement. En fait, puisque par défaut, on aurait considéré que `puiss` retournait un `int`, cette déclaration aurait même été inutile.

La nouvelle syntaxe des prototypes de fonctions facilite la tâche du compilateur pour ce qui est de la détection d'erreurs dans le nombre des arguments ou leurs types. L'ancienne forme des déclarations et des définitions est encore valable avec le C ANSI, du moins pendant une période de transition, mais nous vous recommandons vivement de vous servir de la nouvelle forme si votre compilateur l'accepte.

**Exercice 1-15.** Réécrivez le programme de conversion des températures de la section 1.2 en réalisant la conversion à l'aide d'une fonction.

## 1.8 Les arguments — L'appel par valeur

Les programmeurs habitués à certains autres langages, en particulier le Fortran, peuvent être surpris de constater qu'en C, tous les arguments des fonctions se passent «par valeur». Cela signifie que l'on transmet à la fonction appelée les valeurs de ses arguments dans des variables temporaires, et non dans celles d'origine. Cet aspect du C lui confère certaines propriétés différentes de celles des langages où les appels se font «par référence», comme en Fortran ou avec les paramètres `var` du Pascal, pour lesquels la fonction appelée travaille sur l'argument lui-même et non sur une copie locale.

La différence fondamentale est que le C ne permet pas à la fonction appelée de modifier directement une variable de la fonction appelante ; elle ne peut modifier que sa propre copie temporaire.

Toutefois, l'appel par valeur est plus un atout qu'un handicap. Ce principe donne des programmes plus compacts et comportant moins de variables superflues, car on peut traiter les paramètres comme des variables locales à la fonction appelée et judicieusement initialisées. Par exemple, voici une version de `puiss` qui applique cette propriété.

```
/* puiss : élève base à la puissance n ; n >= 0
           (deuxième version) */
int puiss(int base, int n)
{
    int p;

    for (p = 1; n > 0; --n)
        p = p * base;
    return p;
}
```

On se sert du paramètre `n` comme d'une variable temporaire, et on le décrémente (par la boucle `for` qui compte à rebours) jusqu'à ce qu'il atteigne 0 ; on n'a plus besoin de la variable `i`. Les opérations que l'on effectue sur `n` à l'intérieur de `puiss` ne touchent pas à l'argument avec lequel on a appelé `puiss` au départ.

Lorsque c'est nécessaire, il est possible qu'une fonction modifie une variable de la fonction appelante. Pour ce faire, celle-ci doit fournir l'*adresse* de la variable à manipuler (techniquement, un *pointeur* sur cette variable), et la fonction appelée doit déclarer le paramètre correspondant comme un pointeur ; elle accèdera alors à la variable indirectement, via ce pointeur. Nous traiterons les pointeurs au chapitre 5.

Pour les tableaux, les choses se passent différemment. Quand on donne un nom de tableau comme argument, la valeur transmise à la fonction est l'emplacement, ou l'adresse, du début du tableau — les éléments du tableau ne sont pas copiés. En indexant cette valeur, la fonction peut accéder à tous les éléments du tableau et les modifier. C'est ce dont nous allons parler dans la section suivante.

## 1.9 Les tableaux de caractères

En C, les tableaux les plus courants sont les tableaux de caractères. Pour illustrer l'emploi des tableaux de caractères et des fonctions qui les manipulent, écrivons un programme qui lit une série de lignes de texte et en affiche la plus longue. La structure en est assez simple :

*tant que (il y a une autre ligne)*
*si (elle est plus longue que la plus longue de celles lues jusqu'alors)*
*la mémoriser*
*mémoriser sa longueur*
*afficher la ligne la plus longue*

Ce schéma montre clairement que ce programme se divise naturellement en différentes parties. L'une d'elles lit une nouvelle ligne, une autre la teste, une troisième la mémorise, et le reste contrôle le processus.

Puisque le travail se découpe si bien, il serait bon de l'écrire aussi par morceaux. Par conséquent, commençons par écrire une fonction distincte `lireligne` qui va chercher la prochaine ligne en entrée. Nous essaierons de rendre cette fonction utilisable dans d'autres contextes. Au minimum, `lireligne` devra retourner une valeur indiquant éventuellement la fin de fichier ; il serait toutefois plus utile qu'elle retourne la longueur de la ligne lue, ou zéro si la fin de fichier est atteinte. On peut se servir de zéro comme indicateur de fin de fichier puisqu'il ne peut pas y avoir de ligne de longueur nulle. Chaque ligne de texte comporte au moins un caractère : le caractère de fin de ligne.

Lorsque nous trouvons une ligne plus longue que la plus longue de celles que nous avons lues jusqu'alors, il faut la mémoriser quelque part. Nous allons donc écrire une deuxième fonction, `copier`, chargée de copier cette nouvelle ligne dans un endroit sûr.

Enfin, il nous faut un programme principal qui contrôle `lireligne` et `copier`. Voici le résultat.

```
#include <stdio.h>

#define MAXLIGNE 1000    /* longueur maximum des lignes */

int lireligne(char ligne[], int maxligne);
void copier(char vers[], char de[]);

/* affiche la plus longue ligne en entrée */
main()
{
    int l;       /* longueur de la ligne courante */
    int max;     /* longueur maximum déjà rencontrée */
    char ligne[MAXLIGNE];   /* ligne d'entrée courante */
    char pluslongue[MAXLIGNE];  /* on sauve ici la ligne
                                   la plus longue */
    max = 0;
    while ((l = lireligne(ligne, MAXLIGNE)) > 0)
        if (l > max) {
            max = l;
            copier(pluslongue, ligne);
        }
    if (max > 0)    /* il y avait une ligne */
        printf("%s", pluslongue);
    return 0;
}
```

```
/* lireligne : lit une ligne dans s, retourne sa longueur */
int lireligne(char s[], int lim)
{
    int c, i;

    for (i=0; i<lim-1 && (c=getchar())!=EOF && c!='\n'; ++i)
        s[i] = c;
    if (c == '\n') {
        s[i] = c;
        ++i;
    }
    s[i] = '\0';
    return i;
}

/* copier : copie 'de' dans 'vers' ;
            suppose que vers est assez longue */
void copier(char vers[], char de[])
{
    int i;

    i = 0;
    while ((vers[i] = de[i]) != '\0')
        ++i;
}
```

Les fonctions `lireligne` et `copier` sont déclarées au début du programme, dont nous supposerons qu'il est écrit dans un seul fichier.

`main` et `lireligne` communiquent via deux arguments et une valeur de retour. Dans `lireligne`, on déclare les arguments par la ligne

```
int lireligne(char s[], int lim)
```

qui indique que le premier argument, `s`, est un tableau, et que le second, `lim`, est un entier. Quand on définit un tableau, on donne sa taille pour lui réserver un espace suffisant en mémoire. Dans `lireligne`, la longueur du tableau `s` n'est pas nécessaire car sa taille est fixée dans `main`. `lireligne` utilise `return` pour renvoyer une valeur à la fonction qui l'a appelée, tout comme la fonction `puiss`. Cette ligne déclare aussi que `lireligne` retourne une valeur de type `int` ; néanmoins, comme le type par défaut de la valeur de retour est `int`, il n'était pas obligatoire de le préciser ici.

Certaines fonctions retournent une valeur utile ; d'autres, comme `copier`, ne servent qu'à réaliser une opération sans retourner de valeur. Le type que retourne `copier` est `void` *(vide)*, ce qui indique de façon explicite que cette fonction ne retourne pas de valeur.

La fonction `lireligne` ajoute le caractère `'\0'` (le *caractère nul*, qui vaut zéro) à la fin du tableau qu'elle crée, pour marquer la fin de la chaîne de caractères. Le langage C utilise aussi cette convention ; lorsqu'une constante de type chaîne comme

```
"bonjour\n"
```

figure dans un programme, elle est mémorisée comme un tableau de caractères contenant les caractères de la chaîne et se terminant par un `'\0'` qui en marque la fin.

| b | o | n | j | o | u | r | \n | \0 |
|---|---|---|---|---|---|---|---|---|

La spécification de format `%s` indique à `printf` que l'argument correspondant doit être une chaîne représentée sous cette forme. Le bon fonctionnement de la fonction `copier` dépend aussi du fait que son argument d'entrée se termine par `'\0'`, et elle copie ce caractère dans son argument de sortie. (Tout ceci suppose que `'\0'` ne soit pas un caractère de texte normal.)

Il est bon de mentionner au passage que même la conception d'un programme aussi court que celui-ci peut poser des problèmes délicats. Par exemple, que doit faire `main` si elle reçoit une ligne plus longue que la limite fixée ? Le fonctionnement de `lireligne` est sûr, car cette fonction arrête de lire des caractères lorsque son tableau est plein, même si elle n'a pas vu passer de caractère de fin de ligne. En testant la longueur de la ligne et le dernier caractère retourné, `main` peut savoir que la ligne était trop longue et traiter ce cas comme elle l'entend. Pour conserver un programme bref, nous ne nous sommes pas occupés de ce problème.

L'utilisateur de `lireligne` n'a aucun moyen de connaître à l'avance la longueur des lignes d'entrée, donc `lireligne` vérifie que les lignes qu'elle reçoit ne sont pas trop longues. Au contraire, l'utilisateur de `copier` connaît déjà la longueur des chaînes qu'il veut copier (ou il peut la déterminer), si bien que nous avons choisi de ne pas y ajouter de détection d'erreurs.

**Exercice 1-16.** Révisez le programme principal du programme qui détecte la plus longue des lignes qu'il reçoit, de sorte qu'il affiche la longueur exacte des lignes, quelle que soit leur taille, et autant de texte que possible.

**Exercice 1-17.** Ecrivez un programme qui affiche toutes les lignes d'entrée qui sont plus longues que 80 caractères.

**Exercice 1-18.** Ecrivez un programme qui enlève les espaces et les tabulations qui figurent en fin de ligne, et qui supprime les lignes entièrement vides.

**Exercice 1-19.** Ecrivez une fonction `inverser(s)` qui inverse la chaîne de caractères `s`. Utilisez cette fonction dans un programme qui inverse une par une les lignes qu'il reçoit.

## 1.10 Les variables externes et la visibilité

Les variables qui figurent dans `main`, comme `ligne`, `pluslongue`, etc, sont privées, ou locales à `main`. Comme elles sont déclarées à l'intérieur de `main`, aucune autre fonction ne peut y accéder directement. Il en est de même pour les variables déclarées dans d'autres fonctions ; par exemple, la variable `i` de `lireligne` n'a rien à voir avec le `i` de `copier`. Les variables locales à une fonction naissent à l'appel de celle-ci, et elles disparaissent lorsque le programme sort de la fonction. C'est pourquoi l'on appelle généralement ces variables des variables *automatiques*, selon la terminologie en vigueur pour d'autres langages. Dorénavant, nous emploierons le terme «automatique» pour désigner ces variables locales. (Au chapitre 4, nous parlerons de la classe de stockage — *storage class* — `static`, pour laquelle les variables locales à une fonction gardent leur valeur entre les différents appels de celle-ci.)

Comme les variables automatiques apparaissent et disparaissent au rythme des appels de fonction, elles ne conservent pas leur valeur d'un appel à l'autre, et il faut les initialiser explicitement à chaque fois que l'on entre dans leur fonction. Si on ne les initialise pas, elles contiendront n'importe quoi.

On peut également définir des variables qui sont *externes* à toutes les fonctions, c'est-à-dire des variables auxquelles toutes les fonctions peuvent accéder par leur nom. (Ce mécanisme est similaire au COMMON du Fortran et aux variables déclarées dans le bloc principal d'un programme Pascal.) Comme les variables externes sont accessibles partout, on peut s'en servir pour communiquer des données entre des fonctions, à la place des listes d'arguments. De plus, comme les variables externes existent en permanence, au lieu de naître et de mourir au rythme des appels et des retours de fonctions, leurs valeurs se conservent après le retour des fonctions qui les ont modifiées.

Il faut *définir* les variables externes, une seule fois, à l'extérieur de toutes les fonctions ; cette opération leur réserve de la place en mémoire. Il faut également *déclarer* ces variables dans chaque fonction qui veut y accéder ; cela détermine le type de ces variables. La déclaration peut être constituée d'une instruction `extern` explicite, ou elle peut être implicite d'après le contexte. Pour prendre un exemple concret, réécrivons le programme qui détecte la plus longue des ligne reçues, en transformant `ligne`, `pluslongue` et `max` en variables externes. Il faut pour cela modifier l'appel, la déclaration et le corps de chacune des trois fonctions utilisées.

```
#include <stdio.h>

#define MAXLIGNE 1000    /* taille maximum des lignes */

int max;           /* longueur maximum déjà rencontrée */
char ligne[MAXLIGNE];    /* ligne d'entrée courante */
char pluslongue[MAXLIGNE];  /* on sauve ici la ligne
                               la plus longue */
int lireligne(void);
void copier(void);


/* affiche la plus longue ligne en entrée
   (version spécialisée) */
main()
{
    int l;
    extern int max;
    extern char pluslongue[];

    max = 0;
    while ((l = lireligne()) > 0)
        if (l > max) {
            max = l;
            copier();
        }
    if (max > 0)    /* il y avait une ligne */
        printf("%s", pluslongue);
    return 0;
}
```

```
/* lireligne (version spécialisée) */
int lireligne(void)
{
    int c, i;
    extern char ligne[];

    for (i = 0; i < MAXLIGNE-1
        && (c=getchar()) != EOF && c != '\n'; ++i)
            ligne[i] = c;
    if (c == '\n') {
        ligne[i] = c;
        ++i;
    }
    ligne[i] = '\0';
    return i;
}

/* copier (version spécialisée) */
void copier(void)
{
    int i;
    extern char ligne[], pluslongue[];

    i = 0;
    while ((pluslongue[i] = ligne[i]) != '\0')
        ++i;
}
```

Les variables externes de `main`, `lireligne` et `copier` sont définies par les premières lignes de l'exemple ci-dessus, qui déterminent leur type et leur réservent de la place en mémoire. Syntaxiquement, les définitions externes se présentent sous la même forme que les définitions de variables locales, mais puisque ces définitions sont placées à l'extérieur des fonctions, les variables concernées sont externes. Avant qu'une fonction puisse se servir d'une variable externe donnée, elle doit en connaître le nom. Pour ce faire, on peut écrire à l'intérieur de cette fonction une déclaration de classe `extern` ; une telle déclaration se fait comme les autres, mis à part qu'on y ajoute le mot-clé `extern`.

Dans certaines cas, on peut se passer de la déclaration de classe `extern`. Si une variable externe est définie dans le fichier source avant d'être utilisée dans une fonction donnée, il n'est pas nécessaire de la déclarer dans cette fonction. Ainsi, les déclarations de classe `extern` qui figurent dans `main`, `lireligne` et `copier` sont redondantes. En réalité, on place en général les définitions de toutes les variables externes au début du fichier source, et on ne fait pas de déclarations de classe `extern` par la suite.

Si le programme est réparti sur plusieurs fichiers sources, et si une variable est définie dans *fichier1* et utilisée dans *fichier2* et *fichier3*, alors il faut mettre des déclarations de classe `extern` dans *fichier2* et *fichier3* pour que le compilateur puisse faire le lien entre les différents endroits où figure cette variable. On procède généralement en regroupant les déclarations de toutes les variables et fonctions externes au sein d'un fichier séparé, qui s'appelle un *fichier d'en-tête (header)* pour des raisons historiques, et que l'on inclut en tête de chaque fichier source grâce à la directive `#include`. Par convention, les noms des fichiers d'en-tête se terminent par `.h`. Par exemple, les fonctions de la bibliothèque standard sont déclarées dans des fichiers d'en-tête comme `<stdio.h>`. Nous couvrirons ce sujet plus en détail au chapitre 4, et nous décrirons la bibliothèque standard dans le chapitre 7 et l'annexe B.

Puisque les versions spécialisées de `lireligne` et `copier` n'ont pas d'arguments, il serait logique que leurs prototypes figurant en début de programme soient `lireligne()` et `copier()`. Mais pour assurer la compatibilité avec les anciens programmes en C, les compilateurs qui suivent la norme considèrent une liste d'arguments vide comme une déclaration sous l'ancienne forme, et dans ce cas, ils ne vérifient pas la nature des arguments ; pour indiquer explicitement une liste vide, il faut se servir du mot `void`. Pour de plus amples détails, reportez-vous au chapitre 4.

Vous avez peut-être remarqué que nous faisons très attention à l'emploi des mots *définition* et *déclaration* au sujet des variables externes. Une «définition» crée une variable, et lui réserve de la place en mémoire ; une «déclaration» précise la nature d'une variable, mais sans lui réserver de place en mémoire.

Attention : on a vite tendance à transformer toutes les variables en `extern` parce que cela semble simplifier les communications — les listes d'arguments sont brèves et les variables sont toujours là quand on veut s'en servir. Mais les variables externes sont toujours là, même quand on ne veut pas s'en servir. Il est très dangereux d'employer trop de variables externes, car cela donne des programmes dans lesquels les liens entre les données ne sont pas clairs du tout — on peut toucher à certaines variables par inadvertance ou sans s'en rendre compte, et de tels programmes sont difficiles à modifier. La deuxième version du programme qui détecte la plus longue des lignes reçues est moins bonne que la première, d'une part pour les raisons ci-dessus, d'autre part parce qu'elle annihile la généralité de deux fonctions utiles en y fixant les noms des variables qu'elles manipulent.

A ce stade, nous avons traité ce que l'on peut appeler le noyau conventionnel du langage C. Avec ces quelques briques, on peut écrire de très longs programmes utiles, et nous vous conseillons de prendre le temps d'en écrire quelques-uns avant d'aller plus loin. Les exercices que nous vous proposons maintenant donnent des idées de programmes plus compliqués que ceux que nous avons présentés tout au long de ce chapitre.

**Exercice 1-20.** Ecrivez un programme `detabuler` qui remplace les caractères de tabulation qu'il reçoit par le nombre d'espaces nécessaire pour atteindre la prochaine tabulation. Considérez que les tabulations sont positionnées à intervalles réguliers, toutes les *n* colonnes. Faut-il que *n* soit une variable ou une constante symbolique ?

**Exercice 1-21.** Ecrivez un programme `tabuler` qui remplace les séries d'espaces par un nombre minimum de caractères de tabulation et d'espaces donnant le même espacement. Utilisez les mêmes tabulations que pour `detabuler`. Lorsqu'on peut atteindre la prochaine tabulation en ajoutant un seul espace au lieu d'un caractère de tabulation, quelle solution faut-il adopter ?

**Exercice 1-22.** Ecrivez un programme qui «replie» les lignes trop longues en deux lignes ou plus, en les coupant avant la *n*-ième colonne en entrée, après le dernier caractère visualisable. Assurez-vous que votre programme traite intelligemment les lignes très longues, et le cas où la ligne ne comporte ni espace, ni tabulation avant la *n*-ième colonne.

**Exercice 1-23.** Ecrivez un programme qui supprime tous les commentaires d'un programme en C. N'oubliez pas de traiter correctement les chaînes entre guillemets et les constantes de type caractère. En C, les commentaires ne s'imbriquent pas.

**Exercice 1-24.** Ecrivez un programme qui détecte des erreurs de syntaxe rudimentaires dans un programme en C, par exemple des parenthèses, des crochets ou des accolades non appariés. N'oubliez pas les cas des apostrophes, des guillemets, des séquences d'échappement, et des commentaires. (Ce programme est difficile à écrire en toute généralité.)

# CHAPITRE 2 : Les types, les opérateurs et les expressions

Les variables et les constantes sont les objets de base que les programmes manipulent. Les déclarations donnent la liste des variables à utiliser, et indiquent leur type ainsi que leur valeur initiale éventuelle. Les opérateurs précisent les traitements qu'elles doivent subir. Les expressions produisent de nouvelles valeurs en combinant des variables et des constantes. Le type d'un objet détermine l'ensemble des valeurs qu'il peut prendre et des opérations que l'on peut lui appliquer. Ce chapitre traite de ces éléments de base du langage C.

La norme ANSI a apporté de nombreuses petites modifications, ainsi que certains ajouts, aux types et aux expressions de base. Il existe maintenant des formes signées et non signées (`signed` et `unsigned`) de tous les types entiers, ainsi que des notations pour les constantes non signées et les constantes de type caractère en hexadécimal. On peut effectuer des calculs en virgule flottante en simple précision ; il existe aussi un type `long double` qui offre une précision étendue. On peut concaténer les constantes de type chaîne à la compilation. Les énumérations, que de nombreuses versions du langage offraient depuis longtemps, en font désormais partie intégrante. On peut ajouter le mot-clé `const` devant les déclarations pour interdire toute modification des objets concernés. Les règles de conversions automatiques entre les différents types arithmétiques ont été enrichies pour tenir compte des nouveaux types.

## 2.1 Les noms de variables

Bien que nous ne l'ayons pas dit dans le premier chapitre, les noms de variables et les constantes symboliques obéissent à certaines restrictions. Les noms sont composés de lettres et de chiffres ; le premier caractère doit être une lettre. Le caractère de soulignement «_» *(underscore)* compte comme une lettre ; il sert parfois à rendre plus lisibles des noms de variables trop longs. Cependant, évitez de faire commencer vos noms de variables par «_», car les fonctions des bibliothèques utilisent souvent des noms de cette forme. Le C distingue les majuscules des minuscules ; `x` et `X` sont deux noms différents. L'usage le plus répandu est de mettre les noms de variables en minuscules et les constantes symboliques en majuscules.

Le compilateur tient compte au minimum des 31 premiers caractères des noms internes. En ce qui concerne les noms de fonctions et les variables externes, il se peut que le nombre de caractères significatifs soit inférieur à 31, parce que de tels noms peuvent être utilisés par des assembleurs et des chargeurs que le langage ne contrôle pas. La norme ne garantit que 6 caractères significatifs pour les noms externes, sans distinction entre les majuscules et les minuscules. Les mots-clés comme `if`, `else`, `int`, `float`, etc., sont réservés : ils ne peuvent pas servir de noms de variables. De plus, il faut les écrire en minuscules.

Il est bon de choisir des noms qui indiquent le rôle des variables, et que l'on ne puisse pas confondre typographiquement. Nous donnons généralement des noms courts aux variables locales, et surtout aux indices, et des noms plus longs aux variables externes.

## 2.2 Les types de données et leurs tailles

Le C comporte très peu de types de base :

| | |
|---|---|
| `char` | un seul octet, pouvant contenir un caractère du jeu de caractères de la machine utilisée. |
| `int` | un nombre entier, qui reflète typiquement la taille naturelle des nombres entiers sur la machine utilisée. |
| `float` | un nombre en virgule flottante en simple précision. |
| `double` | un nombre en virgule flottante en double précision. |

On peut également appliquer un certain nombre de qualificatifs à ces types de base. `short` *(court)* et `long` s'appliquent aux entiers :

```
short int court;
long int compteur;
```

Le mot `int` est facultatif dans de telles déclarations, et on ne l'écrit généralement pas.

Le but de `short` et `long` est d'offrir des entiers de différentes longueurs selon les besoins ; les entiers de type `int` prennent normalement la taille naturelle des nombres entiers sur le processeur utilisé. Les entiers de type `short` sont souvent codés sur 16 bits, ceux de type `long` sur 32 bits, et ceux de type `int` font soit 16, soit 32 bits. Chaque compilateur est libre de choisir des tailles d'entiers adaptées à la machine sur laquelle il tourne, mais il doit respecter des tailles minimales de 16 bits pour les types `short` et `int`, et de 32 bits pour le type `long`. De plus, les `shorts` ne doivent pas être plus longs que les `ints`, qui ne doivent pas être plus longs que les `longs`.

On peut appliquer le qualificatif `signed` ou `unsigned` *(signé* ou *non-signé)* au type `char` et à tous les types entiers. Les nombres `unsigned` sont toujours positifs ou nuls, et ils suivent les lois de l'arithmétique modulo $2^n$, où $n$ est le nombre de bits du type concerné. Ainsi, par exemple, si les `chars` sont représentés sur 8 bits, les variables de type `unsigned char` peuvent prendre les valeurs de 0 à 255, tandis que les `signed char` vont de –128 à 127 (sur une machine fonctionnant en complément à deux). Le fait que les variables de type `char` tout court soient signées ou non dépend de la machine utilisée, mais les caractères imprimables sont toujours positifs.

Les nombres de type `long double` sont en virgule flottante à précision étendue. Comme pour les entiers, la taille des objets en virgule flottante dépend de l'implémentation ; les types `float`, `double` et `long double` peuvent correspondre à une, deux ou trois tailles différentes.

Les fichiers d'en-tête standard `<limits.h>` et `<float.h>` contiennent des constantes symboliques qui précisent toutes ces tailles, ainsi que d'autres propriétés de la machine et du compilateur utilisés. Reportez-vous à l'annexe B pour en savoir plus.

**Exercice 2-1.** Ecrivez un programme qui détermine les valeurs limites des variables de type `char`, `short`, `int` et `long`, dans les cas `signed` et `unsigned`. Vous afficherez les valeurs que donnent les fichiers d'en-tête standard, puis vous les calculerez directement. Plus difficile si vous voulez les calculer : déterminez les valeurs limites des divers types flottants.

## 2.3 Les constantes

Les constantes entières comme `1234` sont de type `int`. On peut écrire des constantes de type `long` en y ajoutant un `l` ou un `L` à la fin, par exemple `123456789L` ; les entiers trop grands pour tenir dans un `int` seront aussi considérés comme des `longs`. Les constantes non signées s'écrivent avec un `u` ou un `U` à la fin, et le suffixe `ul` ou `UL` signifie `unsigned long`.

Les constantes en virgule flottante contiennent un point décimal (`123.4`) ou un exposant (`1e-2`), ou les deux ; elles sont de type `double` par défaut, mais les suffixes `f` ou `F` donnent une constante de type `float`, et `l` ou `L` une constante de type `long double`.

On peut donner la valeur des nombres entiers en octal ou en hexadécimal plutôt qu'en décimal. Une constante entière commençant par un `0` (zéro) est en octal ; pour l'hexadécimal, elle doit commencer par `0x` ou `0X`. Par exemple, le nombre décimal 31 peut s'écrire `037` en octal et `0x1f` ou `0X1F` en hexadécimal. Les constantes octales et hexadécimales peuvent également être suivies d'un `L` pour `long` ou d'un `U` pour `unsigned` : `0XFUL` est une constante de type `unsigned long` qui vaut 15 (en décimal).

Une *constante de type caractère* est un nombre entier écrit sous la forme d'un caractère entre apostrophes, comme `'x'`. La valeur d'une constante de type caractère est égale à la valeur du caractère d'après le jeu de caractères de la machine. Par exemple, dans le jeu de caractères ASCII, la constante de type caractère `'0'` vaut 48, ce qui n'a rien à voir avec la valeur numérique 0. Si l'on écrit `'0'` au lieu d'une valeur numérique comme 48 qui dépend du jeu de caractères, le programme est indépendant de cette valeur particulière et il se lit plus facilement. Dans les calculs, les constantes de type caractère sont traitées exactement comme des entiers, bien que l'on s'en serve le plus souvent pour les comparer à d'autres caractères.

Certains caractères peuvent être représentés, dans les constantes de type caractère et de type chaîne, par des séquences d'échappement comme `\n` (fin de ligne) ; ces séquences ont l'apparence de deux caractères, mais elles n'en représentent qu'un. De plus, on peut préciser une séquence de 8 bits quelconques par

`'\`*ooo*`'`

où *ooo* est une suite de un à trois chiffres octaux (0...7), ou par

`'\`*xhh*`'`

où *hh* est une suite de un ou plusieurs chiffres hexadécimaux (`0...9`, `a...f`, `A...F`). On pourrait donc écrire

```
#define TABV '\013'     /* tabulation verticale en ASCII */
#define DING '\007'     /* caractère ASCII de sonnerie */
```

ou bien, en hexadécimal,

```
#define TABV '\xb'      /* tabulation verticale en ASCII */
#define DING '\x7'      /* caractère ASCII de sonnerie */
```

Voici la liste complète des séquences d'échappement :

| | | | |
|---|---|---|---|
| `\a` | caractère d'alerte (sonnerie, *bell*) | `\\` | backslash |
| `\b` | retour en arrière *(backspace)* | `\?` | point d'interrogation |
| `\f` | saut de page *(formfeed)* | `\'` | apostrophe |
| `\n` | fin de ligne *(newline)* | `\"` | guillemet |
| `\r` | retour chariot *(carriage return)* | `\`*ooo* | nombre octal |
| `\t` | tabulation horizontale | `\x`*hh* | nombre hexadécimal |
| `\v` | tabulation verticale | | |

La constante de type caractère `'\0'` représente le caractère qui vaut zéro, le caractère nul. On écrit souvent `'\0'` au lieu de 0 pour mettre en valeur le fait qu'une expression donnée est de type caractère, mais la valeur numérique de `'\0'` est simplement 0.

Une *expression constante* est une expression qui ne comporte que des constantes. De telles expressions peuvent s'évaluer à la compilation plutôt qu'à l'exécution, et on peut donc s'en servir partout où l'on peut placer une constante, par exemple dans

```
#define MAXLIGNE 1000
char ligne[MAXLIGNE+1];
```

ou

```
#define BIS 1    /* pour les années bissextiles */
int jours[31+28+BIS+31+30+31+30+31+31+30+31+30+31];
```

Une *constante de type chaîne*, ou un *littéral de type chaîne*, est une séquence de caractères, éventuellement vide, placée entre guillemets, comme par exemple

```
"Je suis une chaîne"
```

ou

```
""  /* la chaîne vide */
```

Les guillemets ne font pas partie de la chaîne, ils ne servent qu'à la délimiter. A l'intérieur des chaînes, on peut employer les mêmes séquences d'échappement que dans les constantes de type caractère ; `\"` représente le caractère «`"`». Les constantes de type chaîne peuvent se concaténer à la compilation :

```
"bonjour," " maître"
```

équivaut à

```
"bonjour, maître"
```

Cela est très utile pour diviser de longues chaînes entre plusieurs lignes de source.

Techniquement une constante de type chaîne est un tableau de caractères. La représentation interne d'une chaîne se termine par un caractère nul `'\0'`, si bien qu'elle occupe en mémoire une position de plus que le nombre de caractères qui figurent entre les guillemets. Cette représentation implique que la longueur des chaînes est illimitée, mais que les programmes doivent les lire entièrement pour déterminer leur longueur. La fonction `strlen(s)` de la bibliothèque standard retourne la longueur de la chaîne `s` qu'elle reçoit comme argument, sans compter le `'\0'` final. Voici notre version de cette fonction :

```
/* strlen : retourne la longueur de s */
int strlen(char s[])
{
    int i;

    i = 0;
    while (s[i] != '\0')
        ++i;
    return i;
}
```

`strlen`, ainsi que d'autres fonctions de traitement des chaînes, sont déclarées dans le fichier d'en-tête standard `<string.h>`.

Attention à bien faire la différence entre une constante de type caractère et une chaîne qui ne contient qu'un seul caractère : `'x'` et `"x"` sont des objets bien distincts. Le premier est un nombre entier, qui sert à produire la valeur numérique de la lettre *x* d'après le jeu de caractères de la machine. Le deuxième est un tableau de caractères qui contient un caractère (la lettre *x*) et un `'\0'`.

Il existe une autre sorte de constantes, les *constantes énumérées*. Une énumération est une liste de valeurs entières constantes, comme

```
enum logique { NON, OUI };
```

Le premier nom d'une `enum` vaut 0, le suivant 1, et ainsi de suite, sauf si l'on précise des valeurs explicites. Si l'on ne donne que certaines valeurs, les autres se déduisent des valeurs spécifiées par incréments successifs, comme dans le deuxième des exemples suivants :

```
enum echaps { SONNERIE = '\a', ARRIERE = '\b', TAB = '\t',
              LIGNE = '\n', TABV = '\v', RETOUR = '\r'.};

enum mois { JAN = 1, FEV, MAR, AVR, MAI, JUN,
            JUL, AOU, SEP, OCT, NOV, DEC };
                /* FEB vaut 2, MAR 3, etc. */
```

Les noms figurant dans les différentes énumérations doivent être distincts. A l'intérieur d'une énumération, les valeurs ne sont pas obligatoirement toutes distinctes.

Les énumérations constituent un moyen pratique d'associer des noms à des valeurs constantes, comme avec `#define`, mais avec l'avantage de la génération automatique des valeurs. Bien que l'on puisse déclarer des variables de types `enum`, les compilateurs ne sont pas obligés de vérifier que ce que vous mettrez dans une telle variable est une valeur citée dans l'énumération correspondante. Cependant, mieux vaut souvent employer des énumérations que des directives `#define`, car elles ont une chance d'être vérifiées. De plus, votre debugger est peut-être capable d'afficher les valeurs des variables énumérées sous leur forme symbolique.

## 2.4 Les déclarations

Il faut déclarer toutes les variables avant de s'en servir, bien que certaines déclarations puissent être implicites d'après le contexte. Une déclaration précise un type, et comporte une liste de une ou plusieurs variables de ce type, par exemple

```
int  mini, maxi, intervalle;
char c, ligne[1000];
```

On peut répartir les variables entre les déclarations comme on le désire ; les déclarations ci-dessus auraient aussi pu s'écrire

```
int  mini;
int  maxi;
int  intervalle;
char c;
char ligne[1000];
```

Cette forme développée prend plus de place, mais elle permet d'ajouter un commentaire à chaque déclaration, et elle facilite les modifications futures.

On peut également initialiser les variables au moment où on les déclare. Si le nom de variable est suivi du signe = et d'une expression, cette expression donne la valeur initiale de la variable, par exemple

```
char  ech = '\\';
int   i = 0;
int   limite = MAXLIGNE+1;
float eps = 1.0e-5;
```

Si la variable en question n'est pas automatique, l'initialisation ne s'effectue qu'une fois, avant le début de l'exécution du programme, et la valeur initiale doit être une expression constante. Les variables automatiques initialisées explicitement le sont à chaque fois que le programme entre dans la fonction ou dans le bloc auquel elles appartiennent ; la valeur initiale peut être une expression quelconque. Les variables externes et statiques sont initialisées à zéro par défaut. Les variables automatiques à qui l'on n'a pas donné de valeur initiale explicite prennent des valeurs non définies (c'est-à-dire n'importe quoi).

Toutes les déclarations de variables peuvent comporter le qualificatif `const` qui indique que leurs valeurs ne seront jamais modifiées. Dans le cas d'un tableau, le qualificatif `const` interdit de modifier ses éléments.

```
const double e = 2.71828182845905;
const char msg[] = "attention : ";
```

On peut aussi utiliser une déclaration `const` pour un tableau passé en argument à une fonction, afin d'indiquer qu'elle ne pourra pas le modifier :

```
int strlen(const char[]);
```

Si l'on tente de modifier le contenu d'une variable `const`, le résultat dépend de l'implémentation.

## 2.5 Les opérateurs arithmétiques

Les opérateurs arithmétiques binaires sont +, –, *, /, et l'opérateur de modulo, %. La division entière tronque la partie fractionnaire éventuelle. L'expression

```
x % y
```

donne le reste de la division de x par y, et vaut donc zéro si x est un multiple de y. Par exemple, une année est bissextile si elle est divisible par 4, mais pas par 100, à l'exception des années multiples de 400 qui sont bien bissextiles. Par conséquent,

```
if ((an % 4 == 0 && an % 100 != 0) || an % 400 == 0)
    printf("%d est une année bissextile.\n", an);
else
    printf("%d n'est pas une année bissextile.\n", an);
```

L'opérateur % ne s'applique pas aux types `float` et `double`. Le sens de la troncature pour / (par défaut ou par excès), ainsi que le signe du résultat de %, dépendent de la machine dans le cas des opérandes négatifs. Idem pour ce qui se passe en cas de dépassement de capacité.

Les opérateurs binaires + et – ont le même degré de priorité, qui est inférieur à celui de *, / et %, lequel est lui-même inférieur à celui des + et – unaires. Les opérateurs arithmétiques s'évaluent de gauche à droite.

Le tableau 2-1, situé à la fin de ce chapitre, récapitule les règles de priorité et d'associativité pour tous les opérateurs.

## 2.6 Les opérateurs de comparaison et les opérateurs logiques

Les opérateurs de comparaison sont

```
>    >=    <    <=
```

Ils ont tous le même degré de priorité. Les opérateurs d'égalité

```
==    !=
```

occupent le degré de priorité immédiatement inférieur. Les opérateurs de comparaison sont moins prioritaires que les opérateurs arithmétiques ; ainsi, une expression telle que `i < lim-1` s'évalue comme `i < (lim-1)`, comme il se doit.

Les opérateurs logiques `&&` et `||` sont plus intéressants. Les expressions reliées par `&&` ou `||` sont évaluées de gauche à droite, et cette évaluation cesse dès que la véracité ou la fausseté du résultat est établie. La plupart des programmes en C se servent de ces propriétés. Par exemple, voici une boucle extraite de la fonction `lireligne` que nous avons écrite au chapitre 1 :

```
for (i=0; i<lim-1 && (c=getchar())!='\n' && c != EOF; ++i)
    s[i] = c;
```

Avant de lire un nouveau caractère, il est nécessaire de vérifier qu'il reste de la place pour le stocker dans le tableau `s`, donc *il faut* effectuer le test `i < lim-1` en premier. De plus, si cette condition n'est pas remplie, il faut s'arrêter avant de lire un autre caractère.

De même, il serait faux de comparer `c` à `EOF` avant d'appeler `getchar` ; c'est pourquoi l'appel et l'affectation doivent avoir lieu avant le test du caractère contenu dans `c`.

`&&` a priorité sur `||`, mais tous deux s'appliquent après les opérateurs de comparaison et d'égalité ; ainsi, des expressions comme

```
i<lim-1 && (c = getchar()) != '\n' && c != EOF
```

n'ont pas besoin de parenthèses supplémentaires. Mais comme `!=` a priorité sur l'affectation, il faut mettre des parenthèses dans

```
(c = getchar()) != '\n'
```

pour que `c` reçoive bien un nouveau caractère avant d'être comparé à `'\n'`.

Par définition, une expression arithmétique ou logique vaut 1 si la relation est vraie, et 0 si elle est fausse.

L'opérateur unaire de négation, `!`, donne zéro si son opérande est non nul, et 1 s'il est nul. `!` s'utilise souvent dans des constructions comme

```
if (!correct)
```

au lieu de

```
if (correct == 0)
```

Il n'est pas évident de dire quelle est la meilleure forme en général. Des constructions comme `!correct` se lisent aisément (« si ce n'est pas correct »), mais des expressions plus compliquées peuvent être difficiles à interpréter.

**Exercice 2-2.** Ecrivez une boucle équivalente à la boucle `for` ci-dessus sans utiliser `&&` ni `||`.

## 2.7 Les conversions de types

Lorsqu'un opérateur a des opérandes de types différents, ils sont convertis en un type commun d'après quelques règles. En général, les seules conversions automatiques sont celles qui convertissent un opérande «étroit» en un opérande plus «large» sans qu'il y ait perte d'information, par exemple la conversion d'un entier `n` en un flottant dans une expression comme `f + n`. Les expressions qui n'ont pas de sens, comme de se servir d'un `float` comme indice, sont interdites. Les expressions qui peuvent conduire à une perte d'informations, comme l'affectation d'un type entier long à un entier plus court, ou d'un flottant à un entier, peuvent engendrer un avertissement *(warning)* du compilateur, mais elles ne sont pas illégales.

Comme les variables de type `char` sont en fait de petits entiers, on peut s'en servir librement dans les expressions arithmétiques. Cela offre une très grande flexibilité pour certaines transformations concernant les caractères. L'écriture suivante, quoique naïve, de la fonction `atoi`, qui convertit une chaîne de chiffres en sa valeur numérique, en fournit un bon exemple.

```
/* atoi : convertit s en un entier */
int atoi(char s[])
{
    int i, n;

    n = 0;
    for (i = 0; s[i] >= '0' && s[i] <= '9'; ++i)
        n = 10 * n + (s[i] - '0');
    return n;
}
```

Comme nous l'avons vu au chapitre 1, l'expression

```
s[i] - '0'
```

donne la valeur numérique du caractère stocké dans `s[i]`, parce que les valeurs de `'0'`, `'1'`, etc., se suivent dans l'ordre croissant sans interruption.

Un autre exemple de conversion de `char` en `int` est la fonction `min`, qui convertit un caractère en minuscule *pour le jeu de caractères ASCII*. Si le caractère n'est pas une lettre majuscule, `min` le retourne sans y toucher.

```
/* min : convertit c en minuscule ; en ASCII seulement */
int min(int c)
{
    if (c >='A' && c <= 'Z')
        return c + 'a' - 'A';
    else
        return c;
}
```

Ceci fonctionne en ASCII parce que la différence entre la valeur numérique d'une majuscule et de la minuscule correspondante est la même pour toutes les lettres, et que les alphabets en majuscules et en minuscules sont tous deux d'un seul tenant — il n'y a que des lettres entre `A` et `Z`. Toutefois, cette dernière remarque est fausse dans le cas du jeu de caractères EBCDIC, pour lequel cette fonction ne convertirait pas que les lettres.

Le fichier d'en-tête standard `<ctype.h>`, que nous décrivons dans l'annexe B, définit une famille de fonctions de tests et de conversions indépendants du jeu de caractères utilisé. Par exemple, la fonction `tolower(c)` *`(enminus)`*, retourne la valeur en minuscule de `c` si `c` est une lettre majuscule ; `tolower` est donc une version portable de notre fonction `min`. De même, on peut remplacer le test

```
c >= '0' && c <= '9'
```

par

```
isdigit(c)
```

ce qui signifie *`est_un_chiffre(c)`*. Dorénavant, nous nous servirons des fonctions de `<ctype.h>`.

La conversion des caractères en entiers présente une cetaine subtilité. Le langage ne dit pas si les variables de type `char` sont des quantités signées ou non. La conversion d'un `char` en un `int` peut-elle donner un entier négatif ? La réponse dépend de l'architecture de la machine utilisée. Sur certaines machines, un `char` dont le bit de poids fort est à 1 donnera un entier négatif (c'est le principe d'«extension de signe»). Sur d'autres, la conversion s'effectue en ajoutant des zéros à gauche du `char`, ce qui donne toujours un `int` positif.

La définition du C garantit que tous les caractères qui font partie du jeu de caractères affichables standard de la machine sont toujours des quantités positives dans les expressions. Mais si l'on stocke une séquence de bits quelconque dans une variable de type caractère, cela peut donner une quantité négative sur certaines machines et positive sur d'autres. Pour assurer la portabilité de vos programmes, précisez `signed` ou `unsigned` si vous devez mettre autre chose que des caractères dans des variables de type `char`.

Les expressions de comparaison comme `i > j` et les expressions logiques reliées par `&&` ou `||` prennent la valeur 1 si elles sont vraies, et 0 si elles sont fausses. Ainsi, l'affectation

```
ch = c >= '0' && c <= '9'
```

met `ch` à 1 si `c` est un chiffre, ou à 0 dans le cas contraire. Néanmoins, il se peut que les fonctions comme `isdigit` retournent une valeur non nulle autre que 1 pour indiquer «vrai». Mais ce n'est pas grave car les tests des instructions `if`, `while`, `for`, etc., considèrent toute valeur non nulle comme «vraie».

Les conversions arithmétiques implicites fonctionnent comme on peut s'y attendre. En général, si l'on fournit à un opérateur binaire (c'est-à-dire un opérateur à deux opérandes), comme `+` ou `*`, des opérandes de types différents, le type le plus «petit» est *promu* en un type plus «grand», celui de l'autre opérande, avant d'effectuer l'opération. Le résultat est dans le type le plus grand. Les règles de conversion sont énoncées précisément à la section 6 de l'annexe A. Cependant, si aucun des opérandes n'est `unsigned`, les quelques règles suivantes suffisent :

Si l'un des opérandes est `long double`, convertir l'autre en `long double`.

Sinon, si l'un des opérandes est `double`, convertir l'autre en `double`.

Sinon, si l'un des opérandes est `float`, convertir l'autre en `float`.

Sinon, convertir les opérandes de type `char` et `short` en `int`.

Puis, si l'un des opérandes est `long`, convertir l'autre en `long`.

Remarquez que les `floats` ne sont pas automatiquement convertis en `doubles` dans les expressions, contrairement à ce qui se passait avec la définition originale du langage. En général, les fonctions mathématiques comme celles de `<math.h>` se servent de la double précision. On se sert principalement du type `float` pour que les grands tableaux prennent moins de place en mémoire ou, moins souvent, pour gagner du temps sur certaines machines qui n'effectuent pas très rapidement les calculs en double précision.

Les règles de conversion se compliquent dans le cas d'opérandes `unsigned`. Le problème est que les comparaisons entre des valeurs signées et non signées dépendent de la machine, parce qu'elles dépendent des tailles des divers types entiers. Par exemple, en supposant qu'un `int` soit représenté sur 16 bits et un `long` sur 32 bits, `-1L < -1U`, car `1U`, qui est un `int`, est promu en un `signed long`. Mais `-1L > -1UL`, car `-1L` est promu en `unsigned long`, et prend donc l'apparence d'un nombre positif très grand.

Des conversions s'effectuent également lors des affectations ; la valeur de la partie droite de l'affectation est convertie dans le type de la partie gauche, qui est le type du résultat.

Les caractères sont convertis en entiers selon les règles énoncées ci-dessus, avec ou sans extension de signe.

Les entiers trop longs sont transformés en des entiers plus courts ou en `chars` en tronquant les bits de poids fort. Ainsi, si l'on effectue

```
int  i;
char c;

i = c;
c = i;
```

la valeur de `c` n'est pas modifiée, que la machine travaille en extension de signe ou pas. Toutefois, si l'on effectue ces affectations dans l'ordre inverse, on peut perdre la valeur de `i`.

Si `x` est un `float` et `i` un `int`, alors les deux affectations `x = i` et `i = x` provoquent des conversions ; la conversion de `float` en `int` tronque la partie fractionnaire éventuelle. Mais lorsqu'on convertit un `double` en `float`, c'est l'implémentation qui détermine si la valeur est arrondie ou tronquée.

Puisque les arguments que l'on passe aux fonctions sont des expressions, ils subissent également des conversions de types. En l'absence d'un prototype de fonction, les arguments type `char` et `short` se transforment en `ints`, et les `floats` en `doubles`. C'est pourquoi nous avons déclaré des arguments de type `int` ou `double` pour nos fonctions, même quand nous devons leur passer des `chars` ou des `floats`.

Enfin, dans toute expression, on peut forcer explicitement des conversions de types grâce à un opérateur unaire appelé *cast*[1]. Dans la construction

(*nom-de-type*) *expression*

l'*expression* est convertie dans le type précisé, selon les règles de conversion énoncées plus haut. Avec un «cast», tout se passe comme si l'on affectait l'*expression* à une variable du type indiqué, utilisée ensuite à la place de l'ensemble de cette construction. Par exemple, la fonction `sqrt` de la bibliothèque, qui calcule la racine carrée de son argument, s'attend à recevoir un argument de type `double`, et donnera un résultat absurde si on lui passe autre chose par inadvertance. (`sqrt` est déclarée dans <`math.h`>.) Donc, si `n` est un entier, on peut écrire

```
sqrt((double) n)
```

pour convertir la valeur de `n` en un `double` avant de la passer à `sqrt`. Remarquez que le «cast» donne la *valeur* de `n` exprimée dans le type correct ; cette opération ne touche pas à `n` lui-même. L'opérateur «cast» a le même degré de priorité élevé que les autres opérateurs unaires ; les différentes priorités sont récapitulées dans le tableau situé à la fin de ce chapitre.

Si les arguments ont été déclarés par un prototype de fonction, comme nous vous conseillons de le faire, cette déclaration force la conversion des arguments dans leurs types respectifs au moment de l'appel de la fonction. Ainsi, étant donné le prototype de fonction suivant pour `sqrt` :

---

[1] N.d.T. : Nous nous efforçons dans cet ouvrage d'éviter le jargon informatique anglophone traditionnel, mais nous conserverons cependant le terme «cast» de la version originale, plus concis et pratique que «opérateur de conversion de type». «*To cast a type*» évoque l'idée de mettre la variable concernée dans le «moule» d'un autre type, mais aussi de «lancer un sort» qui transforme cette variable. A notre connaissance, les programmeurs francophones n'ont jamais utilisé d'équivalent dans notre langue.

```
double sqrt(double);
```

l'appel

```
rac2 = sqrt(2);
```

force automatiquement la conversion de l'entier `2` en la valeur `2.0`, de type `double`, sans qu'un «cast» soit nécessaire.

La bibliothèque standard comprend une implémentation portable d'un générateur de nombres pseudo-aléatoires et une fonction qui initialise l'amorce de cette série de nombres ; la première de ces fonctions donne un exemple de «cast» :

```
unsigned long int suivant = 1;

/* rand : retourne un nombre entier pseudo-aléatoire
          compris entre 0 et 32767 */
int rand(void)
{
    suivant = suivant * 1103515245 + 12345;
    return (unsigned int)(suivant/65536) % 32768;
}

/* srand : donne une valeur initiale à rand() */
void srand(unsigned int amorce)
{
    suivant = amorce;
}
```

**Exercice 2-3.** Ecrivez la fonction `htoi(s)` *(hexa_en_entier)*, qui convertit une chaîne de chiffres hexadécimaux (y compris un éventuel `0x` ou `0X`) en sa valeur entière. Les chiffres autorisés sont `0` à `9`, `a` à `f`, et `A` à `F`.

## 2.8 Les opérateurs d'incrémentation et de décrémentation

Le C comporte deux opérateurs inhabituels qui servent à incrémenter et à décrémenter les variables. L'opérateur d'incrémentation `++` ajoute 1 à son opérande, alors que l'opérateur de décrémentation `--` lui retranche 1. Nous avons souvent employé `++` pour incrémenter des variables, comme dans

```
if (c == '\n')
    ++nl;
```

L'aspect inhabituel de ces opérateurs est qu'on peut les mettre sous forme préfixée (avant la variable : `++n`) ou postfixée (après la variable : `n++`). Dans les deux cas, `n` est incrémenté. Mais l'expression `++n` incrémente `n` *avant* de prendre sa valeur, alors que `n++` l'incrémente *après* avoir pris sa valeur. Cela signifie que si l'on doit se servir de la valeur en même temps qu'on l'incrémente, `++n` et `n++` ont des effets différents. Si `n` vaut 5, alors

```
x = n++;
```

met x à 5, mais

```
x = ++n;
```

met x à 6. `n` passe à 6 dans les deux cas. Les opérateurs d'incrémentation et de décrémentation ne s'appliquent qu'à des variables ; une expression comme `(i+j)++` est illégale.

Dans un contexte où l'on désire simplement incrémenter une variable sans se servir de sa valeur, comme par exemple dans

```
if (c == '\n')
    nl++;
```

les formes préfixée et postfixée reviennent au même. Mais dans certaines situations, une seule de ces formes est correcte. Par exemple, considérons la fonction `tasser(s,c)`, qui supprime toutes les occurrences du caractère `c` dans la chaîne `s`.

```
/* tasser : supprime tous les c présents dans s */
void tasser(char s[], int c)
{
    int i, j;

    for (i = j = 0; s[i] != '\0'; i++)
        if (s[i] != c)
            s[j++] = s[i];
    s[j] = '\0';
}
```

Cette fonction copie chaque caractère autre que `c` à la `j`-ième position avant d'incrémenter `j` pour passer au caractère suivant. Tout se passe comme si nous avions écrit

```
if (s[i] != c) {
    s[j] = s[i];
    j++;
}
```

On peut trouver un autre exemple d'une telle construction dans la fonction `lireligne` que nous avons écrite au chapitre 1, et dans laquelle nous pouvons remplacer

```
if (c == '\n') {
    s[i] = c;
    ++i;
}
```

par un test plus concis :

```
if (c == '\n')
    s[i++] = c;
```

Pour prendre un troisième exemple, considérons la fonction standard `strcat(s,t)` qui concatène la chaîne `t` à la fin de la chaîne `s`. `strcat` suppose que `s` est assez longue pour contenir les deux chaînes bout à bout. Telle que nous l'avons écrite ici, `strcat` ne retourne pas de valeur ; la version de la bibliothèque standard retourne un pointeur sur la chaîne qui résulte de l'opération.

```
/* strcat : concatène t à s ; s doit être assez longue */
void strcat(char s[], char t[])
{
    int i, j;

    i = j = 0;
    while (s[i] != '\0')       /* va à la fin de s */
        i++;
    while ((s[i++] = t[i++]) != '\0')     /* copie t */
        ;
}
```

Comme on copie tous les caractères de `t` dans `s`, on applique un `++` postfixé aux deux indices `i` et `j` afin qu'ils soient prêts pour le bouclage suivant.

**Exercice 2-4.** Ecrivez une autre version de `tasser(s1,s2)` qui supprime tous les caractères de `s1` qui figurent aussi dans la *chaîne* `s2`.

**Exercice 2-5.** Ecrivez la fonction `où(s1,s2)` qui retourne la première position de la chaîne `s1` qui contient un caractère quelconque de la chaîne `s2`, ou bien `-1` si `s1` ne contient aucun caractère de `s2`. (La fonction `strpbrk` de la bibliothèque standard fait la même chose, mais elle retourne un pointeur sur la position en question.)

## 2.9 Les opérateurs de traitement des bits

Le C fournit six opérateurs qui réalisent des manipulations au niveau des bits ; on ne peut les appliquer qu'aux opérandes entiers, c'est-à-dire `char`, `short`, `int` et `long`, signés ou non.

| | |
|---|---|
| `&` | ET bit à bit |
| `|` | OU inclusif bit à bit |
| `^` | OU exclusif bit à bit |
| `<<` | décalage à gauche |
| `>>` | décalage à droite |
| `~` | complément à un (opérateur unaire) |

On se sert souvent du ET bit à bit `&` pour masquer certains bits ; par exemple,

```
n = n & 0177;
```

met à zéro les bits de `n` qui ne font pas partie de ses 7 bits de poids faible.

Le OU bit à bit `|` sert à mettre des bits à un :

```
x = x | MISE_A_UN;
```

met à un tous les bits de `x` qui sont à un dans `MISE_A_UN`.

Le OU exclusif `^` met à zéro les bits qui sont identiques dans ses deux opérandes, et à un ceux qui diffèrent.

Il faut bien distinguer les opérateurs bit à bit `&` et `|` des opérateurs logiques `&&` et `||`, qui mettent en œuvre l'évaluation de gauche à droite d'une valeur de vérité booléenne (zéro ou autre chose signifiant respectivement faux ou vrai). Par exemple, si `x` vaut 1 et `y` vaut 2, alors `x & y` vaut zéro tandis que `x && y` vaut un.

Les opérateurs << et >> décalent leur opérande de gauche du nombre de bits indiqué par leur opérande de droite, qui doit être positif. Ainsi, `x << 2` décale la valeur de `x` de 2 bits vers la gauche, en remplissant les 2 bits de droite par des zéros, ce qui revient à une multiplication par 4. Si l'on décale une quantité non signée vers la droite, les bits de gauche sont toujours mis à zéro. Si cette quantité est signée, les bits de gauche se rempliront par des bits de signe sur certaines machines («décalage arithmétique») et par des zéros sur d'autres («décalage logique»).

L'opérateur unaire ~ donne le complément à un d'un entier ; c'est-à-dire qu'il met à un les bits qui sont à zéro et vice-versa. Par exemple,

```
x = x & ~077
```

met à zéro les six bits de poids faible de `x`. Remarquez que `x & ~077` ne dépend pas de la longueur de `x`, et que cette écriture est donc préférable à `x & 0177700`, par exemple, qui suppose que `x` est codé sur 16 bits. De plus, la forme portable de cette expression n'est pas plus coûteuse que l'autre, car `~077` est une expression constante qui peut s'évaluer à la compilation.

Pour illustrer l'emploi de certains opérateurs de traitement des bits, considérons la fonction `lirebits(x,p,n)` qui retourne les `n` bits extraits de `x` à partir de la position `p`, en les cadrant à droite. Nous supposerons que la position 0 correspond au bit de droite, et que `n` et `p` sont des valeurs positives convenables. Par exemple, `lirebits(x,4,3)` retourne les 3 bits des positions 4, 3 et 2 de `x`, cadrés à droite.

```
/* lirebits : lit n bits à partir de la position p */
unsigned lirebits(unsigned x, int p, int n)
{
    return (x >> (p+1-n)) & ~(~0 << n);
}
```

L'expression `x >> (p+1-n)` déplace les bits sélectionnés à l'extrêmité droite du mot. `~0` est un mot dont tous les bits sont à un ; une fois décalé de `n` bits vers la gauche par `~0 << n`, ses `n` bits de droite sont à zéro ; le complément à un de ce mot (grâce à ~) donne un masque dont les `n` bits de droite sont à un.

**Exercice 2-6.** Ecrivez une fonction `fixer_bits(x,p,n,y)` qui retourne la valeur obtenue en remplaçant les `n` bits de `x` commençant à la position `p` par les `n` bits de droite de `y`, sans toucher aux autres.

**Exercice 2-7.** Ecrivez une fonction `inverser(x,p,n)` qui retourne la valeur obtenue en inversant les `n` bits de `x` commençant à la position `p` (c.-à-d. en mettant les 1 à 0 et vice-versa), sans toucher aux autres.

**Exercice 2-8.** Ecrivez une fonction `rotdroite(x,n)` qui retourne la valeur obtenue en faisant subir à `x` une rotation de `n` bits vers la droite.

## 2.10 Les opérateurs et les expressions d'affectation

Les expressions comme

```
i = i + 2
```

où la variable de gauche se répète immédiatement à droite, peuvent s'écrire sous la forme suivante, plus compacte :

```
i += 2
```

L'opérateur += s'appelle un *opérateur d'affectation.*

Le C associe à la plupart des opérateurs binaires (les opérateurs qui, comme +, prennent un opérande de chaque côté) un opérateur d'affectation de la forme *op*=, où *op* fait partie de

```
+    -    *    /    %    <<    >>    &    ^    |
```

Si $expr_1$ et $expr_2$ sont des expressions, alors

$$expr_1 \ op= \ expr_2$$

équivaut à

$$expr_1 = (expr_1) \ op \ (expr_2)$$

mis à part qu'$expr_1$ n'est calculée qu'une fois. Les parenthèses qui entourent $expr_2$ ont leur importance :

```
x *= y + 1
```

signifie

```
x = x * (y + 1)
```

et non

```
x = x * y + 1
```

Pour prendre un exemple, la fonction `compter_bits` compte le nombre de bits à un dans son argument entier.

```
/* compter_bits : compte les bits à 1 dans x */
int compter_bits(unsigned x)
{
    int b;

    for (b = 0; x != 0; x >>= 1)
        if (x & 01)
            b++;
    return b;
}
```

Le fait de déclarer `x` non signé assure qu'au moment de le décaler vers la droite, ses bits de gauche se rempliront de zéros, et non de bits de signe, quelle que soit la machine utilisée.

Mise à part leur brièveté, les opérateurs d'affectation ont l'avantage de mieux correspondre à notre manière de voir les choses. On dit « ajouter 2 à `i` » ou « augmenter `i` de 2 », et non « prendre `i`, y ajouter 2, et remettre le résultat dans `i` ». Par conséquent, l'expression `i += 2` est préférable à `i = i + 2`. De plus, dans le cas d'une expression complexe comme

```
yyval[yypv[p3+p4] + yypv[p1+p2]] += 2
```

le code est plus facile à comprendre avec l'opérateur d'affectation, car le lecteur n'a pas besoin de se fatiguer à vérifier que deux longues expressions sont bien identiques, ni de se demander pourquoi elles ne le sont pas. Enfin, les opérateurs d'affectation peuvent même aider le compilateur à produire un code plus efficace.

Nous avons déjà vu que l'instruction d'affectation possède une valeur et peut donc figurer dans des expressions ; l'exemple le plus classique en est

```
while ((c = getchar()) != EOF)
        ...
```

Les autres opérateurs d'affectation (+=, -=, etc.) peuvent également figurer dans des expressions, bien que cela soit moins fréquent.

Dans toutes les expressions de cette sorte, le type d'une expression d'affectation est celui de son opérande de gauche, et elle prend sa valeur après l'affectation.

**Exercice 2-9.** Dans le système de calcul en complément à deux, `x &= (x-1)` efface le bit à un le plus à droite de `x`. Pourquoi ? Servez-vous de cette remarque pour écrire une version plus rapide de `compter_bits`.

## 2.11 Les expressions conditionnelles

Les instructions

```
if (a > b)
    z = a;
else
    z = b;
```

affectent à `z` le maximum de `a` et `b`. L'*expression conditionnelle*, qui utilise l'opérateur ternaire «? :», donne un autre moyen d'écrire ce calcul et les constructions similaires. Dans l'expression

$expr_1$ ? $expr_2$ : $expr_3$

on commence par évaluer l'expression $expr_1$. Si elle n'est pas nulle (c'est-à-dire si elle est vraie), alors on évalue $expr_2$, et c'est elle qui donne la valeur de l'expression conditionnelle. Sinon, on évalue $expr_3$, et c'est elle qui donne la valeur. On n'évalue qu'une seule des expressions $expr_2$ et $expr_3$. Ainsi, pour affecter à `z` le maximum de `a` et `b`, il suffit d'écrire

```
z = (a > b) ? a : b;     /* z = max(a, b) */
```

Il faut bien remarquer que l'expression conditionnelle est bien une expression, et que l'on peut s'en servir partout où l'on peut faire figurer une autre expression. Si $expr_2$ et $expr_3$ sont de types différents, le type du résultat est déterminé par les règles de conversion dont nous avons déjà parlé dans ce chapitre. Par exemple, si `f` est de type `float` et `n` de type `int`, l'expression

```
(n > 0) ? f : n
```

est de type `float`, que `n` soit positif ou non.

Il n'est pas obligatoire de mettre des parenthèses autour de la première expression d'une expression conditionnelle, car la priorité de `?:` est très faible, immédiatement supérieure à celle de l'affectation. Nous vous conseillons cependant d'en mettre quand même, parce qu'elles permettent de mieux distinguer la condition.

Les expressions conditionnelles donnent souvent un code bref. Par exemple, la boucle suivante affiche n éléments d'un tableau, à raison de 10 par ligne, en séparant les différentes colonnes par un espace, et en terminant chaque ligne, même la dernière, par un caractère de fin de ligne.

```
for (i = 0; i < n; i++)
    printf("%6d%c",a[i],(i%10==9 || i==n-1) ? '\n' : ' ');
```

Cette boucle affiche un caractère de fin de ligne après un élément sur 10, et après le n-ième. Tous les autres éléments sont suivis d'un espace. Une telle écriture peut paraître bien délicate, mais elle est plus compacte que le `if-else` équivalent. Voici un autre bon exemple :

```
printf("Vous avez %d article%s.\n", n, n==1 ? "" : "s");
```

**Exercice 2-10.** Réécrivez la fonction `min`, qui convertit les majuscules en minuscules, à l'aide d'une expression conditionnelle au lieu d'un `if-else`.

## 2.12 Les priorités et l'ordre d'évaluation

Le tableau 2-1 récapitule les règles de priorité et d'associativité de tous les opérateurs, y compris ceux dont nous n'avons pas encore parlé. Les opérateurs qui figurent sur une même ligne ont le même degré de priorité et les lignes sont classées dans l'ordre décroissant des priorités, donc par exemple, `*`, `/` et `%` ont tous trois le même niveau de priorité, qui est supérieur à celui du + et du - binaires. L'«opérateur» `()` fait référence à l'appel d'une fonction. Les opérateurs `->` et `.` servent à accéder aux membres des structures ; nous les aborderons au chapitre 6, ainsi que `sizeof` qui donne la taille d'un objet. Le chapitre 5 parle de `*` (indirection via un pointeur) et `&` (adresse d'un objet), et le chapitre 3 introduit l'opérateur virgule.

Remarquez que les opérateurs bit à bit `&`, `^` et `|` sont moins prioritaires que `==` et `!=`. Cela implique qu'il faut mettre des parenthèses partout dans les expressions qui testent des bits, comme

```
if ((x & MASQUE) == 0) ...
```

pour obtenir les résultats escomptés.

Le C, comme la plupart des langages, n'impose pas l'ordre dans lequel s'évaluent les opérandes d'un opérateur (à l'exception de `&&`, `||`, `?:` et "`,`"). Par exemple, dans une instruction comme

```
x = f() + g();
```

`f` peut être évaluée avant `g` ou inversement ; par conséquent, si `f` ou `g` modifie une variable dont l'autre fonction dépend, `x` peut dépendre de l'ordre d'évaluation. Pour imposer un certain ordre d'évaluation, on peut stocker les résultats intermédiaires dans des variables temporaires.

De même, le langage ne précise pas l'ordre d'évaluation des arguments d'une fonction, de sorte que l'instruction

```
printf("%d %d\n", ++n, puiss(2, n));     /* ERREUR */
```

peut donner des résultats différents selon le compilateur, suivant que `n` est incrémenté avant ou après l'appel de `puiss`. Bien entendu, la bonne solution est d'écrire

TABLEAU 2-1. PRIORITÉ ET ASSOCIATIVITÉ DES OPÉRATEURS

<table>
<tr><th>OPÉRATEURS</th><th>ASSOCIATIVITÉ</th></tr>
<tr><td>() [] -> .</td><td>de gauche à droite</td></tr>
<tr><td>! ~ ++ -- + - * & (type) sizeof</td><td>de droite à gauche</td></tr>
<tr><td>* / %</td><td>de gauche à droite</td></tr>
<tr><td>+ -</td><td>de gauche à droite</td></tr>
<tr><td><< >></td><td>de gauche à droite</td></tr>
<tr><td>< <= > >=</td><td>de gauche à droite</td></tr>
<tr><td>== !=</td><td>de gauche à droite</td></tr>
<tr><td>&</td><td>de gauche à droite</td></tr>
<tr><td>^</td><td>de gauche à droite</td></tr>
<tr><td>|</td><td>de gauche à droite</td></tr>
<tr><td>&&</td><td>de gauche à droite</td></tr>
<tr><td>||</td><td>de gauche à droite</td></tr>
<tr><td>?:</td><td>de droite à gauche</td></tr>
<tr><td>= += -= *= /= %= &= ^= |= <<= >>=</td><td>de droite à gauche</td></tr>
<tr><td>,</td><td>de gauche à droite</td></tr>
</table>

Les opérateurs unaires +, - et * ont priorité sur leurs formes binaires.

```
++n;
printf("%d %d\n", n, puiss(2, n));
```

Les appels de fonctions, les instructions d'affectation imbriquées, et les opérateurs d'incrémentation et de décrémentation engendrent des «effets secondaires» — quand l'évaluation d'une expression modifie au passage la valeur d'une variable. Dans toutes les expressions à effets secondaires, l'ordre de mise à jour des variables utilisées peut avoir des conséquences subtiles. L'instruction

```
a[i] = i++;
```

est un exemple typique de situation fâcheuse. Le problème est de savoir si l'indice prend l'ancienne valeur de `i` ou la nouvelle. Les compilateurs peuvent interpréter ceci de différentes façons, et répondre différemment selon ce qu'ils comprennent. C'est à dessein que la norme n'impose pas de règles pour la plupart des problèmes de ce genre. Le choix du moment où les effets secondaires (des affectations à des variables) se produisent est laissé à la discrétion du compilateur, car l'ordre d'évaluation optimal dépend fortement de l'architecture spécifique de la machine utilisée. (La norme indique toutefois que tous les effets secondaires liés aux arguments d'une fonction doivent se produire avant l'appel de celle-ci, mais cela ne résout pas le cas du `printf` ci-dessus.)

La morale de tout cela est qu'il vaut mieux ne pas écrire de code qui dépende de l'ordre d'évaluation, quel que soit le langage employé. Naturellement, il est nécessaire de savoir ce qu'il ne faut pas faire, mais si vous ne savez pas *comment* ces choses-là sont traitées sur diverses machines, vous ne serez pas tenté de profiter d'une implémentation particulière.

# CHAPITRE 3 : Les structures de contrôle

Les instructions de contrôle d'un langage précisent l'ordre dans lequel s'effectuent les traitements. Nous avons déjà rencontré les structures de contrôle les plus courantes dans les exemples examinés plus haut ; dans ce chapitre, nous allons les passer toutes en revue et nous donnerons des précisions sur celles dont nous avons déjà parlé.

## 3.1 Les instructions et les blocs

Une expression telle que `x = 0` ou `i++` ou `printf(...)` devient une *instruction* lorsqu'elle est suivie d'un point-virgule, comme dans

```
x = 0;
i++;
printf(...);
```

En C, le point-virgule est un terminateur d'instruction, et non un séparateur comme en Pascal et dans les langages semblables.

Les accolades `{` et `}` servent à regrouper des déclarations et des instructions pour obtenir une *instruction composée*, ou *bloc*, qui est toujours syntaxiquement équivalente à une instruction unique. Les accolades qui entourent les instructions d'une fonction en sont un exemple évident ; les accolades qui entourent les instructions qui suivent un `if`, un `else`, un `while` ou un `for` en sont un autre. (On peut déclarer des variables *dans n'importe quel bloc* ; nous en parlerons au chapitre 4.) L'accolade fermante qui termine un bloc n'est pas suivie d'un point-virgule.

## 3.2 L'instruction if-else

L'instruction `if-else` *(si-sinon)* permet d'exprimer des prises de décision. De façon formelle, sa syntaxe est

```
if (expression)
      instruction1
else
      instruction2
```

et la partie `else` est facultative. L'*expression* est évaluée ; si elle est vraie (c'est-à-dire, si *expression* a une valeur non nulle), l'$instruction_1$ s'exécute. Si elle est fausse (*expression* vaut zéro), c'est l'$instruction_2$ qui s'exécute.

Puisque l'instruction `if` se borne à tester la valeur numérique d'une expression, on peut raccourcir certaines écritures. Pour prendre un exemple trivial, on peut écrire

```
if (expression)
```

au lieu de

```
if (expression != 0)
```

Parfois, une telle écriture est naturelle et claire, mais elle peut aussi être difficile à comprendre.

Comme la partie `else` d'un `if-else` est facultative, il se produit une ambiguïté lorsqu'un `else` manque dans une séquence de `if`s imbriqués. Chaque `else` s'associe donc automatiquement au plus proche des `if`s précédents qui n'ont pas encore de `else`. Par exemple, dans

```
if (n > 0)
    if (a > b)
        z = a;
    else
        z = b;
```

le `else` est associé au `if` intérieur, comme l'indique la mise en retrait. Si c'est le contraire que vous voulez, il vous faut placer des accolades pour forcer l'association correcte :

```
if (n > 0) {
    if (a > b)
        z = a;
}
else
    z = b;
```

Cette ambiguïté est particulièrement pernicieuse dans des situations comme

```
if (n >= 0)
    for (i = 0; i < n; i++)
        if (s[i] > 0) {
            printf("...");
            return i;
        }
else        /* ERREUR DE PROGRAMMATION */
    printf("erreur -- n est négatif\n");
```

La mise en retrait indique clairement ce que vous voulez, mais le compilateur ne comprend pas la même chose que vous, et il associe le `else` au `if` intérieur. Il est parfois difficile de détecter des erreurs de ce genre ; mieux vaut donc mettre systématiquement des accolades quand vous imbriquez des `if`s.

Remarquez au passage qu'il y a un point-virgule après `z = a` dans

```
if (a > b)
    z = a;
else
    z = b;
```

Cela provient du fait que, grammaticalement, le `if` est suivi d'une *instruction*, et qu'une instruction-expression comme «`z = a;`» se termine toujours par un point-virgule.

## 3.3 L'instruction else-if

Les constructions de la forme

```
if (expression)
    instruction
else if (expression)
    instruction
else if (expression)
    instruction
else if (expression)
    instruction
else
    instruction
```

sont si fréquentes qu'elles méritent bien que l'on en discute séparément. Une telle séquence d'instructions `if` est la façon la plus générale de programmer un choix entre plusieurs possibilités. Les *expressions* sont évaluées dans l'ordre où elles apparaissent ; dès que l'une d'entre elles est vraie, on exécute l'*instruction* qui lui est associée, et la séquence se termine. Comme toujours, le code de chaque *instruction* peut être constitué d'une seule instruction ou d'un groupement d'instructions entre accolades.

Le dernier `else` s'occupe du cas dit «par défaut», où aucune des conditions mentionnées n'est remplie. Il n'y a parfois rien à faire dans ce cas ; on peut alors omettre le dernier

```
else
    instruction
```

ou bien il peut servir à intercepter des conditions «impossibles» qui révèlent une erreur.

Pour prendre l'exemple d'un choix entre 3 possibilités, voici une fonction de recherche dichotomique qui détecte la présence éventuelle d'une certaine valeur `x` dans un tableau `v` trié. Les éléments de `v` doivent être triés dans l'ordre croissant. Cette fonction retourne la position de `x` dans `v` (un nombre entre `0` et `n-1`) s'il y figure, et `-1` dans le cas contraire.

L'algorithme de recherche dichotomique commence par comparer la valeur `x` qu'il reçoit à l'élément central du tableau `v`. Si `x` est inférieur à cette valeur, la recherche se limite à la première moitié du tableau, sinon elle continue sur la seconde moitié. Dans les deux cas, l'étape suivante consiste à comparer `x` à l'élément central de la moitié sélectionnée. Ce processus de divisions successives de l'espace de recherche se poursuit jusqu'à ce que l'on trouve la bonne valeur ou que l'espace de recherche soit vide.

```
/* dicho : cherche x dans v[0] <= v[1] <= ... <= v[n-1] */
int dicho(int x, int v[], int n)
{
    int haut, bas, milieu;

    haut = n - 1;
    bas = 0;
    while (bas <= haut) {
        milieu = (haut+bas) / 2;
        if (x < v[milieu])
            haut = milieu - 1;
        else if (x > v[milieu])
            bas = milieu + 1;
        else    /* trouvé */
            return milieu;
    }
    return -1;  /* pas trouvé */
}
```

Le cœur de cet algorithme consiste, à chaque étape, à déterminer si `x` est inférieur, supérieur, ou égal à l'élément central `v[milieu]` ; ceci se traite naturellement grâce à un `else-if`.

**Exercice 3-1.** Notre recherche dichotomique effectue deux comparaisons à l'intérieur de la boucle, alors qu'une seule suffirait (à condition d'en mettre d'autres à l'extérieur). Ecrivez une version ne comportant qu'une seule comparaison dans la boucle, et mesurez la différence de temps d'exécution.

## 3.4 L'instruction switch

Le `switch` *(interrupteur)* est une instruction de prise de décision à choix multiples qui regarde si la valeur d'une expression fait partie d'un certain nombre de *constantes* entières, et effectue les traitements associés à la valeur correspondante.

```
switch (expression) {
    case expression-constante:  instructions
    case expression-constante:  instructions
    default:  instructions
}
```

Chacun des cas possibles est étiqueté par une ou plusieurs constantes à valeur entière ou expressions constantes. Si la valeur de l'expression à tester correspond à l'un des cas, l'exécution démarre sur ce cas. Toutes les expressions qui correspondent aux différents cas envisagés doivent être différentes. Par défaut, si l'on n'est dans aucun des autres cas, l'exécution démarre au cas indiqué par `default`. Le cas `default` est facultatif ; s'il n'y en a pas, et si l'on n'est dans aucun des cas prévus, rien ne se passe. Les différents cas, ainsi que la clause `default`, peuvent figurer dans un ordre quelconque.

Dans le chapitre 1, nous avons écrit un programme qui compte les occurrences des dix chiffres décimaux, des caractères d'espacement, et des autres caractères, grâce à une séquence de `if ... else if ... else`. Voici le même programme, écrit avec un `switch` :

```
#include <stdio.h>

/* compte les chiffres, les caractères d'espacement
   et les autres caractères en entrée */
main()
{
    int c, i, nespace, nautre, nchiffre[10];

    nespace = nautre = 0;
    for (i = 0; i < 10; ++i)
        nchiffre[i] = 0;
    while ((c = getchar()) != EOF) {
        switch (c) {
        case '0': case '1': case '2': case '3': case '4':
        case '5': case '6': case '7': case '8': cqse '9':
            nchiffre[c-'0']++;
            break;
        case ' ':
        case '\n':
        case '\t':
            ++nespace;
            break;
        default:
            ++nautre;
            break;
        }
    }
    printf("chiffres =");
    for (i = 0; i < 10; i++)
        printf(" %d", nchiffre[i]);
    printf(", espacement = %d, autres = %d\n",
        nespace, nautre);
    return 0;
}
```

L'instruction `break` *(interrompre)* provoque une sortie immédiate du `switch`. Comme les cas possibles servent simplement d'étiquettes, lorsque le traitement d'un cas est terminé, l'exécution *continue* par le traitement du cas suivant, jusqu'à ce que l'on sorte explicitement du `switch`. On quitte en général un `switch` grâce aux instructions `break` et `return`. Une instruction `break` peut également servir à sortir d'une boucle `while`, `for` ou `do`, comme nous le verrons plus loin.

Le passage automatique d'un cas à l'autre est une propriété à double tranchant. L'avantage est qu'il permet d'associer plusieurs cas à une même action, comme nous le faisons pour les chiffres dans notre exemple. Mais cette caractéristique nous oblige normalement à terminer tous nos cas par un `break` pour éviter des traitements indésirables. Les passages volontaires d'un cas à l'autre ne sont pas des constructions solides, car elles ont de grandes chances de se désintégrer au moindre changement du programme. Sauf dans le cas de plusieurs étiquettes pour un seul traitement, mieux vaut utiliser les passages automatiques avec parcimonie, et bien les commenter.

Pour une question de style, nous vous conseillons de mettre aussi un `break` après le dernier cas (ici le cas `default`), bien qu'en toute logique, il ne soit pas indispensable. En effet, le jour où vous ajouterez un autre cas à la fin de votre `switch`, cette petite précaution vous sauvera.

**Exercice 3-2.** Ecrivez une fonction `echap(s,t)` qui copie la chaîne `t` dans `s` en convertissant au passage les caractères tels que les fins de ligne ou les tabulations en des séquences d'échappement visibles comme `\n` et `\t`. Utilisez un `switch`. Ecrivez aussi une fonction qui fait le travail inverse, c'est-à-dire qui convertit les séquences d'échappement en leurs caractères équivalents.

## 3.5 Les boucles — while et for

Nous avons déjà rencontré les boucles `while` et `for`. Dans

```
while (expression)
    instruction
```

l'*expression* est évaluée. Si elle est non nulle, l'*instruction* s'exécute et l'*expression* est évaluée de nouveau. Ce cycle continue jusqu'à ce que l'*expression* devienne nulle, et l'exécution continue alors après l'*instruction*.

L'instruction `for` *(pour)*

```
for (expr1; expr2; expr3)
    instruction
```

équivaut à

```
expr1;
while (expr2) {
    instruction
    expr3;
}
```

sauf en ce qui concerne l'effet de l'instruction `continue`, décrite à la section 3.7.

Grammaticalement, les trois parties d'une boucle `for` sont des expressions. En général, $expr_1$ et $expr_3$ sont des affectations ou des appels de fonctions, et $expr_2$ est une expression de comparaison. Ces parties sont toutes trois facultatives, mais les points-virgules doivent toujours être présents. S'il manque $expr_1$ ou $expr_3$, ces expressions disparaissent simplement du développement du `for`. S'il manque la partie conditionnelle $expr_2$, on considère qu'elle est toujours vraie ; ainsi,

```
for (;;) {
    ...
}
```

est une boucle «infinie», qui s'interrompra certainement d'une autre façon, par exemple par `break` ou `return`.

Le choix entre `while` et `for` est surtout une affaire de goût. Par exemple

```
while ((c = getchar()) == ' ' || c == '\n' || c == '\t')
    ;    /* sauter les caractères d'espacement */
```

ne comporte ni initialisation, ni ré-initialisation, ce qui rend l'instruction `while` plus naturelle ici.

Le `for` est préférable lorsque l'initialisation et l'incrémentation sont simples, puisqu'il regroupe les instructions de contrôle en tête de boucle, où elles sont bien visibles. L'instruction qui contrôle le traitement des `n` premiers éléments d'un tableau nous donne l'exemple le plus trivial de ce type de boucles :

```
for (i = 0; i < n; i++)
    ...
```

Cela ressemble fort à la boucle DO du Fortran ou au `for` du Pascal. Toutefois, cette analogie n'est pas parfaite, car en C, on peut modifier l'indice et la borne d'une boucle depuis son corps, et l'indice `i` garde sa valeur lorsque la boucle se termine pour quelque raison que ce soit. Comme les différentes parties d'un `for` sont des expressions arbitraires, les boucles `for` ne tournent pas qu'avec des progressions arithmétiques. Néanmoins, c'est une faute de style de placer dans les parties d'initialisation et d'incrémentation d'un `for` d'autres calculs que ceux qui servent à contrôler le déroulement de la boucle.

Pour prendre un exemple de plus grande taille, voici une autre version de `atoi`, qui convertit une chaîne en la valeur numérique qu'elle représente. Cette nouvelle version est un peu plus générale que celle du chapitre 2 ; elle commence par sauter les caractères d'espacement éventuels, et elle tient compte du signe + ou −. (Au chapitre 4, vous trouverez `atof`, qui réalise cette conversion pour les nombres en virgule flottante.)

La structure du programme suit la forme des données en entrée :

*sauter les caractères d'espacement éventuels*
*lire le signe s'il y en a un*
*lire la partie entière et la convertir*

Chaque étape fait son travail et prépare le terrain pour la suivante. La fonction se termine dès qu'elle rencontre un caractère qui ne peut pas faire partie d'un nombre.

```
#include <ctype.h>

/* atoi : convertit s en un entier ; 2ème version */
int atoi(char s[])
{
    int i, n, signe;

    for (i = 0; isspace(s[i]); i++)       /* saute les */
        ;                        /* caractères d'espacement */
    signe = (s[i] == '-') ? -1 : 1;
    if (s[i] == '+' || s[i] == '-')   /* saute le signe */
        i++;
    for (n = 0; isdigit(s[i]); i++)
        n = 10 * n + (s[i] - '0');
    return signe * n
}
```

La bibliothèque standard comporte une fonction `strtol` plus élaborée qui convertit des chaînes en entiers longs ; voir l'annexe B, section 5.

Les avantages de centraliser les instructions de contrôle de boucle sont encore plus clairs lorsque l'on imbrique plusieurs boucles. La fonction suivante est un tri de Shell sur un tableau d'entiers. L'idée fondamentale de cet algorithme de tri, inventé en 1959 par D. L. Shell, est de commencer par comparer des éléments éloignés les uns des autres, et non des éléments adjacents comme le font les algorithmes plus simples de tri par échanges. Ainsi, une grande partie du désordre disparaît rapidement, ce qui laisse moins de travail aux étapes suivantes de l'algorithme. L'écart de position entre les éléments à comparer se réduit progressivement jusqu'à un, et il ne reste plus qu'à effectuer un tri par échanges d'éléments adjacents.

```
/* trishell : trie v[0]...v[n-1] dans l'ordre croissant */
void trishell(int v[], int n)
{
    int ecart, i, j, temp;

    for (ecart = n/2; ecart > 0; ecart /= 2)
        for (i = ecart; i < n; i++)
            for (j=i-ecart; j>=0 && v[j]>v[j+ecart]; j-=ecart) {
                temp = v[j];
                v[j] = v[j+ecart];
                v[j+ecart] = temp;
            }
}
```

On a ici trois boucles imbriquées. La boucle extérieure s'occupe de diviser par 2, à chaque étape, l'écart de position entre les éléments à comparer, jusqu'à ce qu'il s'annule. Celle du milieu parcourt les éléments du tableau. Celle de l'intérieur compare les deux éléments éloignés de `ecart` positions et les échange s'ils sont dans le désordre. Comme à la fin, `ecart` vaut 1, tous les éléments finissent par être dans le bon ordre. Vous pouvez remarquer que, grâce à la généralité du `for`, la boucle extérieure a la même forme que les autres, bien qu'elle ne soit pas une progression arithmétique.

Le dernier de nos opérateurs C est la virgule, «`,`», qui sert le plus souvent dans les instructions `for`. Deux expressions séparées par une virgule s'évaluent de gauche à droite, et le résultat prend le type et la valeur de l'opérande de droite. Par conséquent, on peut placer plusieurs expressions dans chaque partie d'une instruction `for`, par exemple pour manipuler deux indices en parallèle. La fonction `inverser(s)`, qui inverse la chaîne `s` sur elle-même, donne un exemple de ce genre de boucles.

```
#include <string.h>

*/ inverser : inverse la chaîne s sur elle-même */
void inverser(char s[])
{
    int c, i, j;

    for (i = 0, j = strlen(s)-1; i < j; i++, j--) {
        c = s[i];
        s[i] = s[j];
        s[j] = c;
    }
}
```

Les virgules qui séparent les arguments d'une fonction, les variables d'une déclaration, etc., *ne sont pas* des opérateurs virgules, et ne garantissent pas que l'évaluation se fera de gauche à droite.

Nous conseillons de ne pas abuser de l'opérateur virgule. Il est tout indiqué pour des constructions fortement liées, comme dans le `for` de `inverser`, et dans les macros qui doivent exprimer plusieurs calculs en une seule expression. On pourrait aussi s'en servir dans `inverser` pour l'échange des éléments, que l'on peut considérer comme une opération unique :

```
for (i = 0, j = strlen(s)-1; i < j; i++, j--)
    c = s[i], s[i] = s[j], s[j] = c;
```

**Exercice 3-3.** Ecrivez une fonction `developper(s1,s2)` qui, lorsqu'elle rencontre des abréviations comme `a-z` dans la chaîne `s1`, les écrit sous leur forme développée `abc...xyz` dans `s2`. La fonction devra traiter des lettres majuscules ou minuscules et des chiffres. Prévoyez des cas comme `a-b-c`, `a-z0-9` et `-a-z` et faites en sorte que les - qui figurent au début ou à la fin soient copiés tels quels.

## 3.6 Les boucles — do-while

Comme nous le disions au chapitre 1, `while` et `for` testent leur conditon d'arrêt en tête de boucle. Au contraire, la troisième structure de boucle en C, le `do-while`, la teste à la fin, *après* chaque passage dans le corps de la boucle, qui s'exécute donc au moins une fois.

La syntaxe du `do` est

```
do
    instruction
while (expression);
```

L'*instruction* s'exécute, puis l'*expression* est évaluée. Si elle est vraie, on évalue de nouveau l'*instruction*, et ainsi de suite. La boucle se termine quand l'expression devient fausse. Mis à part le sens du test, l'instruction `do-while` est équivalente au `repeat-until` du Pascal.

L'expérience montre que l'on se sert bien moins souvent de `do-while` que de `while` et de `for`. Néanmoins, cette construction se montre parfois précieuse, comme dans la fonction suivante, `itoa`, qui convertit un nombre en une chaîne de caractères (c'est la réciproque de `atoi`). Ce travail est légèrement plus compliqué qu'il pourrait sembler à première vue, parce que si l'on utilise une méthode simple, les chiffres que l'on extrait apparaissent dans le mauvais sens. Nous avons choisi de construire la chaîne à l'envers, puis de l'inverser.

```
/* itoa : convertit n en une chaîne de caractères s */
void itoa(int n, char s[])
{
    int i, signe;

    if ((signe = n) <0)  /* mémorise le signe */
        n = -n;          /* rend n positif */
    i = 0;
    do {                /* extrait les chiffres à rebours */
        s[i++] = n%10 + '0';  /* lit le chiffre suivant */
    } while ((n /= 10) > 0);  /* puis l'efface */
    if (signe < 0)
        s[i++] = '-';
    s[i] = '\0';
    inverser(s);
}
```

Le `do-while` est nécessaire, ou du moins commode, car il faut mettre au moins un caractère dans le tableau `s`, même si `n` vaut zéro. Nous avons aussi placé des accolades autour de la seule instruction du corps du `do-while`, bien qu'elles soient facultatives, afin qu'un lecteur pressé ne prenne pas la partie `while` pour le *début* d'une boucle `while`.

**Exercice 3-4.** Dans un système de représentation des nombres par complément à deux, notre version de `itoa` ne peut pas traiter le plus grand nombre négatif, c'est-à-dire la valeur de `n` égale à $-(2^{\text{taille du mot} - 1})$. Pourquoi ? Modifiez `itoa` de façon à ce qu'elle traite ce cas correctement, quelle que soit la machine utilisée.

**Exercice 3-5.** Ecrivez la fonction `itob(n,s,b)` qui convertit l'entier `n` en sa représentation dans la base `b` et place le résultat dans la chaîne `s`. En particulier, `itob(n,s,16)` écrit `n` dans `s` sous forme hexadécimale.

**Exercice 3-6.** Ecrivez une version de `itoa` qui prend un troisième argument indiquant la largeur minimum de la chaîne convertie ; il faudra le cas échéant compléter `s` en ajoutant des espaces à gauche du nombre pour atteindre la largeur minimum.

## 3.7 Les instructions break et continue

Il est parfois utile de pouvoir sortir d'une boucle autrement qu'en testant une condition au début ou à la fin. L'instruction `break` permet de sortir directement d'une boucle `for`, `while` ou `do`, de même que pour `switch`. Un `break` provoque une sortie immédiate de la boucle ou du `switch` le plus proche.

La fonction suivante, `tailler`, supprime les espaces, les tabulations et les fins de ligne qui figurent à la fin d'une chaîne, et c'est un `break` qui sort de la boucle de lecture dès qu'elle rencontre, en partant de la fin, un caractère qui n'est pas un espace, une tabulation ni une fin de ligne.

```
/* tailler : supprime les espaces, les tabulations et les
             fins de ligne de la fin d'une chaîne */
int tailler(char s[])
{
    int n;

    for (n = strlen(s)-1; n >= 0; n--)
        if (s[n] != ' ' && s[n] != '\t' && s[n] != '\n')
            break;
    s[n+1] = '\0';
    return n;
}
```

La fonction `strlen` retourne la longueur de la chaîne. La boucle `for` part de la fin de `s` et cherche le premier caractère qui n'est ni un espace, ni une tabulation, ni une fin de ligne. La boucle se termine dès qu'elle en trouve un, ou si `n` est négatif (c'est-à-dire lorsque la chaîne entière a été explorée). Nous vous conseillons de vérifier que ce comportement est correct, même si la chaîne est vide ou si elle ne contient que des caractères d'espacement.

L'instruction `continue` est similaire au `break`, mais on s'en sert moins souvent ; elle relance immédiatement la boucle `for`, `while` ou `do` dans laquelle elle se trouve. Pour `while` et `do`, la condition d'arrêt est immédiatement réévaluée ; dans le cas du `for`, on passe à l'étape d'incrémentation. L'instruction `continue` ne s'applique qu'aux boucles, et non aux instructions `switch`. Si l'on place un `continue` dans un `switch` qui est à l'intérieur d'une boucle, on passe directement à l'itération suivante de la boucle.

Pour prendre un exemple, le fragment de programme ci-dessous ne traite que les éléments positifs ou nuls du tableau `t` ; il saute les valeurs négatives.

```
for (i = 0;i < n; i++) {
    if (t[i] < 0)    /* sauter les éléments négatifs */
        continue;
    ...  /* traiter les éléments positifs */
}
```

L'instruction `continue` sert souvent lorsque la suite de la boucle est compliquée, car il serait gênant d'ajouter un niveau de profondeur au programme en faisant le test inverse.

## 3.8 L'instruction goto et les étiquettes

Le C permet d'utiliser l'instruction `goto`, dont il est facile d'abuser, ainsi que des étiquettes de branchement. Formellement, le `goto` n'est jamais indispensable, et en pratique, on peut facilement s'en passer en général. Dans ce livre, nous ne nous en sommes jamais servis.

Néanmoins, le `goto` peut être utile dans certaines situations. Le plus fréquemment, il sert à sortir directement d'une structure de contrôle à plusieurs niveaux, par exemple pour quitter deux boucles imbriquées ou plus. L'instruction `break` ne suffit pas car elle ne permet de sortir que de la boucle intérieure. On peut donc écrire

```
        for ( ... )
            for ( ... ) {
                ...
                if (catastrophe)
                    goto erreur;
            }
        ...

    erreur:
        réparer les dégâts
```

Il est pratique d'employer une telle structure si le code de traitement des erreurs n'est pas simple, et si les erreurs peuvent se produire à plusieurs endroits.

Les étiquettes ont la même forme que les noms de variables, et sont suivies d'un signe «deux points». On peut en associer à n'importe quelle instruction figurant dans la même fonction que le `goto` correspondant. Les étiquettes sont visibles dans toute la fonction où elles figurent.

Pour prendre un autre exemple, on peut essayer de déterminer si deux tableaux `a` et `b` ont un élément commun. Cela peut se réaliser par

```
        for (i = 0; i < n; i++)
            for (j = 0;j < m; j++)
                if (a[i] == b[j])
                    goto trouve;
        /* on n'a pas trouvé d'élément commun */
        ...
    trouve:
        /* on en a trouvé un : a[i] == b[j] */
        ...
```

Les programmes qui comportent un `goto` peuvent toujours s'écrire sans lui, parfois au prix de quelques tests répétitifs ou d'une variable supplémentaire. Par exemple, la recherche d'un élément commun à deux tableaux peut s'écrire

```
trouve = 0;
for (i = 0; i < n && !trouve; i++)
    for (j = 0; j < m && !trouve; j++)
        if (a[i] == b[j])
            trouve = 1;
if (trouve)
    /* on en a trouvé un : a[i-1] == b[j-1] */
    ...
else
    /* on n'a pas trouvé d'élément commun */
    ...
```

A quelques exceptions près, dont celles que nous mentionnons ici, les programmes qui se servent des instructions `goto` sont en général plus difficiles à comprendre et à mettre à jour que ceux qui s'en passent. Bien que nous ne soyons pas très dogmatiques sur ce point, nous conseillons d'utiliser les `goto`s avec parcimonie, voire pas du tout.

# CHAPITRE 4 : Les fonctions et la structure des programmes

Les fonctions partitionnent les gros traitements en tâches plus petites, et elles permettent de construire des programmes à partir de briques déjà écrites, au lieu de tout recommencer à zéro. Les fonctions bien conçues cachent les détails de leur fonctionnement aux parties du programme qui n'ont pas besoin de les connaître, ce qui clarifie l'ensemble et facilite les modifications ultérieures.

Le C est conçu pour que les fonctions soient efficaces et simples d'emploi ; Les programmes en C se composent généralement d'un grand nombre de petites fonctions, plutôt que de quelques fonctions très longues. Un programme peut se répartir sur un ou plusieurs fichiers source. On peut compiler ces fichiers source séparément et les charger ensemble, accompagnés de fonctions déjà compilées, extraites de bibliothèques. Toutefois, nous ne parlerons pas de ce mécanisme ici, car son fonctionnement détaillé varie selon le système utilisé.

C'est dans le domaine des déclarations et des définitions de fonctions que la norme ANSI a apporté au C les changements les plus marquants. Comme nous l'avons vu au chapitre 1, on peut maintenant préciser les types des arguments d'une fonction dans sa déclaration. La syntaxe de la définition des fonctions a changé aussi, afin que définitions et déclarations soient faites sur le même modèle. Cela permet au compilateur de détecter beaucoup plus d'erreurs qu'auparavant. De plus, lorsque les arguments sont déclarés correctement, les conversions de types appropriées s'effectuent automatiquement.

La norme clarifie les règles concernant la visibilité des noms ; en particulier, elle exige que chaque objet externe ne soit défini qu'une fois. Enfin, les initialisations sont désormais généralisées aux tableaux automatiques et aux structures.

Le préprocesseur du C s'est également amélioré. Il reconnaît maintenant un plus grand nombre de directives de compilation conditionnelle, il permet de créer des chaînes entre guillemets à partir des arguments d'une macro, et l'on peut mieux contrôler la manière dont il développe les macros.

## 4.1 Les principes fondamentaux des fonctions

Commençons par concevoir et écrire un programme qui affiche les lignes reçues en entrée qui contiennent un certain «modèle», c'est-à-dire une certaine chaîne de caractères. (Ce programme est un cas particulier de l'utilitaire `grep` de l'environnement

UNIX.) Par exemple, si nous recherchons la séquence de lettres modèle «ous» dans les lignes

```
Cette obscure clarté qui tombe des étoiles
Enfin avec le flux nous fait voir trente voiles.
L'onde s'enfle dessous, et d'un commun effort,
Les mores et la mer montent jusques au port.
```

nous obtiendrons en sortie

```
Enfin avec le flux nous fait voir trente voiles.
L'onde s'enfle dessous, et d'un commun effort,
```

Le traitement se divise naturellement en trois parties :

*tant que (il y a une autre ligne)*
*si (cette ligne contient le modèle)*
*l'afficher*

Bien que l'on puisse certainement coder tout cela dans `main`, il vaut mieux écrire chaque partie de cette structure sous la forme d'une fonction distincte. En effet, il est plus facile de travailler sur trois petits fragments de programme que sur un grand, parce que l'on peut masquer des détails non significatifs dans les fonctions, et que cette méthode minimise les risques d'interactions indésirables. Il peut même arriver que les fonctions définies ici resservent dans d'autres programmes.

La partie « tant qu'il y a une autre ligne » se traite par la fonction `lireligne` que nous avons écrite au chapitre 1, et on peut « l'afficher » par la fonction `printf` que quelqu'un a déjà écrite pour nous. Par conséquent, il ne nous reste qu'à écrire une fonction qui détermine si la ligne contient le modèle.

Ce problème se résout en écrivant une fonction `chpos(s,t)` qui retourne la position, ou l'indice, de la chaîne `s` où commence la chaîne `t`, ou bien `-1` si `s` ne contient pas `t`. Puisqu'en C, les tableaux commencent à la position zéro, leurs indices ne peuvent être que positifs ou nuls, ce qui justifie l'emploi d'une valeur négative comme `-1` pour indiquer des erreurs. Plus tard, lorsque nous aurons besoin de comparer des chaînes de manière plus sophistiquée, il suffira de remplacer `chpos` sans toucher au reste du programme. (La bibliothèque standard comporte une fonction `strstr` similaire à `chpos`, mis à part qu'elle retourne un pointeur et non un indice.)

A ce stade de l'analyse, la phase d'écriture proprement dite est très simple. Pour vous montrer comment les différentes parties de ce programme se combinent, nous allons toutes les écrire. Pour l'instant, nous allons faire chercher au programme une chaîne de caractères littérale, ce qui n'est pas le plus général des mécanismes. Nous parlerons bientôt de la manière d'initialiser les tableaux de caractères, et au chapitre 5, nous verrons comment faire du modèle un paramètre, qui sera fixé à l'exécution du programme. Nous vous donnons aussi une version de `getline` légèrement différente de celle du chapitre 1 ; il peut être intéressant de les comparer.

```
#include <stdio.h>
#define MAXLIGNE 1000    /* longueur maximum des lignes */

int lireligne(char ligne[], int max);
int chpos(char source[], char chercher[]);

char modele[] = "ous";   /* modèle à rechercher */
```

```
/* trouve toutes les lignes contenant le modèle */
main()
{
    char ligne[MAXLIGNE];
    int trouvees = 0;

    while (lireligne(ligne, MAXLIGNE) > 0)
        if (chpos(ligne, modele) >= 0) {
            printf("%s", ligne);
            trouvees++;
        }
    return trouvees;
}

/* lireligne : lit une ligne dans s, retourne sa longueur */
int lireligne(char s[], int lim)
{
    int c, i;

    i = 0;
    while (--lim > 0 && (c=getchar())!=EOF && c!='\n')
        s[i++] = c;
    if (c == '\n')
        s[i++] = c;
    s[i] = '\0';
    return i;
}

/* chpos : retourne la position de t dans s, ou -1 sinon */
int chpos(char s[], char t[])
{
    int i, j, k;

    for (i = 0; s[i] != '\0'; i++) {
        for (j=i, k=0; t[k]!='\0' && s[j]==t[k]; j++, k++)
            ;
        if (k > 0 && t[k] == '\0')
            return i;
    }
    return -1;
}
```

Chaque définition de fonction est de la forme

> *type-de-retour nom-de-fonction* (*déclarations d'arguments*)
> {
>     *déclarations et instructions*
> }

Certaines parties de ces définitions sont facultatives ; la fonction la plus succincte possible est

```
rien() {}    /* en anglais, «dummy» */
```

qui ne fait rien et ne retourne rien. Une telle fonction sert parfois à remplacer une fonction qui n'est pas encore écrite, pendant le développement d'un programme. Si l'on ne précise pas le type de retour, c'est le type `int` qui est pris par défaut.

Un programme est simplement constitué d'un ensemble de définitions de variables et de fonctions. Les fonctions communiquent par le mécanisme des arguments et des valeurs de retour, ou encore via les variables externes. Dans le fichier source, les fonctions peuvent figurer dans un ordre quelconque, et on peut répartir le programme source sur plusieurs fichiers, du moment que l'on ne coupe pas de fonction.

L'instruction `return` est le mécanisme par lequel une fonction appelée retourne une valeur à la fonction appelante. On peut placer une expression quelconque derrière `return` :

```
return expression;
```

Si nécessaire, l'*expression* est convertie dans le type de retour de la fonction. On met souvent l'*expression* entre parenthèses, mais c'est facultatif.

La fonction appelante peut ne pas tenir compte de la valeur de retour. De plus, il n'est pas obligatoire de faire suivre `return` d'une expression ; dans ce cas, la fonction ne retrourne pas de valeur à l'appelant. L'appelant reprend aussi la main si l'exécution de la fonction appelée se termine en arrivant à la dernière accolade fermante. Une fonction peut retourner une valeur depuis un endroit et pas depuis un autre, mais une telle configuration est souvent source de problèmes. En tout cas, si une fonction ne retourne pas de valeur, elle «vaut» toujours n'importe quoi.

Le programme de recherche d'un modèle retourne, depuis `main`, son état, c'est-à-dire le nombre d'occurrences du modèle. Cette valeur est alors à la disposition de l'environnement qui a appelé le programme.

Les modalités de compilation et de chargement d'un programme en C réparti sur plusieurs fichiers source dépendent du système utilisé. Dans le cas du système UNIX, la commande `cc`, dont nous avons parlé au chapitre 1, suffit. Supposons que les trois fonctions sont stockées dans trois fichiers appelés `main.c`, `lireligne.c` et `chpos.c`. La commande

```
cc main.c lireligne.c chpos.c
```

compile les trois fichiers, place le code objet correspondant dans les fichiers `main.o`, `lireligne.o` et `chpos.o`, puis les charge tous dans un fichier exécutable appelé `a.out`. S'il y a une erreur, par exemple dans `main.c`, on peut recompiler ce fichier séparément et charger le résultat avec les fichiers objet précédents, grâce à la commande

```
cc main.c lireligne.o chpos.o
```

On donne par convention des noms en «`.c`» et en «`.o`» respectivement aux fichiers source et aux fichiers objet, ce qui permet à la commande `cc` de les distinguer.

**Exercice 4-1.** Ecrivez une fonction `chposd(s,t)`, qui retourne la position de l'occurrence *la plus à droite* de `t` dans `s`, ou bien `-1` si `t` ne figure pas dans `s`.

## 4.2 Les fonctions qui retournent autre chose que des entiers

Les fonctions que nous avons étudiées comme exemples jusqu'à présent, soit ne retournaient rien (`void`), soit retournaient un `int`. Que se passe-t-il si une fonction doit retourner une valeur d'un autre type ? De nombreuses fonctions numériques comme `sqrt`, `sin` et `cos` retournent une valeur de type `double` ; certaines autres fonctions spécialisées retournent d'autres types. Pour illustrer la façon de procéder dans ce cas, écrivons la fonction `atof(s)`, qui convertit la chaîne `s` en le nombre qu'elle représente en virgule flottante double précision, et servons-nous-en. `atof` est une extension de `atoi`, dont nous avons écrit des versions dans les chapitres 2 et 3. Elle peut traiter le signe et le point décimal facultatifs, ainsi que la présence ou l'absence de la partie entière ou de la partie fractionnaire. Notre version *n'est pas* de très bonne qualité ; en effet, cela prendrait plus de place que nécessaire dans le contexte de ce livre. La bibliothèque standard contient une fonction `atof`, déclarée dans le fichier d'en-tête `<stdlib.h>`.

Tout d'abord, `atof` doit déclarer le type de la valeur qu'elle retourne, puisque ce n'est pas un `int`. Le nom du type de retour se place avant le nom de la fonction :

```
#include <ctype.h>

/* atof : convertit la chaîne s en un double */
double atof(char s[])
{
    double val, puiss;
    int i, signe;

    for (i = 0; isspace(s[i]); i++)
        ;   /* saute les caractères d'espacement */
    signe = (s[i] == '-') ? -1 : 1;
    if (s[i] == '+' || s[i] == '-')
        i++;
    for (val = 0.0; isdigit(s[i]); i++)
        val = 10.0 * val + (s[i] - '0');
    if (s[i] == '.')
        i++;
    for (puiss = 1.0; isdigit(s[i]); i++) {
        val = 10.0 * val + (s[i]) - '0');
        puiss *= 10.0;
    }
    return signe * val / puiss;
}
```

Ensuite, et c'est tout aussi important, la fonction appelante doit savoir que `atof` retourne une valeur d'un autre type que `int`. On peut réaliser ceci en déclarant explicitement `atof` dans la fonction appelante. Une telle déclaration figure dans cette calculatrice rudimentaire (qui ne peut guère servir qu'à calculer le solde de votre chèquier), qui lit un nombre par ligne, éventuellement précédé d'un signe, l'ajoute aux nombres précédents, et affiche le total au fur et à mesure :

```
#include <stdio.h>

#define MAXLIGNE 100

/* calculatrice rudimentaire */
main()
{
    double total, atof(char []);
    char ligne[MAXLIGNE];
    int lireligne(char ligne[], int max);
```

```
        total = 0;
        while (lireligne(ligne, MAXLIGNE) > 0)
            printf("\t%g\n", total += atof(ligne));
        return 0;
}
```

La déclaration

```
double total, atof(char []);
```

indique que `total` est une variable de type `double`, et que `atof` est une fonction qui prend un argument de type `char[]` et retourne un `double`.

La définition et la déclaration de la fonction `atof` doivent coïncider. Si les types utilisés dans `atof` d'une part et dans son appel par `main` d'autre part, sont différents, le compilateur détectera une erreur, à condition que `main` et `atof` figurent dans le même fichier source. Mais si `atof` était compilée séparément (et c'est le cas le plus probable), l'incompatibilité de types ne serait pas détectée ; `atof` retournerait un `double` que `main` traiterait comme un `int`, ce qui donnerait des réponses absurdes.

Après ce que nous avons dit sur la nécessité de cohérence entre déclaration et définition, ce fait peut paraître étrange. Des incohérences peuvent néanmoins se produire car si une fonction n'a pas de prototype, sa déclaration s'effectue implicitement lorsqu'elle apparaît dans une expression pour la première fois, comme dans

```
total += atof(ligne)
```

Si un nom suivi d'une parenthèse n'a pas encore été déclaré, il est déclaré, d'après le contexte, comme un nom de fonction. Cette fonction est censée retourner un `int`, et on ne fait aucune hypothèse sur ses arguments. De plus, si une déclaration de fonction ne comporte pas d'arguments, comme

```
double atof();
```

cela signifie aussi qu'il ne faut faire aucune hypothèse sur les arguments de `atof` ; la vérification des paramètres est désactivée. Cette signification particulière d'une liste d'arguments vide permet aux nouveaux compilateurs d'accepter les anciens programmes en C. Mais il vaut mieux ne pas s'en servir dans de nouveaux programmes. Si la fonction prend des arguments, déclarez-les ; si elle n'en prend pas, utilisez `void`.

A partir de `atof`, déclarée convenablement, nous pourrions écrire `atoi` (conversion d'une chaîne en un `int`) par son intermédiaire :

```
/* atoi : convertit la chaîne s en un entier via atof */
int atoi(char s[])
{
    double atof(char s[]);

    return (int) atof(s);
}
```

Remarquez la structure des déclarations et de l'instruction `return`. La valeur de l'expression contenue dans

```
return expression;
```

est convertie dans le type de la fonction avant de rendre la main à la fonction appelante. Par conséquent, la valeur de `atof`, un `double`, se convertit automatiquement en un `int` au moment du `return`, car la fonction `atoi` retourne un `int`. Toutefois, cette opération peut perdre de l'information, et certains compilateurs émettent un avertissement. La conversion de type indique explicitement que cette opération est intentionnelle, et évite l'avertissement.

**Exercice 4-2.** Perfectionnez la fonction `atof` de sorte qu'elle traite la notation scientifique de la forme

```
123.45e-6
```

où le nombre en virgule flottante peut être suivi d'un `e` ou d'un `E`, et d'un exposant éventuellement signé.

## 4.3 Les variables externes

Un programme en C se compose d'un ensemble d'objets externes, qui sont des variables ou des fonctions. On utilise l'adjectif «externe» par opposition à «interne», qui s'applique aux arguments et aux variables définis à l'intérieur des fonctions. Les variables externes sont définies en dehors de toutes les fonctions, de sorte que plusieurs fonctions peuvent y accéder. Les fonctions, quant à elles, sont toujours externes, car le C ne permet pas de définir une fonction à l'intérieur d'une autre fonction. Par défaut, les variables externes et les fonctions ont la propriété suivante : chaque fois que leur nom apparaît, même dans des fonctions compilées séparément, il désigne la même chose. (Dans la norme, cette propriété s'appelle un *lien externe — external linkage.*) Dans ce sens, les variables externes sont analogues aux blocs COMMON du Fortran ou aux variables du bloc extérieur en Pascal. Nous verrons plus tard comment définir des variables externes et des fonctions qui ne soient visibles qu'à l'intérieur d'un seul fichier source.

Puisque les variables externes sont accessibles partout, elles peuvent servir à communiquer des données entre fonctions, à la place des arguments de fonctions et des valeurs de retour. Toute fonction peut accéder à une variable externe en la désignant par son nom, du moment que ce nom a été déclaré d'une façon ou d'une autre.

S'il faut partager un grand nombre de variables entre des fonctions, les variables externes sont plus pratiques et plus efficaces que de longues listes d'arguments. Cependant, comme nous l'avons vu au chapitre 1, il faut appliquer ce raisonnement avec précaution, car cela peut donner des programmes mal structurés, comportant trop de données communes à plusieurs fonctions.

Les variables externes ont un autre intérêt : leur portée et leur durée de vie sont plus longues. Les variables automatiques sont internes à une fonction ; elles naissent lorsqu'on entre dans la fonction, et disparaissent lorsqu'on la quitte. Au contraire, les variables externes sont permanentes, de sorte qu'elles gardent leur valeur entre deux appels de fonction. Par conséquent, si deux fonctions doivent se partager des données, mais qu'aucune des deux ne fait appel à l'autre, il est en général plus pratique de stocker ces données dans des variables externes, plutôt que de les communiquer via des arguments.

Examinons cette question plus en détail grâce à un exemple plus conséquent. Le problème est d'écrire un programme de calculatrice qui traite les opérateurs `+`, `-`, `*` et `/`. Cette calculatrice utilisera la notation polonaise inversée, qui se programme plus facilement que la notation infixée. (La notation polonaise inversée est employée par certaines calculatrices de poche, et dans des langages comme Forth et Postscript.)

En notation polonaise inversée, chaque opérateur suit ses opérandes ; une expression infixée comme

```
(1 - 2) * (4 + 5)
```

se note

```
1 2 - 4 5 + *
```

Il n'y a pas besoin de parenthèses ; cette notation ne présente pas d'ambiguïté, du moment que l'on connaît le nombre d'opérandes que nécessite chaque opérateur.

L'implémentation est simple. On place chaque opérande sur une pile ; lorsqu'un opérateur arrive, on dépile le nombre d'opérandes approprié (deux pour les opérateurs binaires), on leur applique l'opérateur, et on empile le résultat. Ainsi, dans l'exemple ci-dessus, on empile 1 et 2, puis on les remplace par leur différence, –1. Ensuite, on empile 4 et 5, puis on les remplace par leur somme, 9. Enfin, on remplace –1 et 9 par leur produit, –9, sur la pile. Lorsqu'on arrive à la fin de la ligne d'entrée, on extrait la valeur qui se trouve au sommet de la pile et on l'affiche.

La structure du programme est donc une boucle qui réalise l'opération appropriée à chacun des opérateurs et opérandes, au fur et à mesure qu'ils apparaissent :

```
tant que (l'opérateur ou l'opérande suivant n'est pas l'indicateur de fin de fichier)
    si (c'est un nombre)
        l'empiler
    sinon, si (c'est un opérateur)
        dépiler les opérandes
        effectuer l'opération
        empiler le résultat
    sinon, si (c'est un caractère de fin de ligne)
        dépiler la valeur du sommet et l'afficher
    sinon
        erreur
```

Les opérations d'empilement et de dépilement sont triviales, mais si l'on veut leur ajouter la détection et la correction des erreurs, mieux vaut les mettre dans des fonctions séparées plutôt que d'en répéter le code tout au long du programme. Et il nous faut aussi une fonction distincte qui va chercher le prochain opérateur ou opérande.

Il nous reste un choix essentiel à faire au niveau de la conception : l'emplacement de la pile, c'est-à-dire le choix des fonctions qui y accèdent directement. Une première possibilité est de la placer dans `main`, et de passer la pile et sa position courante aux fonctions d'empilement et de dépilement. Mais `main` n'a pas besoin de connaître les variables qui contrôlent la pile ; elle ne fait qu'empiler et dépiler. Nous avons donc décidé de stocker la pile et les variables associées dans des variables externes accessibles aux fonctions `empiler` et `depiler`, mais pas à `main`.

Il est assez simple de traduire cette analyse en code. Si nous considérons pour l'instant que le programme est constitué d'un seul fichier source, cela donne :

```
#includes
#defines

déclarations de fonctions pour main

main() { ... }

variables externes pour empiler et depiler

void empiler(double f) { ... }
double depiler(void) { ... }

int lire_op(char s[]) { ... }

fonctions appelées par lire_op
```

Plus tard, nous verrons comment diviser ceci en deux fichiers source ou plus.

La fonction `main` est une boucle qui contient un grand `switch` qui réagit aux différents types d'opérations ou d'opérandes ; cette utilisation de `switch` est plus typique que celle que nous avons présenté à la section 3.4.

```
#include <stdio.h>
#include <math.h>   /* pour atof() */
#define MAXOP   100 /* taille maximale d'un opérande
                       ou d'un opérateur */
#define NOMBRE  '0' /* indique que l'on a lu un nombre */

int lire_op(char []);
void empiler(double);
double depiler(void);

/* calculatrice en polonaise inversée */
main()
{
    int type;
    double op2;
    char s[MAXOP];

    while ((type = lire_op(s)) != EOF) {
        switch (type) {
        case NOMBRE:
            empiler(atof(s));
            break;
        case '+':
            empiler(depiler() + depiler());
            break;
        case '*':
            empiler(depiler() * depiler());
            break;
        case '-':
            op2 = depiler();
            empiler(depiler() - op2);
            break;
        case '/':
            op2 = depiler();
            if (op2 != 0.0)
                empiler(depiler() / op2);
            else
                printf("erreur : division par zéro\n");
            break;
        case '\n':
            printf("\t%.8g\n", depiler());
            break;
        default:
            printf("erreur : commande inconnue %s\n", s);
            break;
        }
    }
    return 0;
}
```

Comme les opérateurs + et * sont commutatifs, l'ordre dans lequel on dépile leurs opérandes est sans importance ; par contre, pour - et /, il faut distinguer l'opérande de gauche de celui de droite. Dans

```
empiler(depiler() - depiler());     /* ERREUR */
```

l'ordre d'évaluation des deux appels à `depiler` n'est pas défini. Pour que tout s'effectue dans le bon ordre, il faut dépiler la première valeur dans une variable temporaire, comme nous l'avons fait dans `main`.

```
#define MAXVAL  100    /* profondeur maxi de la pile val */

int pp = 0;       /* prochaine position libre de la pile */
double val[MAXVAL];    /* pile de valeurs */

/* empiler : place f au sommet de la pile de valeurs */
void empiler(double f)
{
    if (pp < MAXVAL)
        val[pp++] = f;
    else
        printf("pile pleine, impossible d'empiler %g\n", f);
}



/* depiler : extrait et retourne la valeur du sommet
             de la pile */
double depiler(void)
{
    if (pp > 0)
        return val[--pp];
    else {
        printf("erreur : pile vide\n");
        return 0.0;
    }
}
```

Une variable est externe si elle est définie à l'extérieur de toutes les fonctions. Ainsi la pile et l'indice de pile, que `empiler` et `depiler` doivent partager, sont définis à l'extérieur de ces fonctions. Mais `main` ne fait pas référence à la pile ni à sa position courante — on peut donc cacher leur représentation.

Voyons maintenant comment programmer `lire_op`, la fonction qui va chercher le prochain opérateur ou opérande. Le travail est simple. Sauter les espaces et les tabulations. Si le caractère suivant n'est pas un chiffre ou un point décimal, le retourner. Sinon, lire une chaîne de chiffres (comprenant éventuellement un point décimal), et retourner `NOMBRE`, afin d'indiquer que l'on a lu un nombre.

```
#include <ctype.h>

int lirecar(void);
void remettrecar(int);

/* lire_op : lit le prochain opérateur ou opérande
             numérique */
int lire_op(char s[])
{
    int i, c;

    while ((s[0] = c = lirecar()) == ' ' || c == '\t')
        ;
    s[1] = '\0';
    if (!isdigit(c) && c != '.')
        return c;      /* pas un nombre */
    i = 0;
    if (isdigit(c))    /* lire la partie entière */
        while (isdigit(s[++i] = c = lirecar()))
            ;
    if (c == '.')      /* lire la partie fractionnaire */
        while (isdigit(s[++i] = c = lirecar()))
            ;
    s[i] = '\0';
    if (c != EOF)
        remettrecar(c);
    return NOMBRE;
}
```

A quoi servent les fonctions `lirecar` et `remettrecar` ? Souvent, un programme ne peut pas savoir s'il a lu assez de données en entrée avant d'en avoir lu trop. Par exemple, pour recueillir les caractères qui forment un nombre : tant que l'on n'a pas vu le premier caractère autre qu'un chiffre, le nombre est incomplet. Mais à ce moment, le programme a lu un caractère de trop, qu'il n'est pas préparé à recevoir.

Ce problème serait résolu si l'on pouvait «dé-lire» le caractère indésirable. Alors, chaque fois que le programme lirait un caractère de trop, il pourrait le remettre sur l'entrée, si bien que le reste du code se comporterait comme si ce caractère n'avait jamais été lu. Heureusement, on peut facilement simuler la dé-lecture d'un caractère en écrivant deux fonctions qui travaillent de concert. `lirecar` donne le prochain caractère en entrée à prendre en compte ; `remettrecar` mémorise les caractères remis sur l'entrée, afin que les appels suivants à `lirecar` retournent ces caractères avant d'en lire de nouveaux sur l'entrée.

La façon dont ces fonctions collaborent est simple. `remettrecar` met le caractère concerné dans un tampon que se partagent les deux fonctions — un tableau de caractères. `lirecar` lit un caractère depuis le tampon s'il y en a, et fait appel à `getchar` si le tampon est vide. Il faut également introduire une variable servant d'indice, qui indique la position du caractère courant dans le tampon.

Comme `lirecar` et `remettrecar` se partagent le tampon et son indice, et que ces variables doivent garder leur valeur entre les appels, elles doivent être externes aux deux fonctions. Nous pouvons donc écrire `lirecar`, `remettrecar` et leurs variables communes comme suit :

```
#define TAILLETAMP 100

char tamp[TAILLETAMP];  /* tampon pour remettrecar */
int ptamp = 0;  /* prochaine position libre dans tamp */

int lirecar(void)    /* lit un caractère (éventuellement
                        remis sur l'entrée) */
{
    return (ptamp > 0) ? tamp[--ptamp] : getchar();
}

void remettrecar(int c)      /* remet c sur l'entrée */
{
    if (ptamp >= TAILLETAMP)
        printf("remettrecar : trop de caractères\n");
    else
        tamp[ptamp++] = c;
}
```

La bibliothèque standard contient une fonction `ungetc` qui peut remettre un seul caractère sur l'entrée ; nous en parlerons au chapitre 7. Nous nous sommes servi d'un tableau pour remettre les caractères, et non d'un seul caractère, afin d'illustrer une approche plus générale.

**Exercice 4-3.** A partir de sa structure fondamentale, il est très simple d'améliorer la calculatrice. Ajoutez-lui l'opérateur modulo (`%`) et permettez-lui de traiter les nombres négatifs.

**Exercice 4-4.** Ajoutez des commandes permettant d'afficher l'élément du sommet de la pile sans le dépiler, de le dupliquer, et d'échanger les deux éléments du sommet. Ajoutez une commande qui vide la pile.

**Exercice 4-5.** Ajoutez l'accès à des fonctions de la bibliothèque comme `sin`, `exp` et `pow`. Référez-vous à `<math.h>` dans l'annexe B, section 4.

**Exercice 4-6.** Ajoutez des commandes qui traitent des variables. (On peut facilement donner accès à vingt-six variables dont les noms sont composés d'une seule lettre.) Ajoutez une variable qui représente la dernière valeur affichée.

**Exercice 4-7.** Ecrivez une fonction `remettrech(s)` qui remet une chaîne `s` entière sur l'entrée. `remettrech` doit-elle avoir accès à `tamp` et à `ptamp`, ou doit-elle seulement se servir de `remettrecar` ?

**Exercice 4-8.** Supposez qu'il n'y aura jamais plus d'un caractère à remettre sur l'entrée. Modifiez `lirecar` et `remettrecar` en conséquence.

**Exercice 4-9.** Nos fonctions `lirecar` et `remettrecar` ne traitent pas correctement le cas d'un caractère de fin de fichier (`EOF`) remis sur l'entrée. Trouvez quelles doivent être leurs propriétés s'il faut remettre un `EOF`, puis écrivez votre version.

**Exercice 4-10.** On peut organiser le programme différemment en se servant de `lireligne`, afin de lire une ligne entière en entrée ; cela permet de se passer de `lirecar` et `remettrecar`. Modifiez la calculatrice pour qu'elle fonctionne ainsi.

## 4.4 Les règles de portée

Il n'est pas obligatoire de compiler en même temps toutes les fonctions et les variables externes qui composent un programme en C ; on peut répartir le texte source du programme entre plusieurs fichiers, et l'on peut charger des fonctions déjà compilées depuis les bibliothèques. Voici quelques-unes des questions intéressantes à ce sujet :

- Comment écrire les déclarations pour que les variables soient déclarées correctement à la compilation ?
- Comment disposer les déclarations pour que les différentes parties soient reliées correctement au chargement du programme ?
- Comment organiser les déclarations pour qu'elles soient uniques ?
- Comment initialiser les variables externes ?

Nous allons aborder ces questions en réorganisant le programme de calculatrice sur plusieurs fichiers. En pratique, ce programme est trop petit pour valoir la peine d'être divisé, mais cet exercice sera une excellente illustration des problèmes qui apparaissent dans des programmes plus importants.

La *portée (scope)* d'un nom est la partie du programme dans laquelle on peut se servir de ce nom. Pour une variable automatique déclarée au début d'une fonction, la portée est la fonction dans laquelle on a déclaré ce nom. Les variables locales portant le même nom dans des fonctions différentes sont distinctes. De même pour les paramètres d'une fonction, qui sont en fait des variables locales.

La portée d'une variable externe ou d'une fonction commence à l'endroit où elle est déclarée, et s'étend jusqu'à la fin du fichier en cours de compilation. Par exemple, si `main`, `pp`, `val`, `empiler` et `depiler` sont définies dans un même fichier, et dans cet ordre, c'est-à-dire

```
main() { ... }

int pp = 0;
double val[MAXVAL];

void empiler(double f) { ... }
double depiler(void) { ... }
```

alors on peut se servir des variables `pp` et `val` dans les fonctions `empiler` et `depiler`, en les appelant simplement par leur nom, sans autres déclarations. Cependant, ces noms ne sont pas visibles dans `main`, pas plus que `empiler` et `depiler`.

En revanche, si l'on veut faire référence à une variable externe avant qu'elle soit définie, ou si elle est définie dans un fichier source et utilisée dans un autre, il faut absolument se servir d'une déclaration de classe `extern`.

Il faut bien distinguer la *déclaration* d'une variable externe de sa *définition*. Une déclaration annonce les propriétés d'une variable (principalement son type) ; une définition lui réserve aussi de la mémoire. Si les lignes

```
int pp;
double val[MAXVAL];
```

figurent en dehors des fonctions, elles *définissent* les variables externes `pp` et `val`, leur réservent de la mémoire, et servent également de déclaration pour la suite du fichier source. En revanche, les lignes

```
extern int pp;
extern double val[];
```

*déclarent*, pour la suite du fichier source, que pp est de type int et que val est un tableau de nombres de type double (dont la taille est déterminée ailleurs), mais elles ne créent pas ces variables et ne leur réservent pas de mémoire.

Parmi tous les fichiers qui composent le programme source, il ne doit y avoir qu'une seule *définition* d'une variable externe donnée ; les autres fichiers peuvent contenir des déclarations de classe extern pour y accéder. (On peut aussi mettre des déclarations de classe extern dans le fichier qui contient la définition.) Dans la définition, il faut donner les tailles des tableaux, mais elles sont facultatives dans les déclarations de classe extern.

On ne peut initialiser une variable externe qu'au moment de sa définition.

On pourrait par exemple, bien qu'une telle organisation ne soit pas très adaptée à ce programme, définir les fonctions empiler et depiler dans un fichier, et les variables val et pp dans un autre, où on les initialiserait aussi. Pour relier le tout, il faudrait alors écrire les définitions et les déclarations suivantes :

*Dans le premier fichier :*

```
extern int pp;
extern double val[];

void empiler(double f) { ... }
double depiler(void) { ... }
```

*Dans le second fichier :*

```
int pp = 0;
double val[MAXVAL];
```

Comme les déclarations de classe extern du premier fichier figurent en dehors des définitions de fonctions, et avant elles, elles s'appliquent à toutes les fonctions ; un seul jeu de déclarations suffit pour l'ensemble du premier fichier. Il faudrait également organiser les choses ainsi si les définitions de pp et de val figuraient après leur utilisation, dans un même fichier.

## 4.5 Les fichiers d'en-tête

Envisageons maintenant de diviser le programme de calculatrice en plusiseurs fichiers source, comme nous le ferions probablement si les parties qui le composent étaient nettement plus longues. La fonction main occuperait un fichier, que nous appellerons main.c ; empiler, depiler, ainsi que leurs variables, constitueraient un autre fichier, pile.c ; lire_op en donnerait un troisième, lire_op.c. Enfin, lirecar et remettrecar iraient dans un quatrième fichier, lirecar.c ; nous séparons ces deux fonctions des autres, car dans un vrai programme, elles viendraient d'une bibliothèque compilée séparément.

Il nous faut encore penser à quelque chose — les définitions et les déclarations réparties entre les différents fichiers. Nous aimerions les centraliser autant que possible, afin de n'avoir qu'un seul exemplaire à mettre au point et à modifier au fur et à mesure de l'évolution du programme. Pour ce faire, nous allons placer les éléments communs dans un *fichier d'en-tête (header file)*, calc.h, que nous inclurons aux endroits où il servira. (Nous décrivons la ligne #include à la section 4.11.) Le programme est alors de la forme suivante :

calc.h :

```
#define NOMBRE '0'
void empiler(double);
double depiler(void);
int lire_op(char []);
int lirecar(void);
void remettrecar(int);
```

main.c :

```
#include <stdio.h>
#include <math.h>
#include "calc.h"
#define MAXOP 100
main() {
    ...
}
```

lire_op.c :

```
#include <stdio.h>
#include <ctype.h>
#include "calc.h"
#define MAXOP 100
lire_op() {
    ...
}
```

lirecar.c :

```
#include <stdio.h>
#define TAILLETAMP 100
char tamp[TAILLETAMP];
int ptamp = 0;
int lirecar(void) {
    ...
}
void remettrecar(int) {
    ...
}
```

pile.c :

```
#include <stdio.h>
#include "calc.h"
#define MAXVAL 100
int pp = 0;
double val[MAXVAL];
void empiler(double) {
    ...
}
double depiler(void) {
    ...
}
```

Il faut faire un compromis entre le désir que chaque fichier n'ait accès qu'aux informations dont il a besoin, et la mise en œuvre concrète, où il est plus difficile de tenir à jour de nombreux fichiers d'en-tête. Jusqu'à une certaine taille de programme, assez moyenne, il vaut certainement mieux n'avoir qu'un seul fichier d'en-tête, contenant tout ce qui doit être partagé entre deux morceaux quelconques du programme ; c'est la décision que nous avons prise ici. Dans le cas d'un programme beaucoup plus considérable, il faudrait l'organiser davantage, et introduire plusieurs en-têtes.

## 4.6 Les variables statiques

Les variables `pp` et `val` définies dans `pile.c`, ainsi que `tamp` et `ptamp` dans `lirecar.c`, sont à l'usage privé des fonctions contenues dans leurs fichiers source respectifs, et aucune autre fonction n'est censée y avoir accès. La déclaration `static`, appliquée à une variable externe ou à une fonction, limite la portée de cet objet à la suite du fichier source en cours de compilation. Les objets statiques externes permettent donc de cacher certains noms, tels que `tamp` et `ptamp` dans le tandem `lirecar-remettrecar`, qui doivent être externes afin d'être partagés, sans pour autant être visibles pour les utilisateurs de `lirecar` et `remettrecar`.

On indique qu'un objet est de classe statique en faisant précéder sa déclaration du mot `static`. Si les deux fonctions et les deux variables sont compilées dans un même fichier, comme dans

```
static char tamp[TAILLETAMP];  /* tampon pour remettrecar */
static int  ptamp = 0;         /* prochaine position libre
                                  dans tamp */
int lirecar(void) { ... }

void remettrecar(int c) { ... }
```

alors aucune autre fonction n'a accès à `tamp` et `ptamp`, et ces noms n'entreront pas en conflit avec des noms identiques figurant dans d'autres fichiers du même programme. De même, on peut cacher les variables qu'utilisent `empiler` et `depiler` pour manipuler la pile, en déclarant `pp` et `val` de classe `static`.

C'est pour les variables que les déclarations externes statiques servent le plus couramment, mais on peut aussi les appliquer aux fonctions. Normalement, les noms de fonctions sont globaux, visibles de n'importe quelle partie du programme . Cependant, si l'on déclare une fonction de classe `static`, son nom est invisible à l'extérieur du fichier où elle est déclarée.

On peut également appliquer les déclarations de classe `static` à des variables internes. Les variables internes statiques sont locales à une fonction donnée, comme les variables automatiques, mais contrairement à celles-ci, elles existent en permanence, au lieu d'apparaître et de disparaître à chaque appel de cette fonction. Les variables internes de classe `static` sont donc un moyen de stocker de façon permanente des données à l'usage exclusif d'une seule fonction.

**Exercice 4-11.** Modifiez `lire_op` de sorte qu'elle n'ait pas besoin d'utiliser `remettrecar`. Conseil : servez-vous d'une variable statique interne.

## 4.7 Les variables-registres

Une déclaration de classe `register` prévient le compilateur que la variable en question sera employée abondamment. L'idée sous-jacente est de placer les variables de classe `register` dans des registres de la machine, ce qui peut accélérer les programmes et réduire leur taille. Toutefois, les compilateurs ne sont pas obligés de tenir compte de ces conseils.

Les déclarations de classe `register` sont de la forme :

```
register int  x;
register char c;
```

et ainsi de suite. On ne peut appliquer les déclarations de classe `register` qu'aux variables automatiques et aux paramètres formels d'une fonction. Dans ce dernier cas, elles sont de la forme :

```
f(register unsigned m, register long n)
{
    register int i;
    ...
}
```

En pratique, les variables-registres obéissent à certaines restrictions, qui reflètent les particularités du matériel sous-jacent. On ne peut placer que quelques variables par fonction dans des registres, et seulement pour certains types. Néanmoins, il n'est pas grave de déclarer trop de variables-registres, puisque le mot `register` n'est pas pris en compte lorsque la déclaration correspondante est interdite ou surnuméraire. De plus, on ne peut pas récupérer l'adresse d'une variable-registre (ce dont nous parlerons au chapitre 5), même si celle-ci n'est pas réellement placée dans un registre. Les restrictions concernant le nombre des variables-registres et leurs types dépendent de la machine utilisée.

## 4.8 La structure de blocs

Le C n'est pas un langage structuré en blocs, au sens du Pascal ou des langages similaires, parce que l'on ne peut pas définir de fonctions à l'intérieur d'autres fonctions. En revanche, on peut définir des variables selon une structure de blocs, à l'intérieur d'une même fonction. On peut placer des déclarations de variables (y compris leurs initialisations) à la suite de l'accolade ouvrante qui débute une instruction composée *quelconque*, et pas seulement celles qui commencent une fonction. Les variables déclarées ainsi cachent toutes les variables portant le même nom dans les blocs extérieurs, et sont définies jusqu'à l'accolade fermante correspondante. Par exemple, dans

```
if (n > 0) {
    int i;  /* déclare un nouveau i */

    for (i = 0; i < n; i++)
        ...
}
```

La variable `i` n'est visible que dans la branche «vraie» du `if` ; ce `i` est distinct de tout `i` défini à l'extérieur de ce bloc. Une variable automatique déclarée et initialisée dans un bloc prend sa valeur initiale à chaque fois que l'on entre dans ce bloc. Une variable statique n'est initialisée que la première fois que l'on exécute ce bloc.

Les variables automatiques, y compris les paramètres formels, cachent aussi les variables externes et les fonctions du même nom. Avec les déclarations suivantes :

```
int x;
int y;

f(double x)
{
    double y;
    ...
}
```

à l'intérieur de la fonction `f`, `x` fait référence au paramètre, qui est de type `double` ; à l'extérieur de `f`, `x` représente la variable externe de type `int`. De même pour la variable `y`.

Pour des questions de style, il vaut mieux éviter d'introduire des noms de variables qui cachent des noms de portée plus générale ; c'est la porte ouverte à de nombreuses confusions et erreurs.

## 4.9 L'initialisation

Nous avons déjà évoqué plusieurs fois le problème de l'initialisation, mais toujours à propos d'un autre sujet. Maintenant que nous avons parlé des différentes classes de stockage, cette section résume quelques-unes des règles d'initialisation.

En l'absence d'initialisation explicite, les variables externes et statiques sont toujours initialisées à zéro ; les variables automatiques et les variables-registres ont des valeurs initiales indéfinies (c'est-à-dire quelconques).

On peut initialiser les variables scalaires au moment où on les définit, en faisant suivre leur nom d'un signe égale et d'une expression :

```
int x = 1;
char apos = '\'';
long jour = 1000L * 60L * 60L * 24L;   /* millisec./jour */
```

Pour les variables externes et statiques, l'initialisateur doit être une expression constante ; l'initialisation s'effectue une seule fois, comme si elle avait lieu avant le début de l'exécution du programme. Dans le cas des variables automatiques et des variables-registres, elle s'effectue chaque fois que l'on entre dans la fonction ou dans le bloc correspondant.

Pour les variables automatiques et les variables-registres, l'initialisateur n'est pas obligatoirement une constante : il peut être constitué d'une expression quelconque se servant de valeurs définies précédemment, ou même d'appels de fonctions. Par exemple, les initialisations du programme de recherche dichotomique de la section 3.3 pourraient s'écrire

```
int dicho(int x, int v[], int n)
{
    int bas = 0;
    int haut = n - 1;
    int milieu;
    ...
}
```

au lieu de

```
    int haut, bas, milieu;

    bas = 0;
    haut = n - 1;
```

En effet, les initialisations de variables automatiques sont simplement une manière d'abréger les instructions d'affectation. La forme à employer dépend de vos goûts personnels. Nous avons généralement employé des instructions d'affectation explicites, car dans les déclarations, les initialisateurs sont plus difficiles à voir, et sont plus éloignés de l'endroit où l'on s'en sert.

On peut initialiser un tableau en faisant suivre sa déclaration d'une liste d'initialisateurs placés entre accolades et séparés par des virgules. Par exemple, pour initialiser un tableau `jours` avec le nombre de jours de chaque mois :

```
int jours[] = { 31, 28, 31, 30, 31, 30,
                31, 31, 30, 31, 30, 31 };
```

Si l'on ne précise pas la taille du tableau, le compilateur la calcule en comptant les initialisateurs, ici 12.

Si le nombre d'initialisateurs est inférieur à la taille que l'on donne au tableau, les autres éléments sont mis à zéro dans le cas des variables externes ou statiques, mais pour les variables automatiques, ils prennent des valeurs quelconques. S'il y a trop d'initialisateurs, il se produit une erreur. Il n'est pas possible de demander la répétition d'un initialisateur, ni d'initialiser un élément au milieu d'un tableau sans donner également toutes les valeurs précédentes.

Les tableaux de caractères forment un cas particulier d'initialisation ; on peut donner directement une chaîne au lieu de tout noter avec des accolades et des virgules :

```
char modele[] = "ous";
```

est une abréviation de l'initialisation suivante, plus longue mais équivalente :

```
char modele[] = { 'o', 'u', 's', '\0' };
```

Dans ce cas, la taille du tableau vaut quatre (trois caractères plus le `'\0'` final).

## 4.10 La récursion

En C, les fonctions peuvent être utilisées de façon récursive ; c'est-à-dire qu'une fonction peut s'appeler elle-même, soit directement, soit indirectement. Considérons le problème consistant à écrire un nombre sous la forme d'une chaîne de caractères. Comme nous l'avons déjà dit, la conversion produit les chiffres dans le désordre : les chiffres de poids faible sont disponibles avant les chiffres de poids fort, mais il faut les afficher dans l'autre sens.

Ce problème se résout de deux façons. La première est de mémoriser les chiffres dans un tableau au fur et à mesure que l'algorithme les produit, puis de les afficher dans l'ordre inverse, comme nous l'avons fait pour `itoa` dans la section 3.6. L'autre solution consiste à employer une méthode récursive, où `affd` commence par s'appeler pour traiter les premiers chiffres éventuels, puis affiche le dernier chiffre. Comme précédemment, notre version peut ne pas fonctionner dans le cas du nombre négatif le plus grand.

```
#include <stdio.h>

/* affd : affiche n en décimal */
void affd(int n)
{
    if (n < 0) {
        putchar('-');
        n = -n;
    }
    if (n / 10)
        affd(n / 10);
    putchar(n % 10 + '0');
}
```

Lorsqu'une fonction s'appelle récursivement, chaque niveau d'appel possède son propre jeu de variables automatiques, indépendant du précédent. Ainsi, si l'on exécute `affd(123)`, le premier `affd` reçoit l'argument `n` = `123`. Il passe `12` à un deuxième `affd`, qui à son tour passe `1` à un troisième. Le `affd` de troisième niveau affiche `1`, puis rend la main au deuxième niveau. Celui-ci affiche `2`, puis rend la main au premier niveau, qui affiche `3` et termine l'exécution.

Un autre bon exemple de récursion est le tri rapide (*quicksort*), un algorithme de tri inventé par C. A. R. Hoare en 1962. Etant donné un tableau, on choisit un élément et on répartit les autres en deux sous-ensembles — ceux qui sont inférieurs à l'élément choisi, et ceux qui lui sont supérieurs ou égaux. On applique le même processus à ces deux sous-ensembles, récursivement. Lorsqu'un sous-ensemble a moins de deux éléments, ce n'est pas la peine de le trier, ce qui arrête la récursion.

Notre version du tri rapide n'est pas la plus rapide possible, mais c'est une des plus simples. Nous avons choisi de partager tous les sous-ensembles par rapport à leur élément central.

```
/* trirapide : trie v[gauche]...v[droite]
               dans l'ordre croissant */
void trirapide(int v[], int gauche, int droite)
{
    int i, dernier;
    void echanger(int v[], int i, int j);

    if (gauche >= droite)  /* ne fait rien si le tableau */
        return;       /* contient moins de deux éléments */
    echanger(v, gauche, (gauche + droite)/2;    /* place */
    dernier = gauche;    /* l'élément de partage en v[0] */
    for (i = gauche+1; i <= droite; i++)       /* partage */
        if (v[i] < v[gauche])                 /* le tableau */
            echanger(v, ++dernier, i);
    echanger(v, gauche, dernier);       /* remet en place */
                                  /* l'élément de partage */
    trirapide(v, gauche, dernier-1);
    trirapide(v, dernier+1, droite);
}
```

Nous avons transféré l'opération d'échange dans une fonction distincte `echanger` car elle figure trois fois dans `trirapide`.

```
/* echanger : échange v[i] et v[j] */
void echanger(int v[], int i, int j)
{
    int temp;

    temp = v[i];
    v[i] = v[j];
    v[j] = temp;
}
```

La bibliothèque standard comprend une version de `trirapide`, appelée `qsort`, capable de trier des objets de n'importe quel type.

La récursion n'est pas synonyme d'économie de mémoire, puisqu'il faut bien stocker quelque part une pile des valeurs en cours de traitement. Ce n'est pas non plus une méthode plus rapide que les autres. Mais le code récursif est plus compact, et souvent bien plus simple à écrire et à comprendre que son équivalent non récursif. La récursion est particulièrement adaptée au traitement de structures de données définies récursivement, comme les arbres ; nous en verrons un bel exemple à la section 6.5.

**Exercice 4-12.** Servez-vous des idées de `affd` pour écrire une version récursive de `itoa` ; c'est-à-dire, convertissez un entier en une chaîne en faisant appel à une fonction récursive.

**Exercice 4-13.** Ecrivez une version récursive de la fonction `inverser(s)`, qui inverse la chaîne `s` sur elle-même.

## 4.11 Le préprocesseur du C

Le C offre certaines possibilités syntaxiques grâce à un préprocesseur, dont l'idée essentielle est de constituer une première étape, distincte, de la compilation. Les deux instructions du préprocesseur les plus fréquemment employées sont `#include`, pour inclure le contenu d'un autre fichier au moment de la compilation, et `#define`, pour remplacer un lexème (ou *token*) par une séquence arbitraire de caractères. Les autres possibilités décrites dans cette section sont la compilation conditionnelle et les macros avec arguments.

### 4.11.1 L'inclusion de fichiers

L'inclusion de fichiers permet de se servir facilement d'ensembles de `#defines` et de déclarations (entre autres choses). Toute ligne de source de la forme

`#include` "*nom-de-fichier*"

ou

`#include` <*nom-de-fichier*>

est remplacée par le contenu du fichier *nom-de-fichier*. Si le *nom-de-fichier* est placé entre guillemets, le préprocesseur recherche en général le fichier à partir de l'endroit où se trouve le programme source ; si on ne l'y trouve pas, ou si le nom est compris entre < et >, la recherche du fichier concerné s'effectue selon une règle définie par l'implémentation. Un fichier inclus peut lui-même contenir des lignes `#include`.

Il y a souvent plusieurs lignes `#include` au début d'un fichier source, qui servent à inclure des instructions `#define` et des déclarations de classe `extern`, ou, pour les fonctions de bibliothèque, à accéder à leurs prototypes, qui peuvent être contenus dans des fichiers d'en-tête tels que `<stdio.h>`. (A strictement parler, ces en-têtes de bibliothèques ne sont pas forcément des fichiers ; la façon d'y accéder dépend de l'implémentation.)

`#include` est la meilleure façon de relier les déclarations les unes aux autres dans un long programme. Cette méthode garantit que tous les fichiers source recevront les mêmes définitions et déclarations de variables, ce qui prémunit contre certaines erreurs particulièrement pénibles. Naturellement, lorsqu'on modifie un fichier inclus, il faut recompiler tous les fichiers qui en dépendent.

### 4.11.2 La substitution de macros

Une définition de macro est de la forme

`#define` *nom* *texte de remplacement*

Cela fait appel au plus simple des mécanismes de substitution de macros : les occurrences suivantes du lexème *nom* seront remplacées par le *texte de remplacement*. Le nom utilisé dans un `#define` a la même forme qu'un nom de variable ; le texte de remplacement est arbitraire. Normalement, le texte de remplacement est constitué du reste de la ligne, mais on peut prolonger la définition sur plusieurs lignes en plaçant un \ à la fin de chaque ligne incomplète La portée d'un nom défini par `#define` s'étend de son point de définition à la fin du fichier source en cours de compilation. Une définition peut utiliser des définitions antérieures. Les substitutions ne s'effectuent que pour les lexèmes, et non à l'intérieur des chaînes entre guillemets. Par exemple, si `OUI` est un nom défini, il n'est pas remplacé dans `printf("OUI")` ni dans `OUIDA`.

On peut associer un texte de remplacement quelconque à un nom quelconque. Par exemple,

```
#define  forever  for (;;)   /* boucle infinie */
```

définit un nouveau mot, `forever`, qui réalise une boucle infinie.

On peut également définir des macros avec arguments, de sorte que le texte de remplacement puisse changer selon les appels de la macro. Par exemple, définissons une macro appelée `max` :

```
#define  max(A, B)  ((A) > (B) ? (A) : (B))
```

Bien que cela ressemble à un appel de fonction, `max` se développe directement dans le code. Chaque occurrence d'un paramètre formel (ici `A` ou `B`) sera remplacée par l'argument effectif correspondant. Ainsi, la ligne

```
x = max(p+q, r+s);
```

sera remplacée par la ligne

```
x = ((p+q) > (r+s) ? (p+q) : (r+s));
```

Du moment que les arguments sont traités correctement, cette macro pourra servir à n'importe quel type ; il n'y a pas besoin de définir des versions différentes de `max` pour traiter des types différents, contrairement à ce qui se passe avec les fonctions.

Si vous examinez le développement de `max`, vous remarquerez certains pièges. Les expressions sont évaluées deux fois, ce qui est erroné si elles produisent des effets de bord, par exemple si elles contiennent des opérateurs d'incrémentation ou des instructions d'entrées-sorties. Par exemple,

```
max(i++, j++)   /* ERREUR */
```

va incrémenter la valeur la plus grande deux fois. Il faut aussi faire attention aux parenthèses pour s'assurer que l'évaluation s'effectue dans le bon sens ; regardez ce qui se passe avec la macro

```
#define  carre(x)  x * x   /* ERREUR */
```

si on l'appelle par `carre(x+1)`.

Néanmoins, les macros sont précieuses. Un exemple pratique nous est donné par `<stdio.h>`, où `getchar` et `putchar` sont souvent définies sous forme de macros pour économiser le temps d'appel d'une fonction à chaque caractère traité. En général, les fonctions de `<ctype.h>` sont aussi implémentées sous forme de macros.

On peut supprimer des définitions de noms grâce à `#undef`, ce qui sert en général à s'assurer qu'une routine donnée est vraiment une fonction, et non une macro :

```
#undef getchar

int getchar(void) { ... }
```

Le préprocesseur ne remplace pas les paramètres formels à l'intérieur des chaînes entre guillemets. Toutefois, si dans le texte de remplacement, on place un # devant un nom de paramètre, cette combinaison se développe en une chaîne entre guillemets contenant l'argument effectif. On peut associer cet effet à une concaténation de chaînes pour créer, par exemple, une macro d'affichage servant à la mise au point :

```
#define  voir(expr)  printf(#expr " = %g\n", expr)
```

Lorsqu'on fait appel à ceci, par exemple en écrivant

```
voir(x/y);
```

la macro se développe en

```
printf("x/y" " = %g\n", x/y);
```

et les chaînes se concatènent, ce qui donne

```
printf("x/y = %g\n", x/y);
```

A l'intérieur de l'argument formel, chaque `"` est remplacé par `\"`, et chaque `\` par `\\`, si bien que le résultat est une constante de type chaîne correcte.

Le préprocesseur comporte un opérateur `##`, qui permet de concaténer plusieurs arguments effectifs au moment où la macro est développée. Si dans le texte de remplacement, un paramètre est placé à côté d'un `##`, il est remplacé par l'argument effectif, le `##` et les caractères d'espacement voisins disparaissent, et le résultat est analysé de nouveau. Par exemple, la macro `coller` concatène ses deux arguments :

```
#define  coller(debut, fin)  debut ## fin
```

Ainsi, `coller(nom, 1)` crée le lexème `nom1`.

Le règles qui gouvernent l'utilisation des `##` imbriqués sont complexes ; pour en savoir plus, voyez l'annexe A.

**Exercice 4-14.** Définissez une macro `echanger(t,x,y)` qui échange deux arguments de type `t`. (Servez-vous d'une structure en blocs.)

### 4.11.3 L'inclusion conditionnelle

On peut contrôler le fonctionnement du préprocesseur même, grâce à des instructions conditionnelles qui sont évaluées au cours du prétraitement. Cela permet d'inclure du code de façon sélective, selon des conditions évaluées à la compilation.

La ligne `#if` évalue une expression entière constante (qui ne doit pas contenir de `sizeof`s, de «casts», ni de constantes énumérées). Si l'expression ne vaut pas zéro, les lignes suivantes sont incluses, jusqu'à rencontrer un `#endif`, un `#elif` ou un `#else`. (L'instruction `#elif` du préprocesseur fonctionne comme `else if`.) L'expression `defined(`*nom*`)`, placée dans un `#if`, vaut 1 si le *nom* est déjà défini, et 0 dans le cas contraire.

Par exemple, pour s'assurer de n'inclure qu'une seule fois le contenu d'un fichier `entete.h`, on place le contenu de ce fichier à l'intérieur d'une instruction conditionnelle, comme ceci :

```
#if !defined(ENTETE)
#define ENTETE

/* on place ici le contenu de entete.h */

#endif
```

La première inclusion de `entete.h` définit le nom `ENTETE` ; lors des inclusions suivantes, le préprocesseur verra que ce nom est déjà défini et passera directement au `#endif`. On peut employer une construction similaire pour éviter d'inclure des fichiers plusieurs fois. Si l'on travaille entièrement ainsi, chaque en-tête peut lui-même inclure tous les en-têtes éventuels dont il dépend, sans que l'utilisateur ait à se soucier de leur interdépendance.
La séquence suivante teste le nom `SYSTEME` pour déterminer quelle version d'un en-tête il faut inclure :

```
#if SYSTEME == SYSV
    #define ENTETE "sysv.h"
#elif SYSTEME == BSD
    #define ENTETE "bsd.h"
#elif SYSTEME == MSDOS
    #define ENTETE "msdos.h"
#else
    #define ENTETE "defaut.h"
#endif
#include ENTETE
```

Les lignes `#ifdef` et `#ifndef` sont des formes spécialisées de `#if` qui testent si le nom est défini. Le premier exemple de `#if` que nous avons vu aurait pu s'écrire

```
#ifndef ENTETE
#define ENTETE

/* on place ici le contenu de entete.h */

#endif
```

# CHAPITRE 5 : **Les pointeurs et les tableaux**

Un pointeur est une variable qui contient l'adresse d'une autre variable. Le langage C fait un grand usage des pointeurs, d'une part parce qu'ils sont parfois le seul moyen d'exprimer un calcul et, d'autre part, parce qu'ils conduisent à des programmes plus compacts et plus efficaces que par d'autres moyens. Les pointeurs et les tableaux sont étroitement liés ; ce chapitre examine également cette relation et montre comment l'exploiter.

On peut considérer les pointeurs, ainsi que l'instruction `goto`, comme un moyen idéal de créer des programmes incompréhensibles. Ceci est certainement vrai quand on les utilise avec négligence et il est facile de créer des pointeurs qui pointent sur des endroits inattendus. Cependant, quand on les emploie avec rigueur, les pointeurs peuvent aussi permettre d'éclaircir et de simplifier les programmes. C'est cet aspect que nous allons essayer d'illustrer.

Le principal changement dans le C ANSI est de rendre explicites les règles qui gouvernent la manipulation des pointeurs, en recommandant ce que les bons programmeurs mettent déjà en pratique et ce que les bons compilateurs imposent déjà. De plus, le type `void *` (pointeur sur `void`) remplace `char *` pour désigner un pointeur générique.

## 5.1 Les pointeurs et les adresses

Commençons par une vue simplifiée de l'organisation de la mémoire. Une machine classique possède un tableau de cases mémoire consécutives numérotées, ou adressées, que l'on peut manipuler individuellement ou par groupes de cases contiguës. Dans de nombreux cas, un octet quelconque peut représenter un `char`, qu'une paire d'octets peut être traitée comme un entier `short` et que quatre octets adjacents forment un `long`. Un pointeur est un groupe de cases (souvent deux ou quatre) pouvant contenir une adresse. Ainsi, si `c` est un `char` et `p` un pointeur qui pointe sur `c`, nous pouvons représenter la situation ainsi :

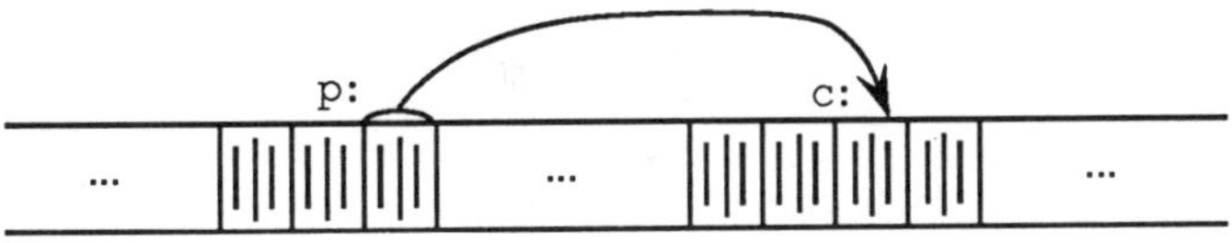

L'opérateur unaire & donne l'adresse d'un objet ; ainsi l'instruction

```
p = &c;
```

affecte l'adresse de `c` à la variable `p`, et on dit que `p` «pointe sur» `c`. L'opérateur `&` s'applique uniquement aux objets en mémoire : les variables et les éléments de tableaux. Il ne peut pas s'appliquer à des expressions, des constantes ou des variables de type `register`.

L'opérateur unaire `*` représente l'opérateur d'*indirection* ou de *déréférence* ; quand on l'applique à un pointeur, il donne accès à l'objet pointé par ce pointeur. Supposons que `x` et `y` soient des nombres entiers et que `pi` soit un pointeur sur un `int`. La séquence suivante, artificielle, montre comment déclarer un pointeur et comment utiliser `&` et `*` :

```
int x = 1, y = 2, z[10];
int *pi;            /* pi est un pointeur sur un int */

pi = &x;            /* pi pointe maintenant sur x */
y = *pi;            /* y vaut désormais 1 */
*pi = 0;            /* x vaut désormais 0 */
pi = &z[0];         /* pi pointe désormais sur z[0] */
```

Nous avons déjà parlé de la déclaration de variables telles que `x`, `y` et `z`. La déclaration du pointeur `pi`,

```
int *pi;
```

sert de moyen mnémotechnique ; elle indique que l'expression `*pi` est un `int`. La syntaxe de la déclaration d'une telle variable imite la syntaxe des expressions dans lesquelles elle peut apparaître. Ce raisonnement s'applique également aux déclarations de fonctions. Par exemple,

```
double *pd, atof(char *);
```

indique que, dans une expression, `*pd` et `atof(s)` ont des valeurs de type `double` et que l'argument de `atof` est un pointeur sur un `char`.

Il faut aussi noter que, par conséquent, un pointeur donné pointe forcément sur un objet de type particulier : chaque pointeur pointe en effet sur un type spécifique de données. (A une exception près : on se sert d'un «pointeur sur `void`» pour mémoriser un pointeur de type quelconque, mais l'opérateur d'indirection ne s'applique pas à un tel pointeur. Nous y reviendrons à la section 5.11.)

Si `pi` pointe sur l'entier `x`, on peut écrire `*pi` partout où l'on pourrait écrire `x` ; ainsi

```
*pi = *pi + 10;
```

ajoute 10 à `*pi`.

Les opérateurs unaires `*` et `&` créent des relations beaucoup plus fortes que les opérateurs arithmétiques ; ainsi, l'affectation

```
y = *pi + 1;
```

prend l'objet pointé par `pi`, lui ajoute `1` et met le résultat dans `y`, alors que

```
*pi += 1
```

incrémente l'objet pointé par `pi`, de même que

```
++*pi
```

et

```
(*pi)++
```

Les parenthèses sont obligatoires dans ce dernier exemple ; sans elles, on incrémenterait `pi` et non l'objet sur lequel il pointe. En effet, les opérateurs unaires tels que `*` et `++` sont évalués de droite à gauche.

Enfin, puisque les pointeurs sont des variables, on peut aussi les utiliser sans indirection. Par exemple, si `qi` est un autre pointeur sur un `int`,

```
qi = pi
```

copie le contenu de `pi` dans `qi`, faisant ainsi pointer `qi` sur le même objet que `pi`.

## 5.2 Les pointeurs et les arguments de fonctions

Comme le langage C passe les arguments des fonctions par valeur, la fonction appelée n'a aucun moyen direct de modifier une variable de la fonction appelante. Par exemple, un programme de tri peut avoir à échanger deux éléments qui ne sont pas rangés dans le bon ordre à l'aide d'une fonction appelée `echanger`. Il ne suffit pas d'écrire

```
echanger(a, b);
```

où la fonction `echanger` est définie ainsi

```
void echanger(int x, int y)    /* ERREUR */
{
    int temp;
    temp = x;
    x = y;
    y = temp;
}
```

A cause de l'appel par valeur, `echanger` ne peut pas modifier les arguments `a` et `b` du programme appelant. La fonction ci-dessus échange seulement des *copies* de `a` et `b`.

Le moyen d'obtenir le résultat voulu est de faire en sorte que le programme appelant passe en arguments des *pointeurs* sur les valeurs à modifier :

```
echanger(&a, &b);
```

Etant donné que l'opérateur `&` donne l'adresse d'une variable, `&a` est un pointeur sur `a`. A l'intérieur même de la fonction `echanger`, les paramètres sont déclarés comme des pointeurs et on accède indirectement aux opérandes par leur intermédiaire.

```
void echanger(int *px, int *py) /* échange *px et *py */
{
    int temp;
    temp = *px;
    *px = *py;
    *py = temp;
}
```

Schématiquement :

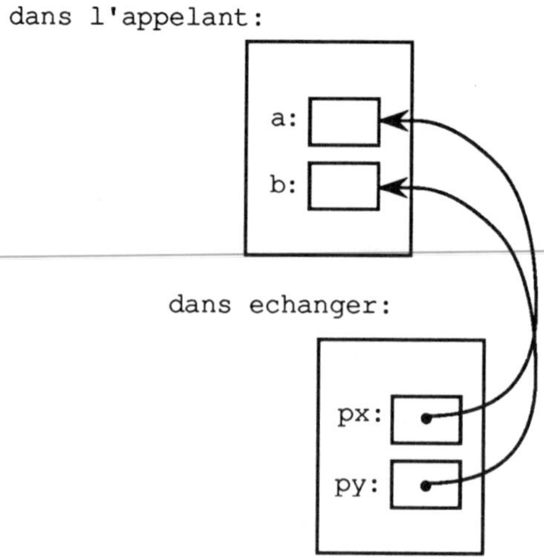


Les arguments de type pointeur permettent à une fonction d'accéder aux objets de la fonction appelante et de les modifier. Prenons comme exemple la fonction `lire_int` qui convertit un flot de caractères en entrée, de format non imposé, en le découpant en valeurs entières, à raison d'un entier par appel. `lire_int` doit retourner la valeur qu'elle a trouvée et aussi signaler la fin de fichier quand il ne reste plus rien en entrée. Il faut que ces deux valeurs soient renvoyées par des moyens différents, de sorte que la valeur prise par `EOF` soit traitée comme les autres car elle pourrait très bien être également la valeur d'un entier en entrée.

Une solution consiste à ce que `lire_int` indique si la fin du fichier est atteinte par une valeur de retour particulière, et à utiliser un argument de type pointeur pour transmettre à la fonction appelante la valeur entière convertie. C'est également la méthode qu'adopte `scanf` ; voir la section 7.4.

La boucle suivante remplit un tableau d'entiers par appels successifs à `lire_int` :

```
int n, tab[TAILLE], lire_int(int *);

for (n = 0; n < TAILLE && lire_int(&tab[n]) != EOF; n++)
    ;
```

Chaque appel affecte à `tab[n]` l'entier suivant reçu en entrée et incrémente `n`. Il faut noter qu'il est indispensable de passer en argument l'adresse de `tab[n]` à `lire_int`. Sinon, `lire_int` n'a aucun moyen de renvoyer à l'appelant la valeur entière convertie.

Notre version de `lire_int` retourne `EOF` en fin de fichier, zéro si l'entrée suivante n'est pas un nombre et une valeur positive si cette entrée contient un nombre de forme correcte.

```
#include <ctype.h>

int lirecar(void);
void remettrecar(int);
```

```
/* lire_int : lit l'entier suivant en entrée
              et le stocke dans *pn */
int lire_int(int *pn)
{
    int c, signe;

    while (isspace(c = lirecar()))
        ;            /* saute les caractères d'espacement */
    if (!isdigit(c) && c != EOF && c != '+' && c != '-') {
        remettrecar(c);    /* ce n'est pas un nombre */
        return 0;
    }
    signe = (c == '-') ? -1 : 1;
    if (c == '+' || c == '-')
        c = lirecar();
    for (*pn = 0; isdigit(c); c = lirecar())
        *pn = 10 * *pn + (c - '0');
    *pn *= signe;
    if (c != EOF)
        remettrecar(c);
    return c;
}
```

Dans toute la fonction `lire_int`, on utilise `*pn` comme une variable ordinaire de type `int`. Nous avons également employé `lirecar` et `remettrecar` (décrites à la section 4.3) de sorte que le caractère supplémentaire que l'on doit lire pour repérer la fin du nombre soit remis sur le flot d'entrée.

**Exercice 5-1.** Comme nous l'avons dit, `lire_int` traite le signe + ou - non suivi d'un chiffre comme une représentation correcte de zéro. Arrangez-vous pour qu'un tel caractère soit remis sur le flot d'entrée.

**Exercice 5-2.** Ecrivez `lire_float`, identique à la fonction `lire_int` mais travaillant sur des nombres à virgule flottante. Quel est le type de la valeur que doit retourner `lire_float` ?

## 5.3 Les pointeurs et les tableaux

En C, les pointeurs et les tableaux sont liés si fortement qu'il vaut mieux en parler au même moment. Toute opération que l'on peut effectuer par indexation dans un tableau peut être réalisée à l'aide de pointeurs. La version utilisant les pointeurs sera en général plus rapide mais un peu plus difficile à comprendre, du moins pour les non-initiés.

La déclaration

```
int a[10];
```

définit un tableau a de taille 10, c'est-à-dire un bloc de 10 objets consécutifs baptisés `a[0]`, `a[1]`, ..., `a[9]`.

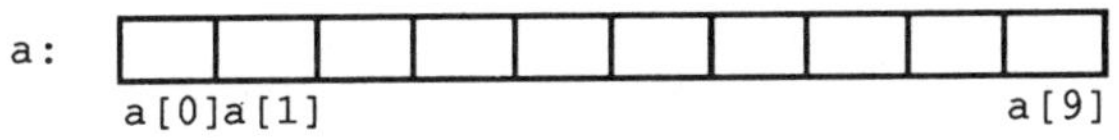

La notation a[i] représente le i-ème élément du tableau. Si pa est un pointeur sur un entier déclaré ainsi :

```
int *pa;
```

alors l'affectation

```
pa = &a[0];
```

fait pointer pa sur l'élément zéro de a ; c'est-à-dire que pa contient l'adresse de a[0].

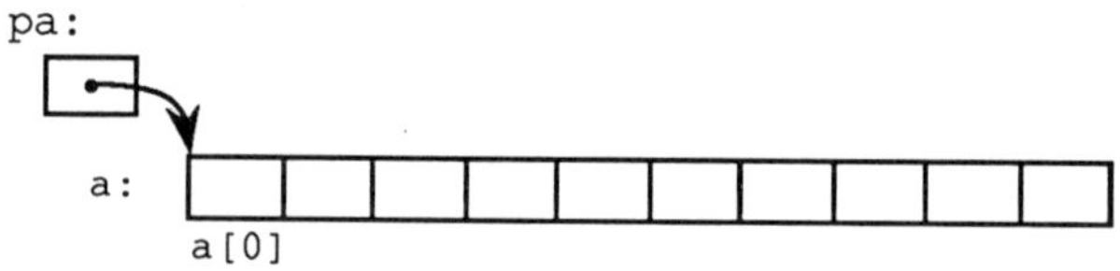


Maintenant, l'affectation

```
x = *pa;
```

copie le contenu de a[0] dans x.

Si pa pointe sur un certain élément du tableau, alors, par définition, pa+1 pointe sur l'élément suivant, pa+i sur le i-ème élément après pa et pa-i sur le i-ème élément avant pa. Par conséquent, si pa pointe sur a[0]

```
*(pa+1)
```

représente le contenu de a[1], pa+i est l'adresse de a[i] et *(pa+i) représente le contenu de a[i].

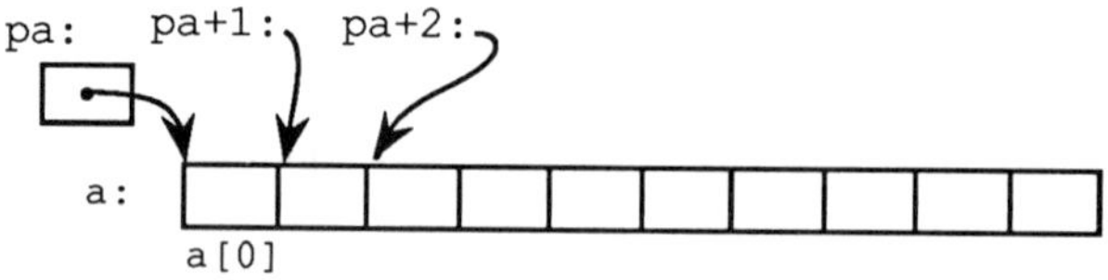


Ces remarques sont vraies quels que soient le type et la taille des variables du tableau a. Le sens de «ajouter 1 à un pointeur» et, par extension, de tous les calculs sur les pointeurs est que pa+1 pointe sur l'objet suivant, et pa+i sur le i-ème objet après pa.

La correspondance entre l'indexation d'un tableau et les calculs sur les pointeurs est très étroite. Par définition, la valeur d'une variable ou d'une expression de type tableau est l'adresse de l'élément zéro du tableau. Par conséquent, après l'affectation

```
pa = &a[0];
```

pa et a ont la même valeur. Puisque le nom d'un tableau est synonyme de l'adresse de son élément initial, l'affectation pa=&a[0] peut également s'écrire

```
pa = a;
```

Il est encore plus surprenant de constater, au moins à première vue, qu'une référence à a[i] peut aussi bien s'écrire *(a+i). En évaluant l'expression a[i], le C la convertit immédiatement en `*(a+i)` ; ces deux formes sont équivalentes. En appliquant l'opérateur `&` aux deux parties de cette équivalence, on en déduit que `&a[i]` et `a+i` sont également identiques : `a+i` est l'adresse du `i`-ème élément après `a`. D'un autre côté, si `pa` est un pointeur, les expressions peuvent lui appliquer un indice ; `pa[i]` est identique à `*(pa+i)`. En résumé, une expression comportant un tableau et un indice est équivalente à une autre écrite avec un pointeur et un déplacement.

Il faut pourtant garder à l'esprit qu'il existe une différence entre un nom de tableau et un pointeur. Un pointeur est une variable et donc, les instructions `pa=a` et `pa++` sont correctes. Mais, un nom de tableau n'est pas une variable ; donc, des instructions telles que `a=pa` et `a++` sont incorrectes.

Quand on passe un nom de tableau en argument à une fonction, c'est l'adresse de son élément initial qui est transmise. A l'intérieur de la fonction appelée, cet argument est une variable locale et, par conséquent, un nom de tableau en paramètre est un pointeur, c'est-à-dire une variable contenant une adresse. Nous pouvons nous servir de ce fait pour écrire une autre version de `strlen` *(longueur_chaîne)* qui calcule la longueur d'une chaîne de caractères.

```
/* strlen : retourne la longueur d'une chaîne s */
int strlen(char *s)
{
    int n;

    for (n=0; *s != '\0'; s++)
        n++;
    return n;
}
```

Puisque `s` est un pointeur, on a parfaitement le droit de l'incrémenter ; l'instruction `s++` n'a aucun effet sur la chaîne de caractères de la fonction qui appelle `strlen`, elle ne fait qu'incrémenter la copie du pointeur locale à `strlen`. Cela signifie que tous les appels suivants fonctionnent :

```
strlen("bonjour, maître");   /* constante de type chaîne */
strlen(tab);                 /* char tab[100]; */
strlen(ptr);                 /* char *ptr; */
```

En tant que paramètres formels dans une définition de fonction,

```
char s[];
```

et

```
char *s;
```

sont équivalents ; nous préférons la dernière parce qu'elle indique de façon plus explicite que le paramètre est un pointeur. Quand on passe un nom de tableau en argument à une fonction, celle-ci peut, comme elle l'entend, considérer qu'elle a affaire à un tableau ou à un pointeur et le manipuler en conséquence. Elle peut même se servir des deux notations à la fois si cela paraît clair et adéquat.

On peut passer une partie d'un tableau en argument à une fonction en lui passant un pointeur sur le début du sous-tableau. Par exemple, si `a` est un tableau,

```
f(&a[2])
```

et

```
f(a+2)
```

passent toutes les deux à la fonction `f` l'adresse du sous-tableau commençant à `a[2]`. A l'intérieur de `f`, on peut rencontrer indifféremment les déclarations

```
f(int arr[]) { ... }
```

ou

```
f(int *arr) { ... }
```

Ainsi, dans la mesure où cela n'intéresse pas `f`, le fait que le paramètre fasse référence à une partie d'un tableau plus grand n'a aucune conséquence.

Si l'on est sûr que les éléments en question existent, on peut aussi indexer un tableau à rebours ; `p[-1]`, `p[-2]`, et ainsi de suite sont des expressions syntaxiquement correctes et représentent les éléments qui précèdent immédiatement `p[0]`. Bien sûr, il est interdit de se référer à des objets qui dépassent les limites d'un tableau.

## 5.4 Les calculs d'adresses

Si `p` est un pointeur sur les éléments d'un tableau, alors `p++` incrémente `p` de façon qu'il pointe sur l'élément suivant, et `p+=i` le fait pointer sur le `i`-ème élément après celui sur lequel il pointe. Les constructions de ce genre constituent la forme la plus simple de calculs sur les pointeurs ou les adresses.

Le C est cohérent et constant dans sa façon d'aborder les calculs d'adresses ; l'intégration des pointeurs, des tableaux et des calculs d'adresses est une des forces de ce langage. Nous allons illustrer ceci en écrivant un allocateur rudimentaire de mémoire. Il se compose de deux sous-programmes. Le premier, `allouer(n)`, retourne un pointeur `p` sur `n` positions consécutives de caractères dont le programme appelant peut se servir pour stocker des caractères. Le second, `liberer(p)`, libère la zone mémoire ainsi acquise afin qu'elle puisse resservir. Ces sous-programmes sont «rudimentaires» car les appels à la fonction `liberer` doivent s'effectuer dans l'ordre inverse des appels à `allouer`. En effet, la mémoire que gèrent `allouer` et `liberer` est une pile, ou une liste de type «dernier entré, premier sorti» («last-in, first-out»). La bibliothèque standard fournit des fonctions équivalentes baptisées `malloc` et `free` qui ne subissent pas de restrictions ; à la section 8.7, nous montrerons comment on peut les programmer.

La méthode la plus simple est de faire en sorte que `allouer` fournisse des morceaux d'un grand tableau de caractères que nous appellerons `tampalloue`. Seules `allouer` et `liberer` ont accès à ce tableau. Puisque ces fonctions travaillent avec des pointeurs et non avec des indices de tableau, aucune autre routine n'a besoin de connaître le nom du tableau, que l'on peut donc déclarer `static` dans le fichier source contenant `allouer` et `liberer`, et qui sera donc invisible en dehors de ce fichier. En pratique, ce tableau peut même ne pas avoir de nom ; on peut l'obtenir en appelant `malloc` ou en demandant au système d'exploitation un pointeur sur un bloc de mémoire non nommé.

Il nous faut aussi connaître la place utilisée dans `tampalloue`. Nous nous servons d'un pointeur appelé `palloue` qui pointe sur le prochain emplacement. Quand on appelle `allouer` pour demander n caractères, elle regarde s'il reste suffisamment de place disponible dans `tampalloue`. Si c'est le cas, `allouer` retourne la valeur courante de `palloue` (c'est-à-dire le début du bloc libre), puis l'incrémente de `n` unités de sorte qu'il pointe sur la zone libre suivante. S'il n'y a pas assez de place, `allouer` retourne zéro. `liberer(p)` affecte tout simplement `p` à `palloue` si `p` est à l'intérieur de `tampalloue`.

avant d'appeler `allouer` :

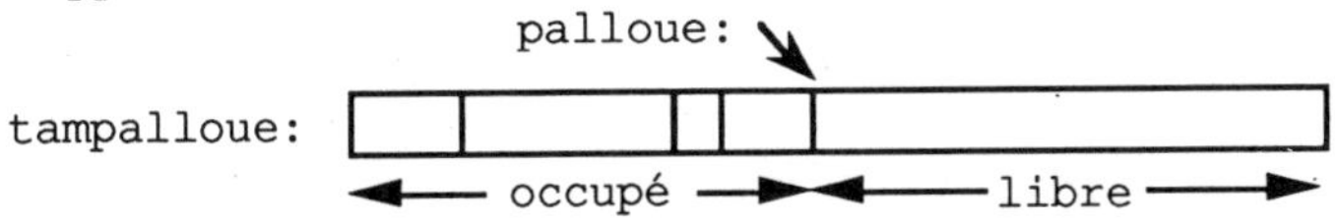


après avoir appelé `allouer` :

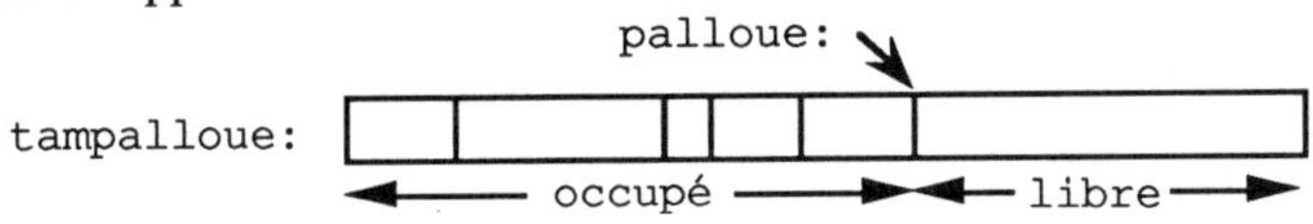


```
#define TAILLEALLOUE 10000
                        /* taille de l'espace disponible */

static char tampalloue[TAILLEALLOUE];
                        /* espace mémoire pour allouer */
static char *palloue = tampalloue;
                        /* emplacement libre suivant */

/* allouer : retourne un pointeur sur n caractères */
char *allouer(int n)
{
    if (tampalloue + TAILLEALLOUE - palloue >= n) {
                         /* il y a suffisamment de place */
        palloue += n;
        return palloue - n;    /* ancien p */
    } else               /* pas assez de place */
        return 0;
}

/* liberer : libère l'espace mémoire pointé par p */
void liberer(char *p)
{
    if (p >= tampalloue && p < tampalloue+TAILLEALLOUE)
        palloue = p;
}
```

En général, on peut initialiser un pointeur exactement de la même façon qu'une autre variable, bien que normalement les seules valeurs significatives soient zéro ou une expression qui ne mette en jeu que des adresses de données du bon type déjà définies. La déclaration

```
static char *palloue = tampalloue;
```

définit `palloue` comme un pointeur de caractères et le fait pointer initialement sur le début de `tampalloue` qui correspond à l'emplacement libre suivant lorsque le programme commence. On aurait également pu écrire

```
static char *palloue = &tampalloue[0];
```

puisque le nom du tableau est *aussi* l'adresse de son élément zéro.

Le test

```
if (tampalloue + TAILLEALLOUE - palloue >= n) {
```

regarde s'il existe suffisamment de place pour satisfaire une demande de `n` caractères. Si oui, la valeur de `palloue` sera au plus égale à l'adresse située juste après la fin de `tampalloue`. Si elle peut satisfaire la demande, `allouer` retourne un pointeur sur le début d'un bloc de caractères (remarquez la déclaration même de la fonction). Sinon, `allouer` doit retourner un signal indiquant qu'il ne reste plus de place. Le C garantit que zéro n'est jamais une adresse de données valide ; ainsi, on pourra retourner une valeur nulle pour signaler une anomalie, c'est-à-dire dans notre cas un manque de place.

Les pointeurs et les entiers ne sont pas interchangeables. Zéro est l'unique exception : on peut affecter la constante zéro à un pointeur et comparer un pointeur à la constante zéro. On met souvent la constante symbolique `NULL` à la place de zéro comme un moyen mnémotechnique pour indiquer plus clairement que c'est une valeur spéciale de pointeur. `NULL` est défini dans `<stdio.h>`, et désormais, nous nous en servirons.

Des tests tels que

```
if (tampalloue + TAILLEALLOUE - palloue >= n) {
```

et

```
if (p >= tampalloue && p < tampalloue + TAILLEALLOUE)
```

montrent quelques aspects des calculs sur les pointeurs. Premièrement, on peut comparer des pointeurs dans certaines conditions. Si `p` et `q` pointent sur les éléments d'un même tableau, alors des opérateurs de comparaison tels que `==`, `!=`, `<`, `>=`, etc. fonctionnent correctement. Par exemple, la condition

```
p < q
```

est vraie si `p` pointe sur un élément du tableau qui précède celui sur lequel pointe `q`. La comparaison d'un pointeur quelconque à zéro a un sens. Mais le comportement des calculs et des comparaisons est indéfini si l'on se sert de pointeurs qui ne pointent pas sur les éléments d'un même tableau. (A une exception près : on peut utiliser dans les calculs l'adresse de l'élément qui suit immédiatement la fin d'un tableau.)

Deuxièmement, nous avons déjà vu que l'on peut additionner ou soustraire un pointeur et un entier. La construction

```
p + n
```

représente l'adresse du `n`-ième objet après celui actuellement pointé par `p`. Ceci est vrai quel que soit le type de l'objet pointé par `p` ; `n` est mis à l'échelle en fonction de la taille des objets pointés par `p`, qui est déterminée par la déclaration de `p`. Par exemple, si un `int` est codé sur quatre octets, `n` sera multiplié par 4.

Les soustractions de pointeurs sont également autorisées : si `p` et `q` pointent sur des éléments d'un même tableau et si `p<q` alors, `q-p+1` représente le nombre d'éléments compris entre `p` et `q` inclus. On peut utiliser ceci pour écrire encore une autre version de `strlen` :

```
/* strlen : retourne la longueur de la chaîne s */
int strlen(char *s)
{
    char *p = s;

    while (*p != '\0')
        p++;
    return p - s;
}
```

Dans cette déclaration, `p` est initialisé à `s`, c'est-à-dire qu'il pointe sur le premier caractère de la chaîne. Dans la boucle `while`, chaque caractère est examiné à son tour jusqu'à ce qu'on rencontre à la fin le caractère `'\0'`. Puisque `p` est un pointeur de caractères, `p++` permet d'avancer `p` d'un caractère à chaque fois et `p-s` donne le nombre de caractères dont on a avancé et donc, la longueur de la chaîne de caractères. (Le nombre de caractères dans la chaîne peut être plus grand que celui que l'on peut stocker dans un `int`. Le fichier d'en-tête `<stddef.h>` définit le type `ptrdiff_t` dont la taille est suffisamment grande pour recevoir la différence signée entre les valeurs de deux pointeurs. Cependant, pour plus de prudence, nous pourrions utiliser `size_t` comme type de retour pour `strlen`, ce qui correspond à la version de la bibliothèque standard. `size_t` est le type entier non-signé retourné par l'opérateur `sizeof`.)

Le calcul arithmétique sur les pointeurs est cohérent : si nous travaillons sur des `floats` qui occupent plus de place mémoire que les `chars` et si `p` peut pointer sur des objets de type `float`, `p++` permet d'avancer jusqu'à l'objet suivant de type `float`. Ainsi, nous pourrions écrire une autre version de `allouer` qui travaille sur des `floats` plutôt que sur des `chars` en changeant tout simplement les `chars` en `floats` tout au long des fonctions `allouer` et `liberer`. Toutes les manipulations de pointeurs prennent automatiquement en compte la taille de l'objet pointé.

Les opérations utilisables sur les pointeurs sont l'affectation de pointeurs de même type, l'addition ou la soustraction d'un pointeur et d'un entier, la soustraction ou la comparaison de deux pointeurs faisant référence à des éléments d'un même tableau et l'affectation ou la comparaison à zéro. Tout autre calcul sur les pointeurs est interdit. Il n'est pas permis d'additionner deux pointeurs, de les multiplier, de les diviser, de leur faire subir des décalages ou des masques, de leur ajouter un `float` ou un `double` ou même d'affecter un pointeur d'un certain type à un pointeur d'un autre type sans utiliser un «cast» (sauf pour le type `void *`).

## 5.5 Les pointeurs de caractères et les fonctions

Une *constante de type chaîne* écrite de la façon suivante :

```
"Je suis une chaîne"
```

est un tableau de caractères. Dans la représentation interne, le tableau se termine par le caractère nul `'\0'` afin que les programmes puissent en détecter la fin. Par conséquent, la place qu'il occupe en mémoire est supérieure d'une unité au nombre de caractères compris entre les guillemets.

De telles constantes de type chaîne apparaissent sans doute le plus souvent en tant qu'arguments de fonctions comme par exemple

```
printf("bonjour, maître\n");
```

Quand on les rencontre dans un programme, on accède à de telles chaînes de caractères à l'aide d'un pointeur de caractères ; `printf` reçoit un pointeur sur le début du tableau de caractères. Ainsi, on accède à une constante de type chaîne via un pointeur sur son premier élément.

Les constantes de type chaîne peuvent ne pas être des arguments de fonction. Si la variable `pmessage` est déclarée comme suit

```
char *pmessage;
```

alors l'instruction

```
pmessage = "nous partîmes cinq cents";
```

affecte à `pmessage` un pointeur sur le tableau de caractères. Il ne s'agit pas d'une *copie* de chaînes de caractères ; seuls les pointeurs interviennent. Le C ne fournit aucun opérateur permettant de traiter une chaîne de caractères comme un tout.

Il y a une différence importante entre les deux définitions suivantes :

```
char unmessage[] = "nous partîmes cinq cents";
                                   /* un tableau */
char *pmessage = "nous partîmes cinq cents";
                                   /* un pointeur */
```

`unmessage` est un tableau, de taille juste suffisante pour contenir la suite de caractères et le caractère `'\0'` qui lui sont affectés lors de l'initialisation. On peut changer des caractères individuels du tableau mais `unmessage` représentera toujours le même espace mémoire. En revanche, `pmessage` est un pointeur initialisé de façon à pointer sur une constante de type chaîne ; on peut ensuite le modifier afin qu'il pointe ailleurs, mais le résultat est indéterminé si vous essayez de modifier le contenu de la chaîne de caractères.

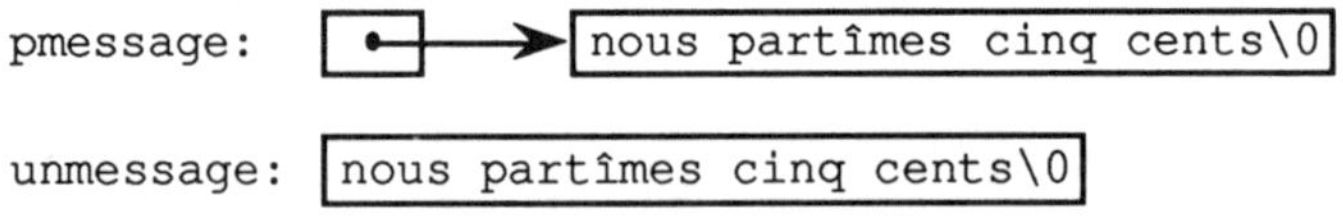


Nous allons illustrer plusieurs aspects liés aux pointeurs et aux tableaux en étudiant deux fonctions utiles de la bibliothèque standard. La première d'entre elles est `strcpy(s,t)` qui copie la chaîne de caractères `t` dans la chaîne `s`. Il serait agréable d'écrire simplement `s=t` mais ceci copie les pointeurs et non pas les caractères. Pour copier les caractères, il faut nous servir d'une boucle. La version utilisant des tableaux est la suivante :

```
/* strcpy : copie t dans s ; version avec tableaux */
void strcpy(char *s, char *t)
{
    int i;

    i = 0;
    while ((s[i] = t[i]) != '\0')
        i++;
}
```

Pour voir la différence, voici une version utilisant des pointeurs :

```
/* strcpy : copie t dans s ; 1ère version avec pointeurs */
void strcpy(char *s, char *t)
{
    while ((*s = *t) != '\0') {
        s++;
        t++;
    }
}
```

Puisque les arguments sont transmis par valeur, `strcpy` peut utiliser les paramètres `s` et `t` comme elle l'entend. Ici, ce sont des pointeurs convenablement initialisés que l'on fait progresser dans les tableaux, caractère par caractère, jusqu'à avoir copié dans `s` le caractère `'\0'` qui termine `t`.

En pratique, `strcpy` ne serait pas écrite comme ci-dessus. Des programmeurs expérimentés en C préféreraient écrire

```
/* strcpy : copie t dans s ; 2ème version avec pointeurs */
void strcpy(char *s, char *t)
{
    while ((*s++ = *t++) != '\0')
        ;
}
```

Ici, on transfère l'incrémentation de `s` et `t` à l'intérieur de la partie test de la boucle. La valeur de `*t++` est celle du caractère pointé par `t` avant incrémentation ; l'opérateur `++` placé derrière `t` ne le modifie qu'après l'utilisation du caractère sur lequel il pointe. De même, ce caractère est stocké à la position indiquée par `s` avant incrémentation. C'est également ce caractère que l'on compare à `'\0'` pour contrôler la boucle. Le résultat global est que tous les caractères de `t` sont copiés dans `s`, y compris le `'\0'` final.

Enfin, pour abréger une dernière fois l'écriture, on peut remarquer que la comparaison avec `'\0'` est redondante puisque la question consiste tout simplement à savoir si l'expression vaut zéro. Par conséquent, cette fonction s'écrirait probablement ainsi :

```
/* strcpy : copie t dans s ; 3ème version avec pointeurs */
void strcpy(char *s, char *t)
{
    while (*s++ = *t++)
        ;
}
```

Bien que cela puisse paraître énigmatique à première vue, cette notation est extrêmement commode, et il faut maîtriser les notations de ce genre car on en rencontre fréquemment dans les programmes en C.

La fonction `strcpy` de la bibliothèque standard (définie dans `<string.h>`) retourne la chaîne de caractères de réception comme valeur de retour.

La seconde fonction que nous allons examiner est `strcmp(s,t)` qui compare les chaînes de caractères `s` et `t` et retourne une valeur négative, nulle ou positive selon que `s` est, de façon lexicographique, respectivement inférieure, égale ou supérieure à `t`. On obtient cette valeur en soustrayant les valeurs des caractères de la première position des chaînes `s` et `t` où elles diffèrent.

```
/* strcmp : retourne <0 si s<t, 0 si s==t, >0 si s>t */
int strcmp(char *s, char *t)
{
    int i;

    for (i = 0; s[i] == t[i]; i++)
        if (s[i] == '\0')
            return 0;
    return s[i] - t[i];
}
```

Voici la version de `strcmp` qui utilise des pointeurs :

```
/* strcmp : retourne <0 si s<t, 0 si s==t, >0 si s>t */
int strcmp(char *s, char *t)
{
    for ( ; *s == *t; s++, t++)
        if (*s == '\0')
            return 0;
    return *s - *t;
}
```

Puisque `++` et `--` sont des opérateurs que l'on peut placer devant ou derrière l'opérande, il est possible de rencontrer d'autres combinaisons de `*`, `++` et `--`, bien que cela soit moins fréquent. Par exemple,

```
*--p
```

décrémente `p` avant d'aller chercher le caractère sur lequel pointe `p`. En fait, les deux expressions suivantes

```
*p++ = val;      /* met val sur la pile */
val = *--p;      /* extrait val du sommet de la pile */
```

sont des expressions typiques standard servant à empiler et dépiler des valeurs (cf section 4.3).

Le fichier d'en-tête `<string.h>` contient des déclarations concernant les fonctions mentionnées dans cette section, ainsi qu'un ensemble d'autres fonctions de la bibliothèque standard servant à manipuler des chaînes de caractères.

**Exercice 5-3.** Ecrivez, en utilisant des pointeurs, une nouvelle version de la fonction `strcat`, que nous avons présentée au chapitre 2 ; `strcat(s,t)` copie la chaîne de caractères `t` à la suite de la chaîne `s`.

**Exercice 5-4.** Ecrivez la fonction `finchaine(s,t)` qui retourne 1 si la chaîne de caractères `t` figure à la fin de la chaîne `s`, et zéro sinon.

**Exercice 5-5.** Ecrivez des versions étendues des fonctions `strncpy`, `strncat` et `strncmp` de la bibliothèque standard, qui ne traitent au maximum que les `n` premiers caractères des chaînes données en arguments. Par exemple, `strncpy(s,t,n)` copie au plus `n` caractères de `t` dans `s`. Les descriptions complètes de ces fonctions se trouvent à l'annexe B.

**Exercice 5-6.** Réécrivez les programmes et les exercices des chapitres précédents qui s'y prêtent en utilisant des pointeurs à la place des tableaux indexés. En particulier, les programmes `lireligne` (chapitres 1 et 4), `atoi`, `itoa` et leurs variantes (chapitres 2, 3 et 4), `inverser` (chapitre 3), ainsi que `chpos` et `lire_op` (chapitre 4) offrent de bonnes possibilités d'adaptation.

## 5.6 Les tableaux de pointeurs ; les pointeurs de pointeurs

Puisque les pointeurs sont eux-mêmes des variables, il est possible de les stocker dans des tableaux comme d'autres variables. Illustrons ceci en écrivant un programme qui range par ordre lexicographique un ensemble de lignes de texte, ce qui constitue une version réduite du programme `sort` d'UNIX.

Au chapitre 3, nous avons présenté une fonction de tri de Shell qui permettait de ranger un tableau d'entiers et, au chapitre 4, nous l'avons améliorée en utilisant une méthode de tri rapide. On peut utiliser ici le même algorithme, mis à part que, maintenant, nous devons manipuler des lignes de texte qui sont de longueurs différentes et qui, contrairement aux entiers, ne peuvent pas être comparées ou déplacées en une seule opération. Nous avons besoin d'une représentation des données qui prendra en charge de manière efficace et pratique des lignes de texte de longueurs variables.

C'est ici qu'intervient le tableau de pointeurs. Si l'on stocke les lignes à ranger les unes à la suite des autres dans un grand tableau de caractères, on peut accéder à chaque ligne à l'aide d'un pointeur sur son premier caractère. On peut stocker les pointeurs eux-mêmes dans un tableau. On peut alors comparer deux lignes en passant leurs pointeurs en arguments à `strcmp`. Quand il faut échanger deux lignes non rangées, on échange les pointeurs dans leur tableau, mais pas les lignes de texte elles-mêmes.

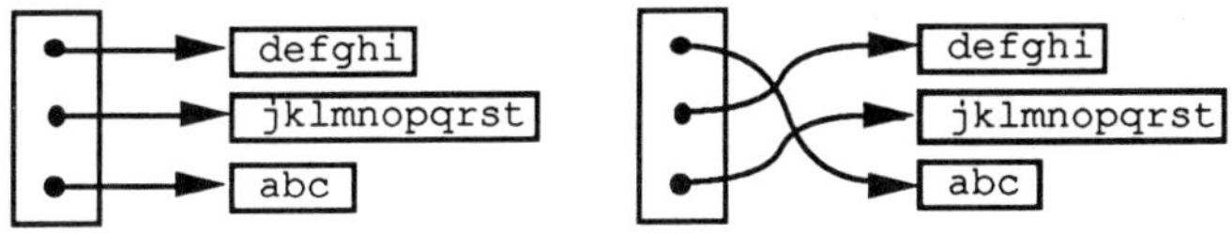


Ceci supprime le double problème de la gestion complexe de la mémoire et du surplus de temps qu'il faudrait pour déplacer les lignes elles-mêmes.

Le processus de rangement se décompose en trois étapes :

*lire toutes les lignes en entrée*
*les trier*
*les afficher dans l'ordre*

Comme d'habitude, il est préférable de diviser le programme en fonctions qui correspondent aux différentes étapes naturelles, et en un programme principal qui contrôle les autres fonctions. Nous allons laisser de côté pour le moment l'étape de tri et nous concentrer sur la structure des données ainsi que sur les entrées-sorties.

La routine d'entrée doit récupérer et sauvegarder les caractères de chaque ligne et construire un tableau de pointeurs qui pointent sur les lignes. Elle devra également compter le nombre de lignes entrées puisqu'on a besoin de cette information pour le tri et l'affichage. Puisque la fonction d'entrée ne peut traiter qu'un nombre fini de lignes en entrée, elle peut retourner un nombre incorrect de lignes tel que `-1` si elle en reçoit trop.

La routine de sortie n'a plus qu'à afficher les lignes dans l'ordre dans lequel elles figurent dans le tableau de pointeurs.

```
#include <stdio.h>
#include <string.h>

#define MAXLIGNES 5000   /* nombre de lignes max à trier */

char *ptrlig[MAXLIGNES];
                /* pointeurs sur les lignes de texte */

int lirelignes(char *ptrlig[], int nlignes);
void ecrirelignes(char *ptrlig[], int nlignes);

void trirapide(char *ptrlig[], int gauche, int droite);

/* trie les lignes en entrée */
main()
{
    int nlignes;   /* nombre de lignes lues en entrée */

    if ((nlignes = lirelignes(ptrlig, MAXLIGNES)) >= 0) {
        trirapide(ptrlig, 0, nlignes-1);
        ecrirelignes(ptrlig, nlignes);
        return 0;
    } else {
        printf("erreur : entrée trop grande pour trier\n");
        return 1;
    }
}


#define LGRMAX 1000
               /* longueur maximum des lignes en entrée */
int lireligne(char *, int);
char *allouer(int);

/* lirelignes : lit les lignes en entrée */
int lirelignes(char *ptrlig[], int lig)
{
    int lgr, nlig;
    char *p, ligne[LGRMAX];

    nlig = 0;
    while ((lgr = lireligne(ligne, LGRMAX)) > 0)
        if (nlig >= lig || (p = allouer(lgr)) == NULL)
            return -1;
        else {
            ligne[lgr-1] = '\0';
               /* supprime le caractère de fin de ligne */
            strcpy(p, ligne);
            ptrlig[nlig++] = p;
        }
    return nlig;
}
```

```
/* ecrirelignes : écrit les lignes en sortie */
void ecrirelignes(char *ptrlig[], int nlig)
{
    int i;

    for (i =0; i < nlig; i++)
        printf("%s\n", ptrlig[i]);
}
```

La fonction `lireligne` est celle utilisée à la section 1.9.

La principale nouveauté est la déclaration de `ptrlig` :

```
char *ptrlig[MAXLIGNES]
```

signifie que `ptrlig` est un tableau de `MAXLIGNES` éléments dont chaque élément est un pointeur sur un `char`. Donc, `ptrlig[i]` est un pointeur de caractères et `*ptrlig[i]` est le caractère pointé, le premier de la ligne de texte sauvegardée d'indice `i`.

Puisque `ptrlig` est lui-même le nom du tableau, on peut le traiter comme un pointeur, de la même manière que dans nos exemples précédents, et on peut donc écrire `ecrirelignes` ainsi

```
/* ecrirelignes : écrit les lignes en sortie */
void ecrirelignes(char *ptrlig[], int nlig)
{
    while (nlig-- > 0)
        printf("%s\n", *ptrlig++);
}
```

Au départ, `*ptrlig` pointe sur la première ligne ; à chaque incrémentation, on l'avance sur le pointeur de la ligne suivante pendant que `nlig` est décrémenté.

Après avoir contrôlé les opérations d'entrée et de sortie, nous pouvons passer au tri. Le tri rapide du chapitre 4 nécessite quelques légères modifications : on doit modifier les déclarations et effectuer l'opération de comparaison en appelant `strcmp`. L'algorithme reste le même, ce qui nous donne l'assurance qu'il fonctionnera encore.

```
/* trirapide : trie v[gauche]...v[droite]
               dans l'ordre croissant */
void trirapide(char *v[], int gauche, int droite)
{
    int i, dernier;
    void echanger(char *v[], int i, int j);

    if (gauche >= droite) /* ne rien faire si le tableau */
        return;           /* contient moins de 2 éléments */
    echanger(v, gauche, (gauche + droite)/2);
    dernier = gauche;
    for (i = gauche+1; i <= droite; i++)
        if (strcmp(v[i], v[gauche]) < 0)
            echanger(v, ++dernier, i);
    echanger(v, gauche, dernier);
    trirapide(v, gauche, dernier-1);
    trirapide(v, dernier+1, droite);
}
```

De même , le sous-programme d'échange n'a besoin que de changements mineurs :

```
/* echanger : échange v[i] and v[j] */
void echanger(char *v[], int i, int j)
{
    char *temp;

    temp = v[i];
    v[i] = v[j];
    v[j] = temp;
}
```

Puisque chaque élément individuel de `v` (alias `ptrlig`) est un pointeur de caractères, `temp` doit l'être également de façon à pouvoir effectuer des copies de l'un dans l'autre.

**Exercice 5-7.** Réécrivez `lirelignes` de façon à stocker les lignes dans un tableau fourni par `main`, plutôt que d'appeler `allouer` pour obtenir l'espace mémoire. Dans quelle proportion le programme est-il plus rapide ?

## 5.7 Les tableaux multi-dimensionnels

Le C fournit des tableaux rectangulaires à plusieurs dimensions, bien qu'en pratique, on les utilise beaucoup moins que les tableaux de pointeurs. Dans cette section, nous allons montrer quelques-unes de leurs propriétés.

Considérons le problème de la conversion des dates : transformer le mois et le quantième en un numéro de jour de l'année et vice-versa. Par exemple, le 1^er^ mars est le 60^ème^ jour d'une année non-bissextile et le 61^ème^ d'une année bissextile. Nous allons définir deux fonctions pour effectuer cette conversion : `jour_annee` transforme le mois et le jour en jour de l'année et `mois_jour` réalise la transformation inverse. Puisque cette dernière fonction calcule deux valeurs, les arguments mois et jour seront des pointeurs :

```
mois_jour(1988, 60, &m, &d)
```

affecte 2 à `m` et 29 à `d` (29 février).

Ces deux fonctions ont besoin des mêmes informations : une table contenant le nombre de jours de chaque mois («il y a trente jours en septembre ...»). Puisque le nombre de jours par mois est différent entre les années bissextiles et non bissextiles, il est plus facile de les séparer en deux lignes dans un tableau à deux dimensions que d'essayer de tenir compte du cas du mois de février pendant le calcul. Le tableau et les fonctions servant à effectuer ces transformations sont présentés ci-dessous :

```
static char tabjour[2][13] = {
    {0, 31, 28, 31, 30, 31, 30, 31, 31, 30, 31, 30, 31},
    {0, 31, 29, 31, 30, 31, 30, 31, 31, 30, 31, 30, 31}
};
```

```
/* jour_annee :  donne le jour de l'année à partir du
                 mois et du quantième */
int jour_annee(int annee, int mois, int jour)
{
    int i, bis;
    bis = annee%4 == 0 && annee%100 != 0 || annee%400 == 0;
    for (i = 1; i < mois; i++)
        jour += tabjour[bis][i];
    return jour;
}

/* mois_jour : donne le mois et le quantième à partir
               du jour de l'année */
void mois_jour(int annee, int jourannee,
               int *pmois, int *pjour)
{
    int i, bis;

    bis = annee%4 == 0 && annee%100 != 0 || annee%400 == 0;
    for (i = 1; jourannee > tabjour[bis][i]; i++)
        jourannee -= tabjour[bis][i];
    *pmois = i;
    *pjour = jourannee;
}
```

Il faut garder à l'esprit que la valeur mathématique d'une expression logique telle que celle utilisée pour `bis`, vaut soit zéro (fausse) soit un (vraie) ; elle peut donc servir d'indice au tableau `tabjour`.

Le tableau `tabjour` doit être à la fois externe à la fonction `jour_annee` et à la fonction `mois_jour` pour que toutes les deux puissent l'utiliser. Nous avons choisi le type `char` pour ce tableau de façon à illustrer une utilisation valable de ce type pour stocker des entiers autres que des caractères.

`tabjour` est le premier tableau à deux dimensions que nous manipulons. En C, un tableau à deux dimensions est en fait un tableau à une dimension dont chaque élément est un tableau. C'est pourquoi les indices s'écrivent ainsi

```
tabjour[i][j]      /* [lig][col] */
```

et non

```
tabjour[i,j]       /* ERREUR */
```

Hormis cette distinction de notation, un tableau à deux dimensions se traite de la même façon que dans les autres langages. Les éléments sont rangés par lignes de telle manière que l'indice situé le plus à droite appelé colonne varie plus vite lorsque l'on accède aux éléments dans l'ordre de mémorisation.

Un tableau s'initialise par une liste de valeurs entre accolades ; chaque ligne d'un tableau bidimensionnel s'initialise par une sous-liste correspondante. Nous commençons le tableau `tabjour` par une colonne de zéros afin que les numéros de mois puissent varier de 1 à 12 au lieu de 0 à 11. Puisque nous n'avons pas de problème de place ici, ceci est plus clair que d'ajuster les indices.

Si l'on doit passer un tableau à deux dimensions en argument à une fonction, il faut préciser le nombre de colonnes au niveau de la déclaration du paramètre ; le nombre de lignes est sans importance puisque ce que l'on passe en argument est, comme précédemment, un pointeur sur un tableau de lignes dans lequel chaque ligne est un tableau de 13 `ints`. Dans ce cas particulier, c'est un pointeur sur des objets qui sont des tableaux de 13 `ints`. Par conséquent, si l'on doit passer le tableau `tabjour` en argument à la fonction `f`, la déclaration de `f` peut être

```
f(int tabjour[2][13]) { ... }
```

Elle pourrait être également

```
f(int tabjour[][13]) { ... }
```

puisque le nombre de lignes est sans importance, et elle pourrait encore être

```
f(int (*tabjour)[13]) { ... }
```

qui signifie que le paramètre est un pointeur sur un tableau de 13 entiers. Les parenthèses sont nécessaires puisque les crochets `[]` sont plus prioritaires que `*`. Sans les parenthèses, la déclaration

```
int *tabjour[13]
```

désigne un tableau constitué de 13 pointeurs d'entiers. Plus généralement, seule la première dimension (indice) d'un tableau est libre ; on doit spécifier toutes les autres .

Nous présenterons plus en détail les déclarations complexes à la section 5.12.

**Exercice 5-8.** Il n'y a aucun test d'erreur dans les fonctions `jour_annee` et `mois_jour`. Remédiez à ce défaut.

## 5.8 L'initialisation des tableaux de pointeurs

Considérons le problème de l'écriture de la fonction `nom_mois(n)` qui retourne un pointeur sur une chaîne de caractères contenant le nom du `n`-ième mois. C'est l'application idéale pour utiliser un tableau interne de classe `static`. `nom_mois` contient un tableau privé de chaînes de caractères et retourne, lorsqu'on l'appelle, un pointeur sur la chaîne appropriée. Cette section montre comment on initialise ce tableau de noms.

La syntaxe est équivalente à celle utilisée pour les initialisations précédentes :

```
/* nom_mois :  retourne le nom du n-ième mois */
char *nom_mois(int n)
{
    static char *nom[] = {
        "Mois incorrect",
        "Janvier", "Février", "Mars",
        "Avril", "Mai", "Juin",
        "Juillet", "Août", "Septembre",
        "Octobre", "Novembre", "Décembre"
    };

    return (n < 1 || n > 12) ? nom[0] : nom[n];
}
```

La déclaration de `nom`, qui est un tableau de pointeurs de caractères, est la même que pour `ptrlig` dans le programme de tri donné en exemple. L'initialisation s'effectue à l'aide d'une liste de chaînes de caractères ; on affecte chacune d'elles à la position correspondante dans le tableau. Les caractères de la `i`-ème chaîne sont placés quelque part et le pointeur sur cette chaîne est stocké dans `nom[i]`. Puisque la taille du tableau `nom` n'est pas indiquée, c'est le compilateur lui-même qui compte le nombre de valeurs d'initialisation et les affecte correctement.

## 5.9 Comparaison entre les pointeurs et les tableaux multi-dimensionnels

Les débutants en C sont parfois troublés par la différence entre un tableau à deux dimensions et un tableau de pointeurs tel que `nom` dans l'exemple précédent. Etant données les définitions suivantes :

```
int a[10][20];
int *b[10];
```

`a[3][4]` et `b[3][4]` sont toutes les deux des références correctes à un simple `int`. Mais `a` constitue un vrai tableau bidimensionnel : 200 emplacements de la taille d'un `int` ont été réservés et on utilise la méthode conventionnelle de calcul d'indice dans un tableau rectangulaire 20**ligne+col* pour trouver l'élément `a[`*ligne*`][`*col*`]`. Cependant, en ce qui concerne `b`, la définition ne permet d'allouer que 10 pointeurs et ne les initialise pas ; il faut les initialiser explicitement, soit en statique soit dans le code. Si l'on suppose que chaque élément de `b` pointe sur un tableau de vingt éléments, alors il y aura 200 `int`s réservés, plus dix cellules pour les pointeurs. Le gros avantage du tableau de pointeurs est que les lignes du tableau peuvent être de longueurs différentes, c'est-à-dire qu'il n'est pas nécessaire que chaque élément de `b` pointe sur un vecteur de vingt éléments ; certains peuvent pointer sur deux éléments, d'autres sur cinquante et encore d'autres sur aucun.

Bien que nous n'ayons parlé que du cas des nombres entiers, l'utilisation de loin la plus fréquente des tableaux de pointeurs est le stockage de chaînes de caractères de longueurs diverses, comme dans la fonction `nom_mois`. Comparez la déclaration et le schéma représentatif d'un tableau de pointeurs :

```
char *nom[] = { "Mois incorrect", "Jan", "Fev", "Mar" };
```

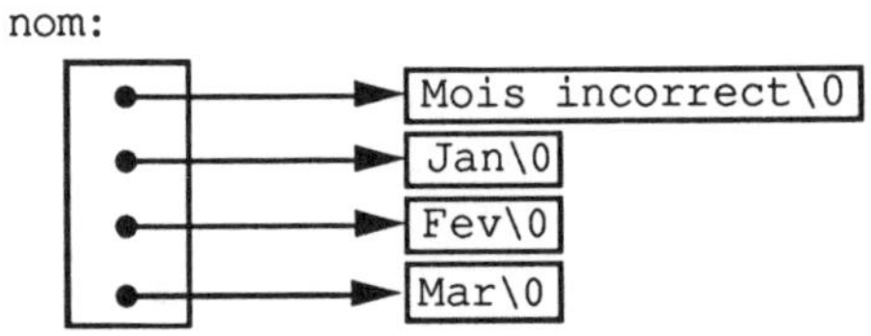


avec ceux d'un tableau à deux dimensions :

```
char unnom[][15] = { "Mois incorrect", "Jan", "Fev", "Mar" };
```

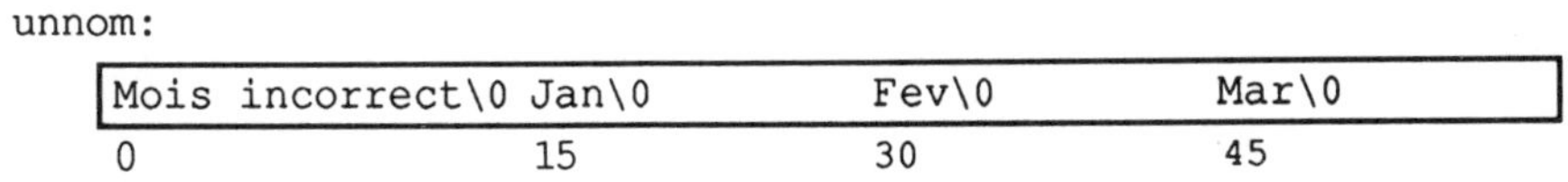

**Exercice 5-9.** Réécrivez les fonctions `jour_annee` et `mois_jour` en utilisant des pointeurs au lieu des indices.

## 5.10 Les arguments de la ligne de commande

Dans les environnements utilisant le C, il existe un moyen pour transmettre des arguments de la ligne de commandes ou des paramètres à un programme, au début de son exécution. Quand on appelle `main`, deux arguments lui sont passés. Le premier (baptisé conventionnellement `argc` signifiant nombre d'arguments — *argument count*) représente le nombre d'arguments de la ligne de commande qui a appelé le programme ; le second (`argv`, signifiant vecteur d'arguments — *argument vector*) est un pointeur sur un tableau de chaînes de caractères qui contiennent les arguments, à raison de un par chaîne. Nous utilisons habituellement plusieurs niveaux de pointeurs pour manipuler ces chaînes de caractères.

Le programme `echo` qui répète simplement ses arguments de la ligne de commande sur une seule ligne en les séparant par des espaces, constitue l'illustration la plus simple de ce mécanisme. Ainsi, la commande

```
echo bonjour, maître
```

affiche en sortie

```
bonjour, maître
```

Par convention, `argv[0]` est le nom par lequel le programme a été appelé et, par conséquent, `argc` vaut au moins 1. Si `argc` vaut 1, cela signifie qu'il n'y a aucun argument après le nom du programme sur la ligne de commande. Dans l'exemple ci-dessus, `argc` vaut 3 et `argv[0]`, `argv[1]` et `argv[2]` valent respectivement `"echo"`, `"bonjour,"` et `"maître"`. Le premier argument optionnel est `argv[1]` et le dernier est `argv[argc-1]` ; de plus, la norme spécifie que `argv[argc]` doit être un pointeur nul.

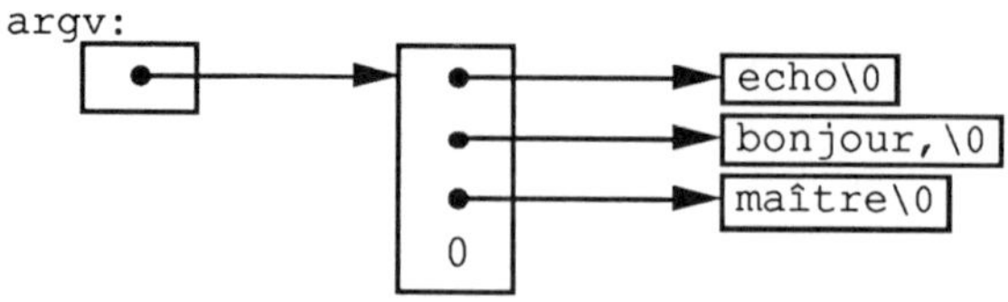


La première version de `echo` utilise `argv` comme un tableau de pointeurs de caractères :

```
#include <stdio.h>

/* écho des arguments de la ligne de commande ; version 1 */
main(int argc, char *argv[])
{
    int i;

    for (i = 1; i < argc; i++)
        printf("%s%s", argv[i], (i < argc-1) ? " " : "");
    printf("\n");
    return 0;
}
```

Puisque `argv` est un pointeur sur un tableau de pointeurs, nous pouvons manipuler le pointeur au lieu d'indexer le tableau. La variante suivante de `echo` se fonde sur l'incrémentation de `argv`, qui`est un pointeur sur un pointeur de `char`, pendant que l'on décrémente `argc` :

```
#include <stdio.h>

/* écho des arguments de la ligne de commande ; version 2 */
main(int argc, char *argv[])
{
    while (--argc > 0)
        printf("%s%s", *++argv, (argc > 1) ? " " : "");
    printf("\n");
    return 0;
}
```

Comme `argv` pointe sur le début du tableau constitué de chaînes de caractères, son incrémentation (`++argv`) le fait pointer au départ sur `argv[1]` plutôt que sur `argv[0]`. Chacune des incrémentations successives le fait avancer vers l'argument suivant ; `*argv` représente alors le pointeur sur cet argument. En même temps, `argc` est décrémenté ; quand il atteint zéro, il ne reste plus d'arguments à afficher.

De même, nous pourrions écrire l'instruction `printf` ainsi :

```
printf((argc > 1) ? "%s " : "%s", *++argv);
```

Ceci montre que l'argument de format de `printf` peut aussi être une expression.

Pour prendre un second exemple, nous allons améliorer le programme de recherche suivant un modèle de la section 4.1. Si vous vous en souvenez, nous avions intégré le modèle de la recherche à l'intérieur du programme, ce qui n'était évidemment pas satisfaisant. Aussi, en s'inspirant du programme `grep` d'UNIX, nous allons modifier ce programme de sorte que le modèle à rechercher soit spécifié par le premier argument de la ligne de commande.

```
#include <stdio.h>
#include <string.h>
#define MAXLIGNE 1000

int lireligne(char *ligne, int max);

/* trouver : affiche les lignes qui contiennent
            le modèle donné en premier argument */
main(int argc, char *argv[])
{
    char ligne[MAXLIGNE];
    int trouvees = 0;

    if (argc != 2)
        printf("Usage : trouver modèle\n");
    else
        while (lireligne(ligne, MAXLIGNE) > 0)
            if (strstr(ligne, argv[1]) != NULL) {
                printf("%s", ligne);
                trouvees++;
            }
    return trouvees;
}
```

La fonction de la bibliothèque standard `strstr(s,t)` retourne un pointeur sur la première occurrence de la chaîne de caractères `t` dans la chaîne `s`, ou `NULL` si `s` ne contient pas `t`. Elle est déclarée dans `<string.h>`.

On peut maintenant développer cet exemple pour illustrer l'utilisation de constructions plus sophistiquées avec les pointeurs. Supposons que nous voulions autoriser deux arguments optionnels, l'un pour dire d'«afficher toutes les lignes *sauf* celles qui contiennent le modèle», l'autre pour dire de «faire précéder chaque ligne affichée de son numéro de ligne».

Sur les systèmes UNIX, on utilise couramment dans les programmes C une convention qui précise qu'un argument commençant par un signe moins signale un indicateur ou un paramètre optionnel. Si nous choisissons `-x` (pour «à l'exception de») pour signaler l'inversion et `-n` («numéro») pour demander l'affichage des numéros de lignes, alors la commande

`trouver -x -n` *modèle*

affichera chaque ligne ne contenant pas le modèle, précédée de son numéro de ligne.

L'ordre d'apparition des arguments optionnels doit pouvoir être quelconque et le reste du programme doit être indépendant du nombre d'arguments fournis. De plus, il est pratique de permettre aux utilisateurs de rassembler les arguments optionnels comme dans la ligne de commande

`trouver -xn` *modèle*

Voici le programme :

```
#include <stdio.h>
#include <string.h>
#define MAXLIGNE 1000

int lireligne(char *ligne, int max);

/* trouver : affiche les lignes qui contiennent
             le modèle donné en premier argument */
main(int argc, char *argv[])
{
    char ligne[MAXLIGNE];
    lgr numligne = 0;
    int c, sauf = 0, numero = 0, trouvees = 0;

    while (--argc > 0 && (*++argv)[0] == '-')
        while (c = *++argv[0])
            switch (c) {
            case 'x' :
                sauf = 1;
                break;
            case 'n' :
                numero = 1;
                break;
            default :
                printf("trouver : option interdite %c\n",c)
                argc = 0;
                trouvees = -1;
                break;
            }
```

```
        if (argc != 1)
            printf("Usage : trouver -x -n modele\n");
        else
            while (lireligne(ligne, MAXLIGNE) > 0) {
                numligne++;
                if ((strtstr(ligne, *argv) != NULL) != sauf) {
                    if (numero)
                        printf("%ld :",numligne);
                    printf("%s", ligne);
                    trouvees++;
                }
            }
        return trouvees;
    }
```

Avant chaque argument optionnel, `argc` est décrémenté et `argv` est incrémenté. A la fin de la boucle, s'il n'y a pas d'erreur, `argc` indique le nombre d'arguments restant à traiter et `argv` pointe sur le premier d'entre eux. Par conséquent, `argc` doit être égal à 1 et `*argv` pointer sur le modèle. Remarquez que `*++argv` est un pointeur sur une chaîne de caractères passée en argument ; ainsi `(*++argv)[0]` désigne son premier caractère. (Une forme équivalente correcte serait `**++argv`.) Comme les crochets `[]` sont plus prioritaires que `*` et `++`, les parenthèses sont nécessaires ; sans elles, l'expression serait équivalente à `*++(argv[0])`. En fait, c'est ce que nous utilisons dans la boucle interne, où le but est de parcourir une chaîne de caractères spécifique. Dans la boucle interne, l'expression `*++argv[0]` incrémente le pointeur `argv[0]` !

On utilise rarement des expressions à pointeurs plus compliquées que celles-ci ; si le besoin s'en fait sentir, il vaut mieux les séparer en deux ou trois morceaux, ce qui est plus intuitif.

**Exercice 5-10.** Ecrivez le programme `expr` qui évalue une expression écrite en notation polonaise inversée dans la ligne de commande, où chaque opérateur ou opérande est un argument distinct. Par exemple,

```
expr  2  3  4  +  *
```

calcule la valeur de `2 * (3+4)`.

**Exercice 5-11.** Modifiez les programmes `tabuler` et `detabuler` (écrits comme exercices au chapitre 1) afin qu'ils acceptent une liste de taquets de tabulation en arguments. Utiliser la pose de tabulations par défaut s'il n'y a pas d'arguments.

**Exercice 5-12.** Etendez les programmes `tabuler` et `detabuler` de sorte qu'ils acceptent des notations abrégées telles que

`tabuler` *-m +n*

signifiant que les taquets de tabulation commencent à la colonne *m* et sont espacés de *n* colonnes. Choisissez le fonctionnement par défaut le plus pratique (pour l'utilisateur).

**Exercice 5-13.** Ecrivez le programme `fin` qui affiche les *n* dernières lignes du flot d'entrée. Supposons que *n* soit égal à 10 par défaut mais il sera possible de changer cette valeur à l'aide d'un argument optionnel ; ainsi

```
fin -n
```

affichera les *n* dernières lignes. Le programme doit se comporter de manière rationnelle en cas de valeurs déraisonnables de l'entrée ou de la valeur de *n*. Ecrivez ce programme de sorte qu'il fasse le meilleur usage possible de la mémoire disponible ; les lignes devront être stockées comme dans le programme de tri de la section 5.6 et non dans un tableau à deux dimensions de taille fixe.

## 5.11 Les pointeurs de fonctions

En C, une fonction elle-même n'est pas une variable mais il est possible de définir des pointeurs de fonctions que l'on peut affecter, placer dans des tableaux, passer en argument à des fonctions, faire retourner par des fonctions, et ainsi de suite. Nous illustrerons ceci en modifiant le programme de tri écrit précédemment dans ce chapitre afin que, dans le cas où l'on donne l'argument optionnel `-n`, il range les lignes en entrée par ordre numérique et non par ordre lexicographique.

Un tri se décompose souvent en trois parties — une comparaison qui détermine l'ordre de deux objets quelconques, une permutation qui permet de les échanger le cas échéant et un algorithme de tri qui effectue les comparaisons et les permutations jusqu'à ce que les objets soient dans l'ordre voulu. L'algorithme de tri est indépendant des opérations de comparaison et de permutation ; ainsi, en utilisant différentes fonctions de comparaison et de permutation, on peut s'arranger pour trier suivant différents critères. C'est l'approche que nous avons utilisée pour notre nouveau tri.

La comparaison lexicographique entre deux lignes est réalisée par `strcmp`, comme précédemment ; nous avons également besoin d'une fonction `numcmp` qui compare deux lignes selon leur valeur numérique et retourne le même genre d'indication que `strcmp`. Ces fonctions sont déclarées avant `main` et on passe en argument à `trirapide` un pointeur sur la fonction appropriée. Nous n'avons pas beaucoup prêté attention au traitement des erreurs sur les arguments afin de nous concentrer sur les questions principales.

```
#include <stdio.h>
#include <string.h>

#define MAXLIGNES 5000  /* nombre de lignes max à trier */
char *ptrligne[MAXLIGNES];
                   /* pointeurs sur les lignes de texte */

int lirelignes(char *ptrligne[], int nlignes);
void ecrirelignes(char *ptrligne[], int nlignes);

void trirapide(void *ptrligne[], int gauche, int droite,
               int (*comp)(void *, void *));
int numcmp(char *, char *);

/* trie les lignes en entrée */
main(int argc, char *argv[])
{
    int nlignes;      /* nombre de lignes lues en entrée */
    int numerique = 0;            /* 1 si tri numerique */
```

```
        if (argc > 1 && strcmp(argv[1], "-n") == 0)
            numerique = 1;
        if ((nlignes = lirelignes(ptrligne, MAXLIGNE)) >= 0) {
            trirapide( (void **) ptrligne, 0, nlignes-1,
                       (int (*)(void *, void *))
                           (numerique ? numcmp : strcmp) );
            ecrirelignes(ptrligne, nlignes);
            return 0;
        } else {
            printf("entrée trop grande pour trier\n");
            return 1;
        }
    }
```

Dans l'appel à `trirapide`, `strcmp` et `numcmp` sont des adresses de fonctions. Puisque le programme sait que ce sont des fonctions, il est inutile d'employer l'opérateur `&`, de la même façon que son usage est superflu devant un nom de tableau.

Nous avons écrit `trirapide` de manière à pouvoir manipuler n'importe quel type de données, pas seulement des chaînes de caractères. Comme le prototype de la fonction l'indique, `trirapide` attend un tableau de pointeurs, deux entiers et une fonction avec deux pointeurs en arguments. On utilise le type de pointeur générique `void *` pour les pointeurs en arguments. Tout pointeur peut être converti en `void *` et être reconverti en son type d'origine sans perte d'informations ; ainsi nous pouvons appeler `trirapide` en convertissant explicitement des arguments en `void *`. Le «cast» utilisé pour la fonction passée en argument permet le changement de type des arguments de la fonction de comparaison. Ceux-ci n'auront en général aucun effet sur la représentation réelle mais assurent au compilateur qu'il n'y a pas de problème.

```
/* trirapide : trie v[gauche]...v[droite]
               dans l'ordre croissant */
void trirapide(void *v[], int gauche, int droite,
               int (*comp)(void *, void *))
{
    int i, dernier;
    void echanger(void *v[], int, int);

    if (gauche >= droite)          /* ne rien faire si le */
        return;     /* tableau contient moins de 2 élts */
    echanger(v, gauche, (gauche + droite)/2);
    dernier = gauche;
    for (i = gauche+1; i <= droite; i++)
        if ((*comp)(v[i], v[gauche]) < 0)
            echanger(v, ++dernier, i);
    echanger(v, gauche, dernier);
    trirapide(v, gauche, dernier-1, comp);
    trirapide(v, dernier+1, droite, comp);
}
```

Il faut étudier les déclarations avec beaucoup de soin. Le quatrième paramètre de `trirapide` est

```
int (*comp)(void *, void *)
```

ce qui indique que comp est un pointeur de fonction qui a deux arguments de type void * et qui retourne un int.

L'utilisation de comp dans la ligne

```
if ((*comp)(v[i], v[gauche]) < 0)
```

est cohérente avec la déclaration : comp est un pointeur de fonction, *comp est la fonction et

```
(*comp)(v[i], v[gauche])
```

constitue l'appel à cette fonction. Les parenthèses sont nécessaires pour que tous les éléments soient correctement associés ; en effet, sans elles,

```
int *comp(void *, void *)       /* ERREUR */
```

signifie que comp est une fonction qui retourne un pointeur sur un int, ce qui est très différent.

Nous avons déjà présenté strcmp, qui compare deux chaînes de caractères. Voici numcmp, qui compare deux chaînes de caractères suivant la valeur numérique figurant en tête, calculée en appelant atof :

```
#include <math.h>

/* numcmp : compare numériquement s1 et s2 */
int numcmp(char *s1, char *s2)
{
    double v1, v2;

    v1 = atof(s1);
    v2 = atof(s2);
    if (v1 < v2)
        return -1;
    else if (v1 > v2)
        return 1;
    else
        return 0;
}
```

La fonction echanger, qui permute deux pointeurs, est identique à celle que nous avons présentée précédemment dans ce chapitre, mis à part que les déclarations ont été changées en void *.

```
void echanger(void *v[], int i, int j)
{
    void *temp;

    temp = v[i];
    v[i] = v[j];
    v[j] = temp;
}
```

On peut ajouter un grand nombre d'autres options au programme de tri ; certaines constituent d'excellents exercices.

**Exercice 5-14.** Modifiez le programme de tri pour traiter un indicateur `-i` qui demande un tri par ordre inverse (décroissant). Assurez-vous que `-i` fonctionne bien avec `-n`.

**Exercice 5-15.** Ajoutez l'option `-m` qui rassemble les majuscules et les minuscules de sorte qu'aucune distinction ne soit faite entre elles lors du tri ; par exemple, les lettres `a` et `A` sont considérées comme égales.

**Exercice 5-16.** Ajoutez l'option `-d` («ordre du dictionnaire»), qui n'effectue les comparaisons que sur les lettres, les nombres et les espaces. Assurez-vous que cette option fonctionne bien avec l'option `-m`.

**Exercice 5-17.** Ajoutez la possibilité de travailler sur des champs, de telle façon que le tri puisse s'effectuer sur des champs à l'intérieur de chaque ligne, chaque champ étant trié suivant un ensemble indépendant d'options. (L'index de ce livre a été trié avec les options `-dm` pour la catégorie d'index et `-n` pour les numéros de page.)

## 5.12 Les déclarations complexes

On critique parfois sévèrement le C pour la syntaxe de ses déclarations, particulièrement celles qui comprennent des pointeurs de fonctions. Cette syntaxe a pour but d'accorder la déclaration et l'utilisation ; elle fonctionne bien dans les cas simples mais elle peut paraître confuse dans les cas plus complexes, du fait qu'on ne peut pas lire les déclarations de gauche à droite et qu'on emploie beaucoup de parenthèses. La différence entre

```
int *f();        /* f : fonction retournant
                       un pointeur sur un int */
```

et

```
int (*pf)();     /* pf : pointeur sur une fonction
                         retournant un int */
```

illustre ce problème : `*` est un opérateur utilisé en préfixe et il a une priorité plus faible que `()` ; c'est pourquoi les parenthèses sont nécessaires pour forcer l'association correcte.

Bien que les déclarations vraiment complexes se rencontrent rarement dans la pratique, il est important de les comprendre et, si nécessaire, de pouvoir les créer. Un bon moyen de réaliser ces déclarations est d'opérer par petites étapes en utilisant `typedef`, dont nous parlerons à la section 6.7. Comme alternative, nous allons présenter dans cette section deux programmes qui convertissent du code C correct en une description verbale et vice-versa. La description verbale se lit de gauche à droite.

Le premier, `dcl` (signifiant déclarateur) est le plus complexe. Il convertit une déclaration C en une description verbale comme dans ces exemples :

```
char **argv
    argv : pointeur sur pointeur sur char
int (*tabjour)[13]
    tabjour : pointeur sur tableau[13] de int
int *tabjour[13]
    tabjour : tableau[13] de pointeur sur int
void *comp()
    comp : fonction retournant pointeur sur void
void (*comp)()
    comp : pointeur sur fonction retournant void
char (*(*x())[])()
    x : fonction retournant pointeur sur tableau[] de
    pointeur sur fonction retournant char
char (*(*x[3])())[5]
    x : tableau[3] de pointeur sur fonction retournant
    pointeur sur tableau[5] de char
```

`dcl` se fonde sur la grammaire qui spécifie un déclarateur ; celle-ci est décrite précisément à l'annexe A, section 8.5 ; en voici une forme simplifiée :

| | |
|---|---|
| *dcl :* | * *éventuelles déclarateur-absolu* |
| *dcl-absolu :* | *nom* |
| | ( *dcl* ) |
| | *dcl-absolu* () |
| | *dcl-absolu* [ *taille éventuelle* ] |

Littéralement, un *dcl* est un *dcl-absolu*, éventuellement précédé par des `*`. Un *dcl-absolu* est un nom, un *dcl* entre parenthèses, un *dcl-absolu* suivi de parenthèses ou un *dcl-absolu* suivi de crochets contenant éventuellement une taille.

Cette grammaire peut servir à analyser les déclarations. Considérons par exemple

```
(*tpf[])()
```

Dans ce déclarateur, on identifiera `tpf` comme un nom et par conséquent comme un *dcl-absolu*. Alors `tpf[]` est également un *dcl-absolu*. Ensuite, `*tpf[]` est reconnu comme un *dcl* et ainsi `(*tpf[])` est un *dcl-absolu*. Alors, `(*tpf[])()` est un *dcl-absolu*, et donc un *dcl*. Nous pouvons également illustrer cette analyse par un arbre d'analyse comme celui-ci (où *dcl-absolu* est abrégé par *dcl-abs*) :

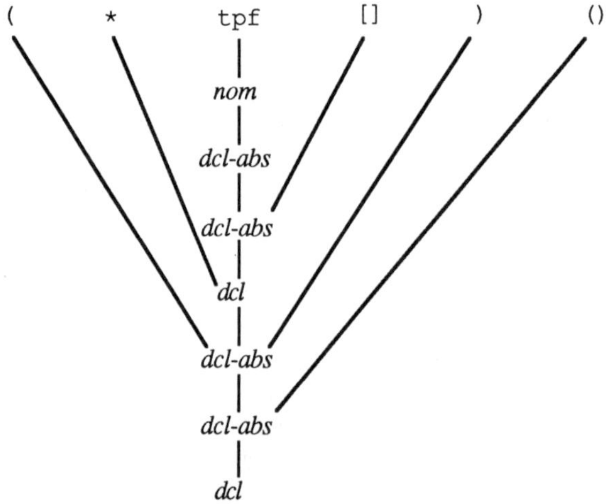

Le coeur du programme `dcl` se compose de deux fonctions, `dcl` et `dclabs` qui analysent une déclaration en fonction de cette grammaire. Comme la grammaire est définie de façon récursive, les fonctions s'appellent les unes les autres récursivement lorsqu'elles reconnaissent des parties d'une déclaration ; on appelle ce programme un analyseur à descente récursive.

```
/* dcl : analyse un déclarateur */
void dcl(void)
{
    int ne;
    for (ne = 0; lirelex() == '*'; )  /* compte les *. */
        ne++;
    dclabs();
    while (ne-- > 0)
        strcat(sortie, " pointeur sur");
}

/* dclabs : analyse un déclarateur absolu */
void dclabs(void)
{
    int type;

    if (typelex == '(') {             /* ( dcl ) */
        dcl();
        if (typelex != ')')
            printf("erreur : ) manquante\n");
    } else if (typelex == NOM)        /* nom de variable */
        strcpy(nom, lex);
    else
        printf("erreur : on attend un nom ou (dcl)\n");
    while ((type=lirelex()) == PARENS || type == CROCHETS)
        if (type == PARENS)
            strcat(sortie, " fonction retournant");
        else {
            strcat(sortie, " tableau");
            strcat(sortie, lex);
            strcat(sortie, " de");
        }
}
```

Puisque nos programmes sont censés être illustratifs et non être à toute épreuve, `dcl` possède d'importantes restrictions. Il ne peut manipuler que des données simples telles que `char` ou `int`. Il ne prend pas en compte les types des arguments des fonctions, ni les qualificatifs comme `const`. Les faux espaces le contrarient. Il ne sait pas détecter beaucoup d'erreurs ; par conséquent, des déclarations incorrectes le contrarieront également. Ces améliorations pourront tenir lieu d'exercices.

Voici les variables globales et le programme principal :

```
#include <stdio.h>
#include <string.h>
#include <ctype.h>

#define  MAXLEX  100

enum { NOM, PARENS, CROCHETS };
```

```
void dcl(void);
void dclabs(void);

int lirelex(void);
int typelex;           /* type du dernier lexème */
char lex[MAXLEX];      /* chaîne contenant le dernier lexème */
char nom[MAXLEX];      /* nom de l'identificateur */
char type[MAXLEX];     /* type de donnée = char, int, etc. */
char sortie[100];      /* chaîne de sortie */

main()  /* convertit une déclaration */
{       /* en une decription verbale */
    while (lirelex() != EOF) { /* le premier lexème de la */
        strcpy(type, lex); /* ligne est le type de donnée */
        sortie[0] = '\0';
        dcl();             /* analyse le reste de la ligne */
        if (typelex != '\n')
            printf("erreur de syntaxe\n");
        printf("%s : %s %s\n", nom, sortie, type);
    }
    return 0;
}
```

La fonction `lirelex` saute les espaces et les tabulations, puis trouve le lexème suivant en entrée ; un «lexème» est un nom, une paire de parenthèses, une paire de crochets comprenant éventuellement un nombre ou tout autre caractère isolé.

```
int lirelex(void)  /* retourne le lexème suivant */
{
    int c, lirecar(void);
    void remettrecar(int);
    char *p = lex;

    while ((c = lirecar()) == ' ' || c == '\t')
        ;
    if (c == '(') {
        if ((c = lirecar()) == ')') {
            strcpy(lex, "()");
            return typelex = PARENS;
        } else {
            remettrecar(c);
            return typelex = '(';
        }
    } else if (c == '[') {
        for (*p++ = c; (*p++ = lirecar()) != ']'; )
            ;
        *p = '\0';
        return typelex = CROCHETS;
    } else if (isalpha(c)) {
        for (*p++ = c; isalnum(c = lirecar()); )
            *p++ = c;
        *p = '\0';
        remettrecar(c);
        return typelex = NOM;
    } else
        return typelex = c;
}
```

Les fonctions `lirecar` et `remettrecar` ont été présentées au chapitre 4.

Il est plus facile d'aller dans l'autre sens, surtout si l'on ne se soucie pas d'une génération redondante de parenthèses. Le programme `invdcl` convertit une description verbale telle que « `x` est une fonction retournant un pointeur sur un tableau de pointeurs de fonctions retournant un `char` », que nous allons énoncer de la façon suivante

```
x  ()  *  []  *  ()  char
```

qui devient

```
char (*(*x())[])()
```

La syntaxe abrégée d'entrée nous permet de réutiliser la fonction `lirelex`. `invdcl` utilise également les mêmes variables externes que `dcl`.

```
/* invdcl : convertit une description verbale
            en une déclaration */
main()
{
    int type;
    char temp[MAXLEX];

    while (lirelex() != EOF) {
        strcpy(sortie, lex);
        while ((type = lirelex()) != '\n')
            if (type == PARENS || type == CROCHETS)
                strcat(sortie, lex);
            else if (type == '*') {
                sprintf(temp, "(*%s)", sortie);
                strcpy(sortie, temp);
            } else if (type == NOM) {
                sprintf(temp, "%s %s", lex, sortie);
                strcpy(sortie, temp);
            } else
                printf("entrée incorrecte à partir de %s\n",
                       lex);
        printf("%s\n", sortie);
    }
    return 0;
}
```

**Exercice 5-18.** Faites en sorte que `dcl` gère les erreurs d'entrée.

**Exercice 5-19.** Modifiez `invdcl` de sorte qu'il n'ajoute pas de parenthèses inutiles aux déclarations.

**Exercice 5-20.** Etendez les possibilités de `dcl` de façon à prendre en compte les déclarations comportant des types d'arguments de fonction, des qualificatifs tels que `const`, et ainsi de suite.

# CHAPITRE 6 : **Les structures**

Une structure rassemble une ou plusieurs variables, qui peuvent être de types différents, que l'on regroupe sous un seul nom pour les manipuler facilement. (Les structures s'appellent «enregistrements» *(«records»)* dans d'autres langages, notamment en Pascal.) Les structures servent à organiser des données compliquées, en particulier dans de longs programmes, parce qu'elles permettent de traiter un groupe de variables liées entre elles comme un tout et non comme des entités séparées.

Un exemple traditionnel de structure est l'enregistrement des données d'une feuille de paie : un employé est décrit par un ensemble d'attributs tels que son nom, son adresse, son numéro de sécurité sociale, son salaire, etc. A leur tour, certains de ces attributs peuvent être des structures : un nom est composé de plusieurs éléments, ainsi qu'une adresse et même un salaire. Un autre exemple, plus typique du langage C, vient du graphisme : un point est une paire de coordonnées, un rectangle une paire de points et ainsi de suite.

Le principal changement apporté par la norme ANSI est de définir l'affectation de structures — on peut copier les structures, les affecter, les passer en arguments à des fonctions et les faire retourner par des fonctions. La plupart des compilateurs offrent ces possibilités depuis des années, mais leurs propriétés sont maintenant définies avec précision. On peut désormais initialiser aussi les structures automatiques et les tableaux.

## 6.1 Les principes fondamentaux des structures

Créons quelques structures appropriées au graphisme. L'objet de base est le point que nous supposerons représenté par des coordonnées $x$ et $y$ entières.

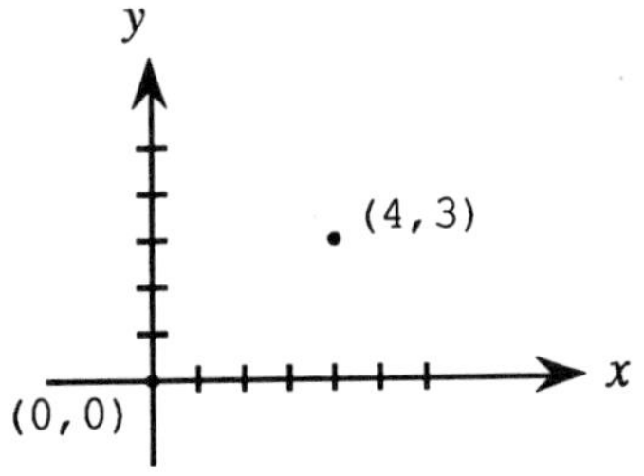

On peut mettre ses deux composantes dans une structure déclarée ainsi :

```
struct point {
    int x;
    int y;
};
```

Le mot-clé `struct` indique une déclaration de structure constituée d'une liste de déclarations entre accolades. On peut ajouter éventuellement un nom baptisé *étiquette de structure (structure tag)* juste derrière le mot `struct` (comme `point` dans notre exemple). L'étiquette donne un nom à ce genre de structure et peut servir ensuite de notation abrégée pour représenter la partie de la déclaration entre accolades.

Les variables mentionnées dans une structure s'appellent des *membres*. Un membre ou une étiquette de structure peut avoir, sans aucun problème, le même nom qu'une variable ordinaire (c'est-à-dire n'appartenant pas à une structure) puisqu'on peut toujours les différencier d'après le contexte. De plus, on peut rencontrer le même nom de membre dans différentes structures bien qu'au point de vue du style, il soit souhaitable de n'employer les mêmes noms que pour des objets étroitement liés.

Une déclaration `struct` définit un type. L'accolade fermante qui termine la liste des membres peut être suivie d'une liste de variables, comme pour n'importe quel type de base. Ainsi,

```
struct { ... } x, y, z;
```

cst syntaxiquement analogue à

```
int x, y, z;
```

dans le sens où chaque instruction déclare `x`, `y` et `z` comme étant des variables du type indiqué et réserve l'espace mémoire qui leur est nécessaire.

Une déclaration de structure qui n'est pas suivie d'une liste de variables ne réserve pas de place mémoire ; elle décrit tout simplement le modèle ou la forme d'une structure. Toutefois, si cette déclaration comprend une étiquette de structure, celle-ci pourra être utilisée plus tard dans des définitions d'objets du type de cette structure. Par exemple, la déclaration ci-dessous de la structrure `point`,

```
struct point pt;
```

définit une variable `pt` qui est une structure de type `struct point`. On peut initialiser une structure en faisant suivre sa définition par une liste de valeurs initiales, chacune étant une expression constante correspondant à chaque membre :

```
struct point maxpt = { 320, 200 };
```

On peut également initialiser une structure automatique par affectation ou appel à une fonction retournant une structure de type approprié.

On peut faire référence dans une expression à un membre d'une structure donnée en utilisant une construction de la forme

*nom-de-structure* . *membre*

L'opérateur « . » associe le nom de la structure et le nom du membre. Par exemple, pour afficher les coordonnées du point `pt`, on écrira :

```
printf("%d,%d", pt.x, pt.y);
```

ou pour calculer la distance de l'origine (0,0) au point `pt`,

```
double dist, sqrt(double);

dist = sqrt((double)pt.x * pt.x + (double)pt.y * pt.y);
```

On peut imbriquer les structures. On peut par exemple représenter un rectangle par une paire de points désignant deux de ses coins diamétralement opposés :

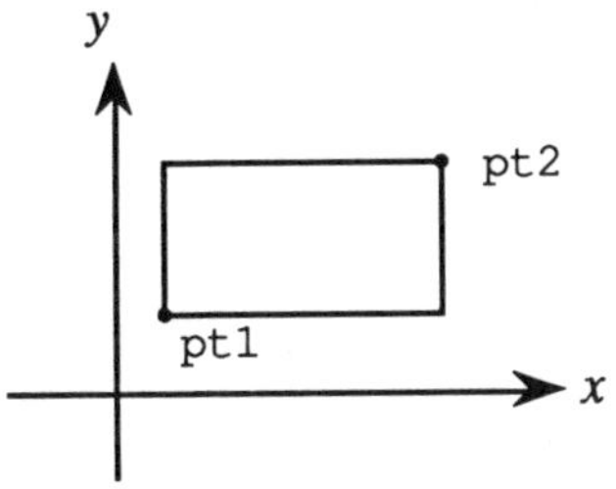


```
struct rect {
    struct point pt1;
    struct point pt2;
};
```

La structure `rect` contient deux structures `point`. Si l'on déclare `ecran` ainsi :

```
struct rect ecran;
```

alors

```
ecran.pt1.x
```

désigne la coordonnée `x` du membre `pt1` de `ecran`.

## 6.2 Les structures et les fonctions

Les seules opérations autorisées sur une structure sont la copie ou l'affectation en la considérant comme un tout, la récupération de son adresse au moyen de l'opérateur `&`, et l'accès à ses membres. La copie et l'affectation des structures permettent de les passer en arguments, et également de les utiliser comme valeurs de retour de fonctions. On ne peut pas comparer des structures. On peut initialiser une structure par une liste de valeurs constantes correspondant aux différents membres ; on peut également initialiser une structure automatique par une affectation.

Examinons les structures en écrivant des fonctions qui manipulent des points et des rectangles. Il existe au moins trois approches possibles : passer en arguments les composantes séparément, la structure entière ou un pointeur sur cette structure. Chacune possède des avantages et des inconvénients.

La première fonction, `fabpoint`, va prendre deux entiers et retourner une structure `point` :

```
/* fabpoint : fabrique un point à partir de
              ses composantes x et y */
struct point fabpoint(int x, int y)
{
    struct point temp;

    temp.x = x;
    temp.y = y;
    return temp;
}
```

Remarquons qu'il n'y a aucun conflit entre le nom de l'argument et le membre portant le même nom ; au contraire, la réutilisation des mêmes noms met en évidence leurs rapports.

On peut maintenant utiliser `fabpoint` pour initialiser de façon dynamique une structure quelconque ou pour passer des structures en argument à une fonction :

```
struct rect ecran;
struct point milieu;
struct point fabpoint(int, int);

ecran.pt1 = fabpoint(0, 0);
ecran.pt2 = fabpoint(XMAX, YMAX);
milieu = fabpoint((ecran.pt1.x + ecran.pt2.x)/2,
                  (ecran.pt1.y + ecran.pt2.y)/2);
```

L'étape suivante consiste à réaliser un ensemble de fonctions effectuant des calculs sur les points. Par exemple,

```
/* addpoint : additionne deux points */
struct point addpoint(struct point p1, struct point p2)
{
    p1.x += p2.x;
    p1.y += p2.y;
    return p1;
}
```

Ici, à la fois les arguments et la valeur de retour sont des structures. Nous avons incrémenté les composantes de `p1` au lieu d'utiliser une variable temporaire explicite, afin de mettre en évidence le fait que les structures sont passées en arguments par valeur comme les variables d'autres types.

Pour prendre un autre exemple, la fonction `pt_dans_rect` teste si un point est situé à l'intérieur d'un rectangle ; dans cette fonction nous avons considéré, par convention, que les côtés bas et gauche font partie du rectangle mais pas les côtés haut et droit :

```
/* pt_dans_rect : retourne 1 si p est dans r, 0 sinon */
int pt_dans_rect(struct point p, struct rect r)
{
    return p.x >= r.pt1.x && p.x < r.pt2.x
        && p.y >= r.pt1.y && p.y < r.pt2.y;
}
```

On suppose également que le rectangle est représenté sous une forme standard dans laquelle les coordonnées de pt1 sont inférieures à celles de pt2. La fonction suivante met un rectangle sous cette forme canonique :

```
#define min(a, b) ((a) < (b) ? (a) : (b))
#define max(a, b) ((a) > (b) ? (a) : (b))

/* canonrect : met les coordonnées d'un rectangle
               sous forme canonique */
struct rect canonrect(struct rect r)
{
    struct rect temp;

    temp.pt1.x = min(r.pt1.x, r.pt2.x);
    temp.pt1.y = min(r.pt1.y, r.pt2.y);
    temp.pt2.x = max(r.pt1.x, r.pt2.x);
    temp.pt2.y = max(r.pt1.y, r.pt2.y);
    return temp;
}
```

Si l'on doit passer une structure de taille importante en argument à une fonction, il est généralement plus efficace de lui passer un pointeur plutôt que de copier la structure entière. Les pointeurs de structures sont semblables aux pointeurs de variables ordinaires. La déclaration

```
struct point *pp;
```

signifie que pp est un pointeur sur une structure de type struct point. Si pp pointe sur une structure point, *pp désigne cette structure, et (*pp).x et (*pp).y ses membres. Pour utiliser pp, nous pourrions écrire, par exemple,

```
struct point origine, *pp;

pp = &origine;
printf("l'origine est (%d,%d)\n", (*pp).x, (*pp).y);
```

Les parenthèses sont nécessaires dans (*pp).x parce que la priorité de l'opérateur . est supérieure à celle de *. L'expression *pp.x est équivalente à *(pp.x), ce qui n'est pas correct ici car x n'est pas un pointeur.

Les pointeurs de structures sont si fréquemment utilisés qu'il existe une notation abrégée. Si p est un pointeur sur une structure, alors

p->*membre-de-structure*

désigne le membre en question. (L'opérateur -> est constitué d'un signe moins immédiatement suivi par >.) Ainsi, nous pourrions écrire de manière équivalente

```
printf("l'origine est (%d,%d)\n", pp->x, pp->y);
```

Les opérateurs . et -> s'évaluent tous deux de gauche à droite ; donc, si nous avons

```
struct rect r, *pr = &r;
```

les quatre expressions suivantes sont alors équivalentes :

```
r.pt1.x
pr->pt1.x
(r.pt1).x
(pr->pt1).x
```

Les opérateurs sur les structures `.` et `->`, ainsi que les `()` des appels de fonctions et les `[]` des indices, sont les opérateurs les plus prioritaires et par conséquent, créent des liens très serrés. Par exemple, étant donnée la déclaration

```
struct {
    int lgr
    char *ch;
} *p;
```

alors

```
++p->lgr
```

incrémente `lgr`, mais pas `p`, parce que les parenthèses implicites se placent ainsi : `++(p->lgr)`. On peut utiliser des parenthèses pour forcer les niveaux de priorité : `(++p)->lgr` incrémente `p` avant d'accéder à `lgr` et `(p++)->lgr` l'incrémente après. (Dans ce dernier cas, les parenthèses ne sont pas nécessaires.)

De la même façon, `*p->ch` permet d'accéder à l'objet pointé par `ch` quel qu'il soit ; `*p->ch++` incrémente `ch` après avoir accédé à l'objet sur lequel il pointe (tout comme `*s++`) ; `(*p->ch)++` incrémente l'objet pointé par `ch` ; enfin, `*p++->ch` incrémente `p` après avoir accédé à l'objet pointé par `ch`.

## 6.3 Les tableaux de structures

Considérons l'écriture d'un programme qui compte le nombre d'occurrences de chaque mot-clé du langage C. Nous avons besoin d'un tableau de chaînes de caractères pour stocker les noms et d'un tableau d'entiers pour les compteurs d'occurrences. Une solution consiste à utiliser deux tableaux en parallèle, `mot_cle` et `nbcle`, définis ainsi :

```
char *mot_cle[NCLES];
int cptcle[NCLES];
```

Mais le fait que, justement, ces deux tableaux soient parallèles suggère une organisation différente, un tableau de structures. Chaque entrée correspondant à un mot-clé est constituée d'une paire :

```
char *mot;
int cpt;
```

et nous obtenons un tableau de paires. La déclaration de structure

```
struct cle {
    char *mot;
    int cpt;
} tabcle[NCLES];
```

déclare un type de structure `cle`, définit un tableau `tabcle` de structures de ce type et leur réserve la place mémoire nécessaire. Chaque élément du tableau est une structure. On aurait aussi pu écrire

```
struct cle {
    char *mot;
    int cpt;
};

struct cle tabcle[NCLES];
```

Puisque `tabcle` contient un ensemble constant de noms, il est plus facile d'en faire une variable externe et de l'initialiser une fois pour toutes lors de sa définition. L'initialisation de la structure ressemble aux précédentes — la définition est suivie d'une liste de valeurs initiales placée entre accolades :

```
struct cle {
    char *mot;
    int cpt;
} tabcle[] = {
    "auto", 0,
    "break", 0,
    "case", 0,
    "char", 0,
    "const", 0,
    "continue", 0,
    "default", 0,
    /* ... */
    "unsigned", 0,
    "void", 0,
    "volatile", 0,
    "while", 0
};
```

Les valeurs initiales sont présentées par paires correspondant aux membres des structures. Il serait plus précis de placer entre accolades les deux valeurs initiales correspondant à chaque «rangée» ou structure, de la façon suivante :

```
{ "auto", 0 },
{ "break", 0 },
{ "case", 0 },
...
```

mais les accolades internes ne sont pas nécessaires quand les valeurs initiales sont des variables simples ou des chaînes de caractères et quand elles sont toutes présentes. Comme d'habitude, le nombre d'éléments du tableau `tabcle` sera calculé si les valeurs initiales sont présentes et si les `[]` sont vides.

Le programme comptant le nombre de mot-clés commence par la définition de `tabcle`. Le programme principal lit l'entrée en appelant de façon répétitive une fonction `liremot` qui va chercher un mot à la fois. Chaque mot est recherché dans `tabcle` à l'aide d'une version de la fonction de recherche dichotomique que nous avons écrite au chapitre 3. La liste des mots-clés doit être rangée par ordre alphabétique dans le tableau.

```
#include <stdio.h>
#include <ctype.h>
#include <string.h>

#define MAXMOT 100

int liremot(char *, int);
int dicho(char *, struct cle *, int);

/* compte les mot-clés du langage C */
main()
{
    int n;
    char mot[MAXMOT];

    while (liremot(mot, MAXMOT) != EOF)
        if (isalpha(mot[0]))
            if ((n = dicho(mot, tabcle, NCLES)) >= 0)
                tabcle[n].cpt++;
    for (n = 0; n < NCLES; n++)
        if (tabcle[n].cpt > 0)
            printf("%4d %s\n",
                tabcle[n].cpt, tabcle[n].mot);
    return 0;
}

/* dicho : cherche un mot dans tab[0]...tab[n-1] */
int dicho(char *mot, struct cle tab[], int n)
{
    int cond;
    int bas, haut, milieu;

    bas = 0;
    haut = n - 1;
    while (bas <= haut) {
        milieu = (bas+haut) / 2;
        if ((cond = strcmp(mot, tab[milieu].mot)) < 0)
            haut = milieu - 1;
        else if (cond > 0)
            bas = milieu + 1;
        else
            return milieu;
    }
    return -1;
}
```

Nous présenterons plus loin la fonction `liremot` ; pour l'instant, il suffit de préciser que chaque appel à `liremot` trouve un mot et le copie dans le tableau désigné par son premier argument.

La quantité `NCLES` représente le nombre de mots-clés présents dans `tabcle`. Bien que nous puissions le calculer à la main, il est beaucoup plus facile et sûr de le faire faire par la machine, surtout si cette liste est susceptible de changer. Une solution consisterait à terminer la liste des valeurs initiales par un pointeur nul, puis à effectuer une boucle sur `tabcle` jusqu'à en trouver la fin.

Mais ceci est plus qu'il n'en faut, puisque la taille du tableau est complètement déterminée à la compilation. Elle est égale à la taille d'un élément multipliée par le nombre d'éléments, et donc le nombre d'éléments du tableau vaut précisement

*taille de* `tabcle` / *taille de* `struct cle`

Le C fournit un opérateur unaire utilisé à la compilation appelé `sizeof` qui permet de calculer la taille d'un objet quelconque. Les expressions

`sizeof` *objet*

et

`sizeof(`*nom de type*`)`

donnent un entier égal à la taille en octets de l'objet ou du type indiqué. (Plus exactement, `sizeof` produit une valeur entière non signée dont le type, `size_t`, est défini dans le fichier d'en-tête `<stddef.h>`.) Un objet peut être une variable, un tableau ou une structure. Un nom de type peut être le nom d'un type de base tel que `int` ou `double` ou celui d'un type dérivé comme une structure ou un pointeur.

Dans notre cas, le nombre de mots-clés est égal au quotient de la taille du tableau par celle d'un élément. Ce calcul est utilisé dans une instruction `#define` pour fixer la valeur de `NCLES` :

```
#define  NCLES  (sizeof tabcle / sizeof(struct cle))
```

Un autre moyen d'écrire ceci est de diviser la taille du tableau par celle d'un de ses éléments :

```
#define  NCLES  (sizeof tabcle / sizeof tabcle[0])
```

Ceci présente l'avantage de ne rien avoir à changer si le type change.

On ne peut pas utiliser l'opérateur `sizeof` dans une directive `#if`, parce que le préprocesseur n'analyse pas les noms de type. Mais, l'expression dans le `#define` n'est pas évaluée par le préprocesseur, c'est pourquoi le code présenté ici est correct.

Considérons maintenant la fonction `liremot`. Nous avons écrit une fonction `liremot` plus générale que celle dont nous avions besoin pour ce programme, mais elle n'est pas compliquée. `liremot` va chercher le «mot» suivant en entrée, en considérant qu'un mot est soit une chaîne de caractères composée de chiffres et de lettres et commençant par une lettre, soit un simple caractère autre qu'un caractère d'espacement. La valeur de la fonction est celle du premier caractère du mot, EOF en fin de fichier, ou bien le caractère lui-même s'il n'est pas alphabétique.

```
/* liremot : lit le mot ou le caractère suivant
             sur l'entrée */
int liremot(char *mot, int lim)
{
    int c, lirecar(void);
    void remettrecar(int);
    char *m = mot;
    while (isspace(c = lirecar()))
        ;
    if (c != EOF)
        *m++ = c;
    if (!isalpha(c)) {
        *m ='\0';
        return c;
    }
```

```
        for ( ; --lim > 0; m++)
            if (!isalnum(*m = lirecar())) {
                remettrecar(*m);
                break;
            }
        *m = '\0';
        return mot[0];
    }
```

`liremot` utilise les fonctions `lirecar` et `remettrecar` que nous avons écrites au chapitre 4. Quand la lecture d'un lexème alphanumérique se termine, `liremot` est allé un caractère trop loin. L'appel de `remettrecar` remet ce caractère en entrée pour le prochain appel. `liremot` utilise également `isspace` pour sauter les caractères d'espacement, `isalpha` pour identifier les lettres et `isalnum` pour identifier les lettres et les chiffres ; tout ceci provient du fichier d'en-tête `<ctype.h>`.

**Exercice 6-1.** Notre version de `liremot` ne traite pas correctement les caractères de soulignement, les constantes chaînes de caractères, les commentaires ou les lignes de contrôle du préprocesseur. Ecrivez-en une meilleure version.

## 6.4 Les pointeurs de structures

Pour illustrer certaines considérations liées aux pointeurs et aux tableaux de structures, réécrivons le programme comptant le nombre d'occurrences des mots-clés, en utilisant cette fois des pointeurs à la place des indices de tableaux.

La déclaration externe de `tabcle` n'a pas besoin d'être modifiée, mais `main` et `dicho` doivent l'être.

```
#include <stdio.h>
#include <ctype.h>
#include <string.h>

#define MAXMOT 100

int liremot(char *, int);
struct cle *dicho(char *, struct cle *, int);

/* compte les mots-clés du C ; version avec pointeurs */
main()
{
    char mot[MAXMOT];
    struct cle *p;

    while (liremot(mot, MAXMOT) != EOF)
        if (isalpha(mot[0]))
            if ((p=dicho(mot, tabcle, NCLES))!=NULL)
                p->cpt++;
    for (p = tabcle; p < tabcle + NCLES; p++)
        if (p->cpt > 0)
            printf("%4d %s\n", p->cpt, p->mot);
    return 0;
}
```

```
/* dicho : cherche un mot dans tab[0]...tab[n-1] */
struct cle *dicho(char *mot, struct cle *tab, int n)
{
    int cond;
    struct cle *bas = &tab[0];
    struct cle *haut = &tab[n];
    struct cle *milieu;

    while (bas < haut) {
        milieu = bas + (haut-bas) / 2;
        if ((cond = strcmp(mot, milieu->mot)) < 0)
            haut = milieu;
        else if (cond > 0)
            bas = milieu + 1;
        else
            return milieu;
    }
    return NULL;
}
```

Plusieurs choses méritent d'être remarquées ici. Premièrement, la déclaration de `dicho` doit indiquer que cette fonction retourne un pointeur de type `struct cle` à la place d'un entier ; on déclare ceci à la fois dans le prototype de la fonction et dans `dicho`. Si `dicho` trouve le mot, elle retourne un pointeur sur lui ; si elle échoue, elle retourne `NULL`.

Deuxièmement, on accède désormais aux éléments de `tabcle` via des pointeurs. Ceci entraîne des changements importants dans `dicho`.

Les valeurs initiales de `bas` et `haut` sont maintenant des pointeurs sur le début et sur l'endroit situé juste après la fin du tableau.

Le calcul de l'élément du milieu ne peut plus simplement être

```
milieu = (bas+haut) / 2   /* ERREUR */
```

parce qu'il est interdit d'additionner deux pointeurs. Cependant, il est permis de les soustraire, donc `haut-bas` représente le nombre d'éléments, et par conséquent

```
milieu = bas + (haut-bas) / 2
```

fait pointer `milieu` sur l'élément à mi-chemin entre `bas` et `haut`.

Le changement le plus important consiste à arranger l'algorithme pour s'assurer qu'il ne génère pas un pointeur incorrect et ne tente pas d'accéder à un élément en dehors du tableau. Le problème est que `&tab[-1]` et `&tab[n]` sont deux adresses situées en dehors des limites du tableau `tab`. La première de ces écritures est tout à fait incorrecte, et on ne peut pas utiliser l'indirection sur la seconde. Cependant, la définition du langage garantit qu'un calcul sur des pointeurs mettant en jeu le premier élément après la fin d'un tableau (c'est-à-dire `&tab[n]`) fonctionnera correctement.

Dans `main`, nous avons écrit

```
for (p = tabcle; p < tabcle + NCLES; p++)
```

Si `p` est un pointeur sur une structure, tout calcul sur `p` prend en compte la taille de cette structure ; ainsi, `p++` ajoute à `p` le nombre *ad hoc* pour le faire pointer sur l'élément suivant du tableau de structures et le test arrête la boucle au moment opportun.

Toutefois, il ne faut pas présumer que la taille d'une structure est égale à la somme des tailles de ses membres. Du fait des besoins d'alignement des différents objets, il peut y avoir des «trous» non référencés dans une structure. Donc, par exemple, si la taille d'un `char` est un octet et celle d'un `int` quatre octets, la structure

```
struct {
    char c;
    int i;
};
```

pourrait bien demander huit octets, et non pas cinq. L'opérateur `sizeof` retourne la valeur correcte.

Enfin, voici un aparté sur la présentation du programme : quand une fonction retourne un type compliqué tel qu'un pointeur de structure comme dans

```
struct cle *dicho(char *mot, struct cle *tab, int n)
```

le nom de la fonction peut être difficile à voir et à trouver avec un éditeur de texte. En conséquence, on utilise parfois une autre écriture :

```
struct cle *
dicho(char *mot, struct cle *tab, int n)
```

C'est une question de goût personnel ; choisissez la forme qui vous convient et tenez-vous-y.

## 6.5 Les structures autoréférentielles

Supposons que nous voulions traiter le problème général consistant à compter le nombre d'occurrences de *tous* les mots lus en entrée. Puisque la liste de mots n'est pas connue à l'avance, il n'est pas pratique de la trier et d'utiliser une recherche dichotomique. Cependant, nous ne pouvons pas non plus effectuer une recherche séquentielle à l'arrivée de chaque mot pour vérifier si on l'a déjà rencontré ; le programme serait trop long. (Plus précisément, son temps d'exécution augmenterait en fonction du carré du nombre de mots en entrée.) Comment pouvons-nous organiser les données pour faire face efficacement à une liste de mots arbitraires ?

Une solution consiste à conserver à tout moment l'ensemble des mots précédemment rencontrés, en mettant chaque mot à sa place au moment où il arrive. Cependant, nous ne pouvons pas non plus insérer les mots dans un tableau séquentiel en décalant les autres — ceci prendrait également trop de temps. A la place, nous utiliserons une structure de données appelée un arbre binaire.

L'arbre contient un «nœud» pour chaque mot ; chaque nœud contient

un pointeur sur le texte du mot
un compteur du nombre d'occurrences
un pointeur sur le nœud fils gauche
un pointeur sur le nœud fils droit

Aucun nœud ne peut avoir plus de deux fils ; il est possible qu'un nœud n'en ait qu'un seul, ou aucun.

On place les nœuds de telle façon que le sous-arbre gauche d'un nœud quelconque contienne uniquement des mots de valeur lexicographique inférieure au mot de ce nœud, et le sous-arbre droit, des mots de valeur lexicographique supérieure. Voici l'arbre correspondant aux vers

> *Nous partîmes cinq cents ; mais par un prompt renfort,*
> *Nous nous vîmes trois mille en arrivant au port.*

qui se construit en plaçant chaque mot au moment où on le rencontre :

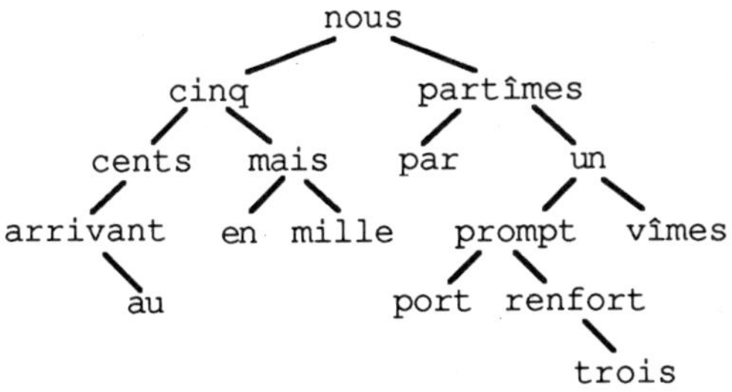


Pour savoir si un mot est déjà répertorié dans l'arbre, on commence à la racine et on le compare à celui qui est stocké dans ce nœud. En cas d'égalité, la réponse est affirmative. Si le mot est lexicographiquement inférieur à celui du nœud, on continue la recherche à partir du nœud fils gauche, sinon à partir du nœud fils droit. S'il n'y a pas de fils dans la direction demandée, le mot n'est pas dans l'arbre et, en fait, la place libre est justement celle où il faut ajouter le nouveau mot. Ce processus est récursif puisque la recherche à partir de n'importe quel nœud utilise une recherche à partir de l'un de ses nœuds fils. Par conséquent, il sera plus naturel d'employer des fonctions récursives pour l'insertion et l'affichage.

Pour en revenir à la description d'un nœud, on peut facilement le représenter par une structure à quatre composants :

```
stuct noeud {              /* le noeud d'arbre : */
    char *mot;                 /* pointe sur le texte */
    int cpt ;                  /* nombre d'occurrences */
    struct noeud *gauche;      /* fils gauche */
    struct noeud *droit;       /* fils droit */
};
```

Il peut sembler dangereux d'employer une telle déclaration récursive de nœud, mais celle-ci est correcte. Il est interdit de définir une structure contenant une instance d'elle-même, mais

```
struct noeud *gauche;
```

déclare que `gauche` est un pointeur sur un `n  ud`, et non une structure `noeud`.

De temps en temps, on a besoin d'un autre type de structures autoréférentielles : deux structures qui se réfèrent mutuellement. Voici le moyen de réaliser ceci :

```
struct t {
    ...
    struct s *p;      /* p pointe sur une structure s */
};
struct s {
    ...
    struct t *q;      /* q pointe sur une structure t */
};
```

Le code du programme entier est étonnamment court, étant donné que l'on utilise un certain nombre de fonctions telles que `liremot` que nous avons déjà écrites. Le programme principal lit des mots à l'aide de `liremot` et les installe dans l'arbre grâce à `ajoutarbre`

```
#include <stdio.h>
#include <ctype.h>
#include <string.h>

#define MAXMOT 100

struct noeud *ajoutarbre(struct noeud *, char *);
void affarbre(struct noeud *);
int liremot(char *, int);

/* compte la fréquence des mots */
main()
{
    struct noeud *racine;
    char mot[MAXMOT];

    racine = NULL;
    while (liremot(mot, MAXMOT) != EOF)
        if (isalpha(mot[0]))
            racine = ajoutarbre(racine, mot);
    affarbre(racine);
    return 0;
}
```

La fonction `ajoutarbre` est récursive. `main` présente un mot au plus haut niveau de l'arbre (la racine). A chaque étape, on compare ce mot avec celui qui est déjà stocké dans le nœud, et on le dirige vers le sous-arbre gauche ou droit par un appel récursif à `ajoutarbre`. Le mot finit soit par correspondre à quelque chose qui est déjà dans l'arbre (auquel cas on incrémente le compteur correspondant), soit par rencontrer le pointeur nul indiquant que l'on doit créer un nœud et l'ajouter à l'arbre. Si l'on crée un nouveau nœud, `ajoutarbre` retourne un pointeur sur celui-ci que l'on stocke dans le nœud père.

```
struct noeud *allouernoeud(void);
char *dupchaine(char *);

/* ajoutarbre : ajoute un noeud contenant la chaîne m
                au niveau de p ou en-dessous */
struct noeud *ajoutarbre(struct noeud *p, char *m)
{
    int cond;

    if (p == NULL) {          /* un nouveau mot est arrivé */
        p = allouernoeud();    /* crée un nouveau noeud */
        p->mot = dupchaine(m);
        p->cpt = 1;
        p->gauche = p->droit = NULL;
    } else if ((cond = strcmp(m, p->mot)) == 0)
        p->cpt++;          /* répétition d'un mot */
    else if (cond < 0) /* mot inférieur dans sous-arbre */
        p->gauche = ajoutarbre(p->gauche, m); /* gauche */
    else         /* mot supérieur dans sous-arbre droit */
        p->droit = ajoutarbre(p->droit, m);
    return p;
}
```

C'est une fonction `allouernoeud` qui fournit l'espace mémoire pour le nouveau nœud, en retournant un pointeur sur un espace libre de la taille d'un nœud d'arbre, et c'est `dupchaine` qui copie le nouveau mot dans un endroit sûr. (Nous présenterons ces fonctions dans un moment). Le compteur est initialisé et les deux fils sont mis à zéro. Cette partie du code n'est exécutée que pour les feuilles de l'arbre, lorsqu'on ajoute un nouveau nœud. Nous avons (imprudemment) omis le contrôle d'erreurs sur les valeurs que retournent `dupchaine` et `allouernoeud`.

La fonction `affarbre` affiche le contenu de l'arbre par ordre lexicographique ; à chaque nœud, elle affiche le sous-arbre gauche (tous les mots lexicographiquement inférieurs au mot du nœud courant), puis le mot de ce nœud lui-même, puis le sous-arbre droit (tous les mots lexicographiquement supérieurs). Si vous ne maîtrisez pas le fonctionnement de la récursivité, simulez l'exécution de `affarbre` sur l'arbre présenté ci-dessus.

```
/* affarbre : affiche l'arbre p dans l'ordre */
void affarbre(struct noeud *p)
{
    if (p != NULL) {
        affarbre(p->gauche);
        printf("%4d %s\n", p->cpt, p->mot);
        affarbre(p->droit);
    }
}
```

Une remarque pratique : si l'arbre devient «déséquilibré» parce que les mots n'arrivent pas dans un ordre quelconque, le temps d'exécution du programme peut augmenter très fortement. Dans le pire des cas, si les mots sont déjà dans l'ordre, ce programme réalise une simulation coûteuse de recherche séquentielle. Il existe des généralisations de l'arbre binaire qui ne présentent pas ces problèmes dans les cas limites, mais nous ne les décrirons pas ici.

Avant de quitter cet exemple, il est intéressant d'ouvrir une brève parenthèse sur un problème concernant les programmes d'allocation mémoire. Il est évidemment souhaitable qu'il n'y ait qu'un allocateur de mémoire dans un programme, même s'il alloue différents types d'objets. Mais si un seul allocateur doit traiter, par exemple, des demandes de pointeurs sur des objets de type char aussi bien que de type struct noeud, deux questions se posent. Premièrement, comment fait-il pour satisfaire les exigences de la plupart des machines concernant les règles d'alignement que doivent respecter les objets de certains types (par exemple, les entiers doivent souvent être placés à des adresses paires) ? Deuxièmement, quelles déclarations peuvent prendre en compte le fait qu'un allocateur doit obligatoirement pouvoir retourner différents types de pointeurs ?

En général, on résout facilement les exigences d'alignement, quitte à gaspiller de l'espace mémoire, en s'assurant que l'allocateur retourne toujours un pointeur satisfaisant aux conditions d'alignement. La fonction allouer du chapitre 5 ne garantit aucun alignement particulier, c'est pourquoi nous utiliserons la fonction de la bibliothèque standard malloc, qui garantit les alignements. Au chapitre 8, nous montrerons une façon d'implémenter malloc.

Le type à déclarer pour une fonction comme malloc pose un problème délicat dans n'importe quel langage qui prend au sérieux la vérification des types. En C, la méthode correcte consiste à déclarer que malloc retourne un pointeur de type void, puis de forcer explicitement le type de ce pointeur à l'aide d'un «cast». malloc, ainsi que des fonctions apparentées, est déclarée dans le fichier d'en-tête <stdlib.h>. Par conséquent, on peut écrire allouernoeud ainsi :

```
#include <stdlib.h>

/* allouernoeud : crée un noeud */
struct noeud *allouernoeud(void)
{
    return (struct noeud *) malloc(sizeof(struct noeud));
}
```

La fonction dupchaine copie simplement la chaîne de caractères donnée en argument dans un endroit sûr obtenu par un appel à malloc :

```
char *dupchaine(char *s)    /* fait une copie de s */
{
    char *p;

    p = (char *) malloc(strlen(s)+1);    /* +1 pour '\0' */
    if (p != NULL)
        strcpy(p, s);
    return p;
}
```

malloc retourne NULL s'il n'y a pas d'espace mémoire disponible ; dupchaine retourne cette valeur, laissant à l'appelant la prise en compte des erreurs.

On peut libérer l'espace mémoire obtenu par malloc en appelant free, afin de pouvoir s'en resservir plus tard ; voir les chapitres 7 et 8.

**Exercice 6-2.** Ecrivez un programme qui lit un programme en C et affiche, par ordre alphabétique, chaque groupe de noms de variables dont les 6 premiers caractères sont identiques mais dont la suite est différente. Ne comptez pas les mots figurant dans les chaînes de caractères et les commentaires. Faites en sorte que 6 soit un paramètre que l'on puisse fixer à partir de la ligne de commande.

**Exercice 6-3.** Ecrivez un programme de références croisées qui affiche la liste de tous les mots d'un document, et pour chaque mot, la liste des numéros de ligne où il apparaît. Supprimez les mots parasites tels que «le», «et», etc.

**Exercice 6-4.** Ecrivez un programme qui affiche les différents mots lus en entrée en les rangeant par ordre décroissant de fréquence d'apparition. Faites précéder chaque mot par le nombre d'occurrences correspondant.

## 6.6 La consultation d'une table

Dans cette section, nous allons écrire les fondements d'un logiciel de consultation de table afin d'illustrer différents aspects des structures. Le code présenté est représentatif de ce que l'on peut trouver dans les fonctions qui gèrent la table des symboles d'un macro-processeur ou d'un compilateur. Par exemple, considérons la directive `#define`. Quand on rencontre une ligne telle que

```
#define DEDANS 1
```

on stocke le nom `DEDANS` et le texte de remplacement `1` dans une table. Plus tard, lorsque le nom `DEDANS` figure dans une instruction telle que

```
etat = DEDANS;
```

il faut le remplacer par `1`.

Deux fonctions vont servir à manipuler les noms et les textes de remplacement. `installer(s,t)` enregistre le nom `s` et le texte de remplacement `t` dans une table ; `s` et `t` sont de simples chaînes de caractères. `consulter(s)` recherche `s` dans la table, et retourne un pointeur sur l'endroit où elle la trouve, ou bien `NULL` si `s` ne figure pas dans la table.

L'algorithme est une recherche par hachage — on transforme le nom entré en un petit entier positif ou nul qui sert alors d'indice à un tableau de pointeurs. Chaque élément de ce tableau pointe sur le début d'une liste chaînée de blocs contenant les noms qui ont la même valeur de hachage. Un élément vaut `NULL` s'il n'existe aucun nom correspondant à cette valeur.

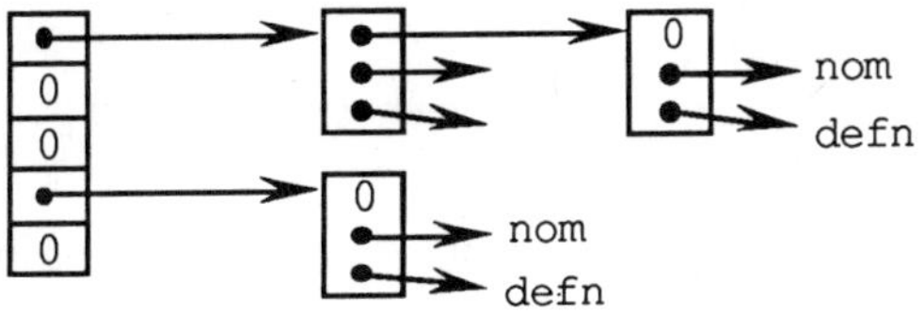


Chaque bloc de la liste est une structure contenant des pointeurs sur le nom, le texte de remplacement et le bloc suivant de la liste. En fin de liste, le pointeur sur le bloc suivant vaut `NULL`.

```
struct nliste {          /* entrée de la table : */
    struct nliste *suiv;  /* entrée suivante de la liste */
    char *nom;            /* nom défini */
    char *defn;           /* texte de remplacement */
};
```

Le tableau de pointeurs se réalise simplement de la façon suivante :

```
#define TAILLEHACH 101

static struct nliste *tabhach[TAILLEHACH];
                                /* table de pointeurs */
```

La fonction de hachage utilisée à la fois par `consulter` et par `installer`, additionne la valeur de chaque caractère de la chaîne à une combinaison brouillée des précédents et retourne le résultat modulo la taille du tableau. Ce n'est pas la meilleure fonction de hachage possible mais elle est courte et efficace.

```
/* hacher : forme la valeur de hachage de la chaîne s */
unsigned hacher(char *s)
{
    unsigned valhach;

    for (valhach = 0; *s != '\0'; s++)
        valhach = *s + 31 * valhach;
    return valhach % TAILLEHACH;
}
```

L'utilisation de nombres non signés pour les calculs garantit que la valeur de hachage est positive ou nulle.

Le mécanisme de hachage produit un indice initial dans le tableau `tabhach` ; c'est dans la liste de blocs commençant à cet endroit que l'on pourra trouver éventuellement la chaîne de caractères. `consulter` effectue cette recherche. Si `consulter` trouve la structure correspondant à ce mot, elle retourne un pointeur sur celle-ci ; sinon elle retourne `NULL`.

```
/* consulter : recherche s dans tabhach */
struct nliste *consulter(char *s)
{
    struct nliste *pn;

    for (pn = tabhach[hacher(s)]; pn!=NULL; pn = pn->suiv)
        if (strcmp(s, pn->nom) == 0)
            return pn;    /* trouvé */
    return NULL;          /* pas trouvé /*
}
```

La boucle `for` dans `consulter` est une technique standard pour parcourir une liste chaînée :

```
for (ptr = tete; ptr != NULL; ptr = ptr->suiv)
    ...
```

`installer` se sert de `consulter` pour déterminer si le nom à installer est déjà répertorié dans une liste ; si oui, on remplacera l'ancienne définition par la nouvelle. Sinon, on créera une nouvelle entrée. `installer` retourne `NULL` si, pour une raison quelconque, il n'y a pas suffisamment de place pour une nouvelle entrée.

```
struct nliste *consulter(char *);
char *dupchaine(char *);

/* installer : place (nom, defn) dans tabhach */
struct nliste *installer(char *nom, char *defn)
{
    struct nliste *pn;
    unsigned valhach;

    if ((pn = consulter(nom)) == NULL) {  /* pas trouvé */
        pn = (struct nliste *) malloc(sizeof(*pn));
        if (pn==NULL || (pn->nom = dupchaine(nom)) == NULL)
            return NULL;
        valhach = hacher(nom);
        pn->suiv = tabhach[valhach];
        tabhach[valhach] = pn;
    } else      /* déjà présent */
        free((void *) pn->defn);
            /* libère le texte de remplacement précédent */
    if ((pn->defn = dupchaine(defn)) == NULL)
        return NULL;
    return pn;
}
```

**Exercice 6-5.** Ecrivez une fonction `supdef` qui supprime un nom et une définition de la table gérée par `consulter` et `installer`.

**Exercice 6-6.** Implémentez une version simple du processeur de `#define` (c'est-à-dire sans arguments) qui soit utilisable pour des programmes en C, et qui s'appuie sur les fonctions de cette section. Les fonctions `lirecar` et `remettrecar` peuvent aussi vous être utiles.

## 6.7 Les définitions de types par typedef

Le C fournit une fonctionnalité appelée `typedef` servant à créer des noms de nouveaux types de données. Par exemple, la déclaration

```
typedef int Longueur;
```

rend le nom `Longueur` synonyme de `int`. On peut ensuite employer le type `Longueur` dans des déclarations, des «casts», etc., exactement de la même façon que le type `int` :

```
Longueur lgr, maxlgr;
Longueur *longueurs[];
```

De même, la déclaration

```
typedef char *Chaine;
```

rend `Chaine` synonyme de `char *` ou pointeur de caractères, et on peut alors l'utiliser dans des déclarations et des «casts» :

```
Chaine p, ptrligne[MAXLIGNES], alloc(int);
int strcmp(Chaine, Chaine);
p = (Chaine) malloc(100);
```

Remarquez que le type déclaré dans un `typedef` figure à la place d'un nom de variable, et non juste après le mot `typedef`. Au point de vue syntaxique, `typedef` est équivalent aux classes de stockage telles que `extern`, `static`, etc. Nous avons donné aux `typedefs` des noms commençant par une majuscule, de façon à les mettre en valeur.

Pour prendre un exemple plus compliqué, nous pourrions créer des `typedefs` pour les nœuds d'arbre présentés plus haut dans ce chapitre :

```
typedef struct noeud *Ptrarbre;

typedef struct noeud {  /* le noeud d'arbre : */
    char *mot;              /* pointe sur le texte */
    int cpt;                /* nombre d'occurrences */
    Ptrarbre gauche;        /* fils gauche */
    Ptrarbre droit;         /* fils droit */
} Noeud;
```

Ceci crée deux nouveaux mots-clés de type, appelés `Noeud` (une structure) et `Ptrarbre` (un pointeur sur une structure). La fonction `allouernoeud` peut alors s'écrire

```
Ptrarbre allouernoeud(void)
{
    return (Ptrarbre) malloc(sizeof(Noeud));
}
```

Il faut insister sur le fait qu'une déclaration `typedef` ne crée en aucune façon un nouveau type ; elle ajoute simplement un nouveau nom désignant un type existant. Il n'y a pas non plus de nouvelle sémantique : les variables déclarées de cette façon possèdent exactement les mêmes propriétés que les variables dont les déclarations sont explicitées. En fait, la directive `typedef` équivaut à `#define`, mis à part que, puisqu'elle est interprétée par le compilateur, elle permet d'effectuer des substitutions de texte plus puissantes que celles du préprocesseur. Par exemple,

```
typedef int (*PFI)(char *, char *);
```

crée le type `PFI` équivalent à «pointeur de fonction (ayant deux `char *` en arguments) retournant un `int`», dont on peut alors se servir dans des contextes tels que

```
PFI strcmp, numcmp;
```

dans le programme de tri du chapitre 5.

En dehors de considérations purement esthétiques, on utilise essentiellement des `typedefs` pour deux raisons. La première est de paramétrer un programme pour faire face aux problèmes de portabilité. Si on emploie des `typedefs` pour des types de données qui peuvent dépendre de la machine, il suffit simplement de changer les `typedefs` lors du transfert du programme. On utilise couramment des noms définis par `typedef` pour désigner des entiers de tailles diverses offrant un ensemble de types `short`, `int` et `long` approprié à chaque machine d'accueil. Les types comme `size_t` et `ptrdiff_t` de la bibliothèque standard en sont des exemples.

La seconde raison de l'utilisation de `typedef` est de fournir une meilleure documentation sur le programme — un type appelé `Ptrarbre` peut être plus facile à comprendre qu'un type déclaré comme un pointeur sur une structure compliquée.

## 6.8 Les unions

Une *union* est une variable qui peut contenir (à des moments différents) des objets de types et de tailles différentes ; bien entendu, le compilateur ne perd pas de vue les exigences d'alignement et de taille. Les unions permettent de manipuler différents types de données dans un même espace mémoire sans introduire d'informations dépendant de la machine dans le programme. Elles sont équivalentes à des enregistrements variables en Pascal.

Voici maintenant un exemple que l'on peut trouver dans le gestionnaire de la table des symboles d'un compilateur. Supposons qu'une constante puisse être de type `int`, `float` ou pointeur de caractères. La valeur d'une constante particulière doit être stockée dans une variable de type approprié ; cependant, il est plus pratique pour la gestion de la table que la valeur utilise la même quantité d'espace mémoire et qu'elle soit stockée à la même place quel que soit son type. Ceci est l'objet d'une union — une variable unique qui peut, de façon tout à fait correcte, contenir un type quelconque parmi ceux mentionnés dans sa déclaration. La syntaxe des unions se fonde sur celle des structures :

```
union etiq_u {
    int vali;
    float valf;
    char *valch;
} u;
```

La variable `u` sera assez grande pour contenir le plus grand des trois types ; sa taille effective dépend de l'implémentation. On peut affecter n'importe quel de ces types à `u`, puis s'en servir dans des expressions tant que son utilisation reste cohérente : le type lu dans une union doit être celui employé lors de la plus récente écriture. Le programmeur doit connaître à tout instant le type stocké dans l'union ; si l'on stocke un objet d'un certain type, que l'on relit suivant un autre, le résultat dépend de l'implémentation.

Syntaxiquement, on accède aux membres d'une union par

*nom-union* . *membre*

ou

*pointeur-union* -> *membre*

exactement comme pour les structures. Si on utilise la variable `utype` pour garder la trace du type courant stocké dans `u`, alors on peut rencontrer un code tel que

```
if (utype == INT)
    printf("%d\n", u.vali);
else if (utype ==FLOAT)
    printf("%f\n", u.valf);
else if (utype == STRING)
    printf("%s\n", u.valch);
else
    printf("%d, mauvais type dans utype\n", utype);
```

On peut placer des unions à l'intérieur de structures ou de tableaux et vice versa. La notation permettant d'accéder à un membre d'une union dans une structure (et vice versa) est identique à celle utilisée pour les structures imbriquées. Par exemple, dans le tableau de structures défini par

```
struct {
    char *nom;
    int drapeaux;
    int utype;
    union {
        int vali;
        float valf;
        char *valch;
    } u;
} tabsym[NSYM];
```

l'accès au membre `vali` se fait ainsi :

```
tabsym[i].u.vali
```

et l'accès au premier caractère de la chaîne de caractères `valch` par l'une ou l'autre des expressions

```
*tabsym[i].u.valch
tabsym[i].u.valch[0]
```

En fait, une union est une structure dont tous les membres ont un décalage nul par rapport à la base ; cette structure est assez grande pour contenir le membre le plus «large» et l'alignement est compatible avec tous les types de l'union. Les opérations autorisées sur les structures le sont également sur les unions : l'affectation ou la copie par bloc, la récupération de l'adresse et l'accès à un membre.

On ne peut initialiser une union que par une valeur du type du premier membre ; par conséquent, on ne peut initialiser l'union `u` décrite ci-dessus que par une valeur entière.

L'allocateur de mémoire du chapitre 8 montre comment se servir d'une union pour forcer l'alignement d'une variable sur une limite particulière de la mémoire.

## 6.9 Les champs de bits

Quand l'espace mémoire est limité, il peut être nécessaire de rassembler plusieurs objets dans un seul mot machine ; il est courant d'utiliser un ensemble de drapeaux d'un bit chacun, dans des applications telles que des tables de symboles dans un compilateur. Les formats de données imposés par l'environnement extérieur, tels que des interfaces de périphériques matériels, nécessitent souvent de pouvoir accéder à des parties de mots.

Imaginez une partie d'un compilateur qui manipule une table de symboles. Chaque identificateur dans un programme possède certaines informations qui lui sont associées, comme par exemple si c'est un mot-clé ou non, s'il est externe et/ou statique ou non et ainsi de suite. Le moyen le plus compact de coder de telles informations est un ensemble de drapeaux d'un bit chacun, regroupés dans un `char` ou un `int` unique.

On réalise généralement ce codage en définissant un ensemble de «masques» correspondant aux positions des bits intéressants

```
#define MOT_CLE  01
#define EXTERNE  02
#define STATIQUE 04
```

ou

```
enum { MOT_CLE = 01, EXTERNE = 02, STATIQUE = 04 };
```

Les nombres doivent être des puissances de deux. Alors, l'accès aux bits devient une question de «combinaison de bits» avec des opérateurs de décalage, de masquage et de complémentation ; ces opérateurs ont été décrits au chapitre 2.

Certaines écritures typiques apparaissent fréquemment :

```
drapeaux |= EXTERNE | STATIQUE;
```

met à un les bits `EXTERNE` et `STATIQUE` dans `drapeaux`, tandis que

```
drapeaux &= ~(EXTERNE | STATIQUE);
```

les remet à zéro, et l'expression

```
if ((drapeaux & (EXTERNE | STATIQUE)) == 0) ...
```

est vraie si ces deux bits sont à `0`.

Bien que ces écritures soient très faciles à assimiler, le C permet également de définir directement des champs dans un mot et d'y accéder, au lieu d'utiliser des opérateurs logiques sur les bits. Un *champ de bits*, ou un *champ* tout court, est un ensemble de bits adjacents à l'intérieur d'une même unité de stockage définie par l'implémentation que nous appelerons un «mot». La syntaxe de la définition d'un champ et de son accès s'appuie sur les structures. Par exemple, on pourrait remplacer la table de symboles ci-dessus, qui utilise des `#defines`, par la définition de trois champs :

```
struct {
    unsigned int est_mot_cle  : 1;
    unsigned int est_externe  : 1;
    unsigned int est_statique : 1;
} drapeaux;
```

Ceci définit une variable appelée `drapeaux` qui contient trois champs d'un bit chacun. Le nombre qui suit les deux points représente la longueur du champ en bits. Les champs sont déclarés `unsigned int` afin de garantir que ce sont des quantités non signées.

On fait individuellement référence aux champs de la même manière qu'aux autres membres de structure : `drapeaux.est_mot_cle`, `drapeaux.est_externe`, etc. Les champs se comportent comme de petits entiers et ils peuvent intervenir dans des expressions arithmétiques comme les autres entiers. Par conséquent, on peut écrire les exemples précédents plus naturellement :

```
drapeaux.est_externe = drapeaux.est_statique = 1;
```

pour mettre les bits à un ;

```
drapeaux.est_externe = drapeaux.est_statique = 0;
```

pour les mettre à zéro ; et

```
if (drapeaux.est_externe==0 && drapeaux.est_statique==0)
    ...
```

pour les tester.

Presque tout ce qui concerne les champs dépend de l'implémentation. C'est elle qui définit si un champ peut ou non chevaucher la limite d'un mot. On peut ne pas donner de noms à certains champs ; on utilise des champs sans nom (seulement deux points et la longueur) pour le remplissage. On peut utiliser la largeur spéciale 0 pour forcer l'alignement sur le début du mot suivant.

Les champs sont affectés de gauche à droite sur certaines machines et de droite à gauche sur d'autres. Cela signifie que, bien que les champs soient utiles pour mettre à jour des structures de données en représentation interne, la question du sens d'affectation doit être soigneusement prise en compte quand on utilise séparément des données en représentation externe ; les programmes qui dépendent de telles propriétés ne sont pas portables. Les champs ne peuvent être déclarés que comme des `ints` ; pour des questions de portabilité, indiquez explicitement s'ils sont `signed` ou `unsigned`. Ce ne sont pas des tableaux et ils n'ont pas d'adresse ; on ne peut donc pas leur appliquer l'opérateur `&`.

# CHAPITRE 7 : Les entrées-sorties

La gestion des entrées-sorties ne fait pas partie du langage C lui-même ; c'est pourquoi nous n'avons encore jamais insisté sur ce sujet dans notre présentation. Néanmoins, les programmes interagissent avec leur environnement de façon beaucoup plus compliquée que ce que nous avons déjà vu. Dans ce chapitre, nous allons décrire la bibliothèque standard, c'est-à-dire un ensemble de fonctions qui permettent d'effectuer des entrées-sorties, de manipuler les chaînes de caractères, de gérer la mémoire, d'effectuer des opérations mathématiques, ainsi que de nombreux autres services utiles dans des programmes en C. Nous insisterons sur les entrées-sorties.

La norme ANSI définit précisément ces fonctions de la bibliothèque afin qu'elles puissent exister sous une forme compatible avec tout système où le langage C existe. Les programmes qui n'utilisent que les fonctionnalités offertes par la bibliothèque standard dans leurs interactions avec le système peuvent être transférés d'un système à un autre sans modifications.

Les propriétés des fonctions de la bibliothèque sont spécifiées dans plus d'une douzaine de fichiers d'en-tête ; nous en avons déjà rencontré plusieurs, tels que <stdio.h>, <string.h> et <ctype.h>. Nous ne présenterons pas ici la bibliothèque entière parce que nous préférons écrire des programmes C qui l'utilisent. La bibliothèque est décrite en détail à l'annexe B.

## 7.1 Les entrées-sorties standard

Comme nous l'avons précisé au chapitre 1, la bibliothèque utilise un modèle simple d'entrées-sorties de texte. Un flot de texte se compose d'une séquence de lignes ; chaque ligne se termine par un caractère de fin de ligne. Si le système ne travaille pas ainsi, la bibliothèque fera le nécessaire pour donner l'impression qu'il le fait tout de même. Par exemple, il se peut que la bibliothèque convertisse en entrée un retour chariot suivi d'un saut de ligne en un caractère de fin de ligne, et inversement en sortie.

Le mécanisme d'entrée le plus simple est de lire un caractère à la fois sur l'*entrée standard*, qui est normalement le clavier, à l'aide de `getchar` :

```
int getchar(void);
```

`getchar` retourne, à chaque appel, le caractère suivant en entrée, ou bien `EOF` quand elle rencontre la fin du fichier. La constante symbolique `EOF` est définie dans l'en-tête <stdio.h>. Elle vaut en général `-1` mais il vaut mieux utiliser `EOF` dans les tests, de façon qu'ils soient indépendants de sa valeur particulière.

Dans de nombreux environnements, on peut remplacer le clavier par un fichier en utilisant la convention < pour rediriger l'entrée : si un programme prog utilise la fonction getchar, alors la ligne de commande

```
prog <fichentree
```

permettra de lire les caractères provenant de fichentree au lieu du clavier. Le changement d'entrée se fait de telle façon que prog lui-même ne s'en rende pas compte ; en particulier, la chaîne de caractères "<fichentree" ne fait pas partie des arguments de la ligne de commande compris dans argv. La modification de l'entrée est également invisible si cette entrée provient d'un autre programme via un mécanisme de tube *(pipe)* : sur certains systèmes, la ligne de commande

```
autreprog | prog
```

exécute les deux programmes autreprog et prog, et dirige la sortie standard de autreprog vers l'entrée standard de prog, via un tube de communication.

Pour la sortie, on utilise la fonction

```
int putchar(int)
```

putchar(c) envoie le caractère c sur la *sortie standard*, par défaut l'écran. putchar retourne la caractère écrit, ou bien EOF en cas d'erreur. De même, on peut généralement rediriger la sortie vers un fichier au moyen de >*nom-de-fichier* : si un programme prog utilise putchar,

```
prog >fichsortie
```

permettra d'écrire la sortie standard dans fichsortie plutôt que sur l'écran. Si le système permet d'utiliser des tubes,

```
prog | unautreprog
```

dirige la sortie standard de prog vers l'entrée standard de unautreprog.

Les sorties obtenues grâce à printf sont également dirigées vers la sortie standard. On peut intercaler des appels aux fonctions putchar et printf — les sorties s'effectueront selon l'ordre d'appel.

Chaque fichier source faisant référence à une fonction de la bibliothèque standard d'entrées-sorties doit contenir la ligne

```
#include <stdio.h>
```

avant la première référence à une telle fonction. Quand le nom est placé entre < et >, le fichier d'en-tête est recherché dans un certain nombre d'emplacements standard (par exemple, sur les systèmes UNIX, généralement dans le répertoire /usr/include).

Beaucoup de programmes n'utilisent qu'un seul flot d'entrée et un de sortie ; dans ce cas, les entrées-sorties effectuées par getchar, putchar et printf peuvent être tout à fait appropriées et sont certainement suffisantes pour commencer. Ceci est particulièrement vrai si l'on utilise des redirections pour connecter la sortie d'un programme à l'entrée d'un autre. Par exemple, considérons le programme min qui convertit en minuscules les caractères lus en entrée :

```
#include <stdio.h>
#include <ctype.h>

/* min : convertit en minuscules les caractères tapés */
main()
{
    int c;

    while ((c = getchar()) != EOF)
        putchar(tolower(c));
    return 0;
}
```

La fonction tolower est définie dans <ctype.h> ; elle convertit les lettres majuscules en minuscules et retourne les autres caractères tels quels. Comme nous l'avons déjà mentionné, les «fonctions» telles que getchar et putchar dans <stdio.h> et tolower dans <ctype.h> sont souvent des macros, ce qui permet ainsi d'économiser le temps d'exécution d'un appel de fonction pour chaque caractère. Nous verrons à la section 8.5 comment ceci est réalisé. Quelle que soit la manière dont sont implémentées les fonctions de <ctype.h> sur une machine donnée, leur comportement extérieur est toujours le même et les programmes qui les utilisent n'ont pas besoin de connaître le jeu de caractères employé.

**Exercice 7-1.** Ecrivez un programme qui convertit soit les lettres majuscules en minuscules, soit les minuscules en majuscules, selon l'option lue dans argv[0].

## 7.2 Les sorties mises en forme — la fonction printf

La fonction de sortie printf convertit des données internes en caractères. Nous avons utilisé printf de façon informelle dans les chapitres précédents. La description faite ici couvre la plupart de ses utilisations typiques, mais elle est incomplète ; pour tout savoir, lisez l'annexe B.

int printf(char *format, $arg_1$, $arg_2$, ...)

printf convertit, met en forme et imprime ses arguments sur la sortie standard, sous le contrôle du format. Elle retourne le nombre de caractères imprimés.

La chaîne de caractères qui précise le format contient deux types d'objets : des caractères ordinaires, qui sont copiés tels quels sur le flot de sortie, et des spécifications de conversion, dont chacune provoque la conversion et l'impression de l'un des arguments suivants de printf. Chaque spécification de conversion commence par un % et se termine par un caractère de conversion. Entre le % et le caractère de conversion, on peut placer, dans l'ordre :

- Un signe moins, qui cadre l'argument converti à gauche, dans son champ d'impression.
- Un nombre, qui précise la largeur minimum du champ d'impression. L'argument converti sera imprimé dans un champ de largeur au moins égale à ce nombre. Si nécessaire, il sera complété à gauche (ou à droite, si l'on a demandé un cadrage à gauche) afin de remplir totalement le champ.
- Un point, qui sépare la largeur du champ de la précision désirée.
- Un nombre, la précision, qui indique soit le nombre maximum de caractères d'une chaîne à imprimer, soit le nombre de chiffres à imprimer à droite du point décimal d'une valeur en virgule flottante, soit le nombre minimum de chiffres à imprimer pour un entier.

- La lettre `h` si l'entier doit être imprimé comme un `short` ou la lettre `l` si l'entier doit être imprimé comme un `long`.

Les caractères de conversion sont présentés dans la table 7-1. Si le caractère qui suit le `%` n'est pas une spécification de conversion, le comportement est indéterminé.

TABLEAU 7-1. CONVERSIONS DE BASE DE PRINTF

| CARACTÈRE | TYPE DE L'ARGUMENT ; TYPE D'IMPRESSION |
|---|---|
| `d`, `i` | `int` ; nombre décimal. |
| `o` | `int` ; nombre octal non signé (non précédé d'un zéro). |
| `x`, `X` | `int` ; nombre hexadécimal non signé (non précédé de `0x` ou `0X`), en utilisant `abcdef` ou `ABCDEF` pour 10, ...,15. |
| `u` | `int` ; nombre décimal non signé. |
| `c` | `int` ; caractère isolé. |
| `s` | `char *` ; imprime les caractères d'une chaîne jusqu'à rencontrer un `'\0'` ou jusqu'à avoir imprimé le nombre de caractères indiqué par la précision. |
| `f` | `double` ; notation décimale de la forme [−]*m.dddddd*, où le nombre de *d* est donné par la précision (par défaut, 6). |
| `e`, `E` | `double` ; [−]*m.dddddd*e±*xx* ou [−]*m.dddddd*E±*xx*, où le nombre de *d* est donné par la précision (par défaut, 6). |
| `g`, `G` | `double` ; équivaut à `%e` ou `%E` si l'exposant est inférieur à −4 ou supérieur ou égal à la précision ; sinon, équivaut à `%f`. Les zéros ou le point décimal de terminaison ne sont pas imprimés. |
| `p` | `void *` ; pointeur (représentation dépendant de l'implémentation). |
| `%` | aucun argument n'est converti ; imprime un `%`. |

On peut mettre le signe `*` à la place de la largueur ou de la précision ; dans ce cas, la valeur est calculée en convertissant l'argument suivant (qui doit être un `int`). Par exemple, pour imprimer au plus `max` caractères d'une chaîne `s`,

```
printf("%.*s", max, s);
```

La plupart des conversions de mises en forme ont été illustrées dans les chapitres précédents. Mais nous n'avons pas encore parlé de la précision concernant les chaînes de caractères. La table suivante montre l'effet de différentes spécifications sur l'impression de «bonjour, maître» (15 caractères). Nous avons encadré chaque champ par des signes deux points pour bien les séparer.

```
:%s:            :bonjour, maître:
:%12:           :bonjour, maître:
:%.12s:         :bonjour, maî:
:%-12s:         :bonjour, maître:
:%.18s:         :bonjour, maître:
:%-18s:         :bonjour, maître   :
:%18.12s:       :      bonjour, maî:
:%-18.12s:      :bonjour,maî       :
```

Attention : `printf` se réfère à son premier argument pour connaître le nombre d'arguments qui suivent ainsi que leur type. Si jamais il n'y a pas assez d'arguments ou s'ils ne sont pas du bon type, il y aura une certaine confusion et vous obtiendrez des réponses qui n'auront aucun sens. Vous devez aussi être conscient de la différence entre les deux appels suivants :

```
printf(s);          /* Echoue si s contient un % */
printf("%s", s);    /* Méthode sûre */
```

La fonction `sprintf` effectue les mêmes conversions que `printf`, mais elle stocke la sortie dans une chaîne de caractères :

```
int sprintf(char *chaine, char *format, arg1, arg2, ...)
```

`sprintf` formate les arguments $arg_1$, $arg_2$, etc., selon la chaîne `format`, comme auparavant, mais elle place le résultat dans `chaine` au lieu de l'envoyer vers la sortie standard. `chaine` doit être suffisamment grande pour recevoir le résultat.

**Exercice 7-2.** Ecrivez un programme qui imprime de façon sensée une entrée quelconque. Il devra au moins imprimer les caractères non graphiques sous la forme octale ou hexadécimale selon les habitudes locales, et diviser les longues lignes de texte.

## 7.3 Les listes variables d'arguments

Cette section contient l'implémentation d'une version minimale de `printf`, qui montre comment écrire une fonction qui traite de manière portable une liste variable d'arguments. Puisque nous nous intéressons principalement à la gestion des arguments, `minprintf` traitera la chaîne de caractères qui précise le format et les arguments, mais elle appellera la vraie fonction `printf` pour effectuer les conversions de mise en forme.

La véritable déclaration de `printf` est :

```
int printf(char *fmt, ...)
```

où la déclaration `...` signifie que le nombre et le type des arguments concernés peut varier. La déclaration `...` ne peut figurer qu'à la fin d'une liste d'arguments. Notre fonction `minprintf` est déclarée de la façon suivante :

```
void minprintf(char *fmt, ...)
```

car elle ne retournera pas le nombre de caractères traités, contrairement à `printf`.

La partie difficile consiste à savoir comment `minprintf` parcourt la liste d'arguments alors que celle-ci n'a même pas de nom. Le fichier d'en-tête `<stdarg.h>` contient un ensemble de définitions de macros qui indiquent comment parcourir une liste d'arguments. L'implémentation de ce fichier d'en-tête varie dépend de la machine utilisée, mais il présente une interface standard.

Le type `va_list` sert à déclarer une variable qui sera associée à chaque argument à tour de rôle ; dans `minprintf`, cette variable s'appelle `pa`, pour «pointeur d'argument». La macro `va_start` initialise `pa` de façon à ce qu'elle pointe sur le premier argument non nommé. Il faut l'appeler une seule fois avant d'utiliser `pa`. Il doit y avoir au moins un argument nommé ; `va_start` se sert du dernier argument nommé pour l'initialisation.

Chaque appel de va_arg retourne un argument et fait pointer pa sur le suivant ; va_arg a besoin d'un nom de type pour déterminer le type de la valeur de retour et la taille du pas pour pointer sur l'argument suivant. Enfin, va_end réalise le nettoyage nécessaire. Il faut l'appeler avant que la fonction rende la main.

Ces propriétés constituent la base de notre fonction printf simplifiée :

```
#include <stdarg.h>

/* minprintf : printf minimale avec liste variable
               d'arguments */
void minprintf(char *fmt, ...)
{
    va_list pa;    /* pointe à tour de rôle sur chaque
                      argument non nommé */
    char *p, *vals;
    int vali;
    double vald;

    va_start(pa, fmt); /* fait pointer pa sur le premier
                          argument non nommé*/
    for (p = fmt; *p; p++) {
        if (*p != '%') {
            putchar(*p);
            continue;
        }
        switch (*++p) {
        case 'd' :
            vali = va_arg(pa, int);
            printf("%d",vali);
            break;
        case 'f' :
            vald = va_arg(pa, double);
            printf("%f",vald);
            break;
        case 's' :
            for (vals = va_arg(pa, char *); *vals; vals++)
                putchar(*vals);
            break;
        default :
            putchar(*p);
            break;
        }
    }
    va_end(pa);    /* nettoyage final */
}
```

**Exercice 7-3.** Modifiez minprintf de façon à prendre en compte davantage de fonctionnalités offertes par printf.

## 7.4 Les entrées mises en forme — la fonction scanf

La fonction `scanf` est la réciproque de `printf` pour les entrées ; elle fournit les mêmes possibilités de conversions que `printf`, mais dans le sens contraire.

```
int scanf(char *format, ...)
```

`scanf` lit les caractères sur l'entrée standard, les interprète selon les spécifications incluses dans `format` et stocke les résultats dans les arguments suivants. L'argument `format` est décrit ci-dessous ; les autres arguments, *qui doivent tous être des pointeurs*, précisent l'endroit où il faut stocker les entrées converties correspondantes. Comme pour `printf`, cette section présente les fonctionnalités les plus utiles, mais ne constitue pas une liste exhaustive.

`scanf` s'arrête quand elle a fini de parcourir la chaîne `format` ou lorsqu'une entrée ne correspond pas aux spécifications de `format`. La fonction retourne le nombre de données correctement affectées, ce qui permet de savoir combien de données ont été trouvées. En fin de fichier, la fonction retourne `EOF` ; remarquez que ce caractère est différent de zéro, qui signifie que le caractère suivant en entrée ne correspond pas à la première spécification de la chaîne `format`. L'appel suivant de `scanf` reprend la lecture juste après le dernier caractère traité.

Il existe aussi une fonction `sscanf` qui lit dans une chaîne de caractères et non sur l'entrée standard :

int sscanf(char *chaine, char *format, $arg_1$, $arg_2$, ...)

Cette fonction parcourt la chaîne `chaine` d'après les spécifications incluses dans `format` et stocke les valeurs converties dans $arg_1$, $arg_2$, etc. Ces arguments doivent être des pointeurs.

La chaîne `format` contient généralement des spécifications de conversion qui servent à contrôler la mise en forme de l'entrée. La chaîne `format` peut contenir :

- Des espaces ou des caractères de tabulation, qui sont ignorés.
- Des caractères ordinaires (différents de `%`), dont chacun est supposé s'identifier au caractère suivant du flot d'entrée autre qu'un caractère d'espacement.
- Des spécifications de conversion, composées d'un `%`, d'un caractère `*` éventuel qui supprime l'affectation, d'un nombre facultatif donnant la largeur maximum du champ, d'un «`h`», d'un «`l`», ou d'un «`L`» facultatif indiquant la largeur de l'emplacement de réception, et d'un caractère de conversion.

Chaque spécification de conversion détermine à son tour la conversion du champ d'entrée suivant. Normalement, le résultat est placé dans la variable pointée par l'argument correspondant. Si l'on supprime l'affectation, à l'aide de `*`, la fonction saute simplement le champ correspondant en entrée, sans réaliser d'affectation. Un champ en entrée est défini comme une chaîne de caractères différents des caractères d'espacement ; il s'étend soit jusqu'au caractère d'espacement suivant, soit jusqu'à ce que la largeur du champ soit atteinte, si elle est précisée. Cela implique que `scanf` lira au-delà des limites des lignes pour trouver ses données en entrée, puisque le caractère de fin de ligne est un caractère d'espacement. (Les caractères d'espacement sont les caractères «espace», «tabulation», «fin de ligne», «retour chariot», «tabulation verticale» et «saut de page».)

Le caractère de conversion indique comment interpréter le champ en entrée. L'argument correspondant doit être un pointeur, comme l'impose l'appel par valeur, sur lequel se fonde le C. Les caractères de conversion sont présentés dans le tableau 7-2.

TABLEAU 7-2. CONVERSIONS DE BASE DE SCANF

| CARACTÈRE | DONNÉES EN ENTRÉE ; TYPE DE L'ARGUMENT |
|---|---|
| `d` | entier sous forme décimale ; `int *`. |
| `i` | entier ; `int *`. L'entier peut être sous forme octale (précédé par un `0`) ou hexadécimale (précédé par `0x` ou `0X`). |
| `o` | entier sous forme octale (précédé ou non par un zéro) ; `int *`. |
| `u` | entier non signé sous forme décimale; `unsigned int *`. |
| `x` | entier sous forme hexadécimale (précédé ou non par `0x` ou `0X`) ; `int *`. |
| `c` | caractères ; `char *`. Les caractères suivants en entrée (par défaut un seul) sont placés dans le tableau indiqué, sans sauter les caractères d'espacement ne sont pas sautés ; pour lire le prochain caractère différent d'un caractère d'espacement, il faut utiliser `%1s`. |
| `s` | chaîne de caractères (sans guillemets) ; `char *`, pointant sur un tableau de caractères assez grand pour contenir la chaîne et le caractère `'\0'` final qui lui sera ajouté. |
| `e, f, g` | nombre en virgule flottante comportant éventuellement un signe, un point décimal et un exposant ; `float *`. |
| `%` | le caractère `%` ; ne réalise aucune affectation. |

On peut faire précéder les caractères de conversion `d`, `i`, `o`, `u`, et `x` par un `h` pour indiquer que le pointeur figurant dans la liste d'arguments pointe sur un `short` et non sur un `int`, ou par un `l` pour indiquer qu'il pointe sur un `long`. De même, on peut faire précéder les caractères de conversion `e`, `f`, et `g` par un `l` pour indiquer que la liste d'arguments contient un pointeur sur un `double` et non sur un `float`.

Comme premier exemple, on peut réécrire la calculatrice rudimentaire du chapitre 4 en effectuant les conversions en entrée à l'aide de `scanf` :

```
#include <stdio.h>

main()  /* calculateur rudimentaire */
{
    double somme, v;

    somme = 0;
    while (scanf("%lf", &v) == 1)
        printf("\t%.2f\n", somme += v);
    return 0;
}
```

Si nous voulons lire en entrée des lignes contenant des dates de la forme

```
25 Dec 1988
```

l'instruction `scanf` adaptée est

```
int jour, annee;
char nommois[20];

scanf("%d %s %d", &jour, nommois, &annee);
```

On n'utilise pas `&` pour `nommois` car un nom de tableau est un pointeur.

On peut mettre des caractères littéraux dans la chaîne `format` de `scanf` ; dans ce cas, ils doivent correspondre aux mêmes caractères en entrée. Ainsi, nous pourrions lire des dates de la forme `jj/mm/aa` avec l'instruction `scanf` suivante :

```
int jour, mois, annee;

scanf("%d/%d/%d", &jour, &mois, &annee);
```

La fonction `scanf` ignore les espaces et les caractères de tabulation contenus dans la chaîne `format`. De plus, elle saute les caractères d'espacement (espaces, tabulations, fins de ligne, etc.) en cherchant les valeurs d'entrée. Pour lire une entrée dont le format n'est pas fixé, il est souvent plus intéressant de lire une ligne à la fois, puis de la décomposer avec `sscanf`. Par exemple, supposons que nous voulions lire des lignes qui peuvent contenir une date dans les différentes formes présentées ci-dessus. Alors, nous pourrions écrire

```
while (lireligne(ligne, sizeof(ligne)) > 0) {
    if (sscanf(ligne, "%d %s %d", &jour, nommois, &annee) == 3)
        printf("valide : %s\n", ligne); /* forme 25 Dec 1988 */
    else if (sscanf(ligne, "%d/%d/%d", &jour,
        &mois, &annee)==3)              /* forme jj/mm/aa */
        printf("valide : %s\n", ligne);
    else                                /* forme invalide */
        printf("invalide : %s\n", ligne);
}
```

On peut mélanger des appels à `scanf` avec d'autres fonctions d'entrée. L'appel suivant à une fonction d'entrée quelconque commencera par lire le premier caractère que `scanf` n'aura pas lu.

Attention : les arguments de `scanf` et de `sscanf` doivent être *impérativement* des pointeurs. De loin, l'erreur la plus commune est d'écrire

```
scanf("%d", n);
```

au lieu de

```
scanf("%d", &n);
```

Cette erreur n'est généralement pas détectée à la compilation.

**Exercice 7-4.** Ecrivez une version de `scanf`, analogue à `minprintf` de la section précédente.

**Exercice 7-5.** Réécrivez la calculatrice du chapitre 4 à notation postfixée en utilisant `scanf` et/ou `sscanf` pour effectuer l'entrée et la conversion des nombres.

## 7.5 L'accès aux fichiers

Les programmes écrits jusqu'ici lisaient tous l'entrée standard et écrivaient tous sur la sortie standard, qui sont toutes les deux définies automatiquement pour un programme donné par le système d'exploitation sur lequel on travaille.

La prochaine étape va consister à écrire un programme qui accède à un fichier qui n'est *pas encore* connecté au programme. Le programme `cat` illustre clairement le besoin de telles opérations ; ce programme concatène sur la sortie standard un ensemble de fichiers donnés. On utilise `cat` pour afficher des fichiers à l'écran et, de façon plus générale, comme un collecteur d'entrée pour des programmes qui n'ont pas la possibilité d'accéder aux fichiers par leur nom. Par exemple, la commande :

```
cat x.c y.c
```

écrit le contenu des fichiers `x.c` et `y.c` (et rien d'autre) sur la sortie standard.

La question est de savoir comment s'arranger pour que les fichiers indiqués soient lus — c'est-à-dire comment relier les noms externes des fichiers donnés par l'utilisateur a pensé aux instructions qui lisent les données.

Les règles sont simples. Avant de pouvoir lire ou écrire dans un fichier, il faut *ouvrir* ce fichier à l'aide de la fonction de la bibliothèque standard `fopen`. `fopen` prend un nom externe tel que `x.c` ou `y.c`, fait un peu de ménage et négocie avec le système d'exploitation (ce dont les détails ne nous concernent pas), et retourne un pointeur qui servira par la suite à lire et à écrire dans le fichier.

Ce pointeur, appelé *pointeur de fichier*, pointe sur une structure contenant des informations sur le fichier, telles que l'adresse du tampon, la position du caractère courant dans le tampon, des indicateurs permettant de savoir si le fichier est ouvert en lecture ou en écriture, si des erreurs sont intervenues ou si la fin de fichier est atteinte. Les utilisateurs n'ont pas besoin de connaître les détails parce que les définitions contenues dans `<stdio.h>` comportent la déclaration d'une structure appelée `FILE`. La seule déclaration nécessaire pour un pointeur de fichier est par exemple

```
FILE *fp;
FILE *fopen(char *nom, char *mode);
```

Ceci indique que `fp` est un pointeur sur un `FILE` et que `fopen` retourne un pointeur sur un `FILE`. Il est à noter que `FILE` est un nom de type, comme `int`, et non une étiquette de structure ; il est défini à l'aide d'un `typedef`. (Des détails sur la façon dont on peut implémenter `fopen` sur le système UNIX sont donnés à la section 8.5.)

L'appel à `fopen` dans un programme s'écrit

```
fp = fopen(nom, mode);
```

Le premier argument de `fopen` est une chaîne de caractères contenant le nom du fichier. Le second argument est le *mode*, également une chaîne de caractères, qui précise la manière dont on veut utiliser le fichier. Les modes autorisés sont la lecture (`"r"`), l'écriture (`"w"`) et l'ajout (`"a"`). Certains systèmes font la distinction entre les fichiers en mode texte ou binaire ; pour ces derniers, il faut ajouter un `"b"` à la fin de la chaîne de caractères de mode.

Si l'on ouvre un fichier qui n'existe pas en écriture ou en ajout, il est créé, si c'est possible. Ouvrir un fichier existant en écriture provoque l'écrasement du contenu précédent alors que l'ouvrir en ajout conserve ce contenu. Il se produit une erreur si l'on essaie de lire un fichier qui n'existe pas, et il existe d'autres erreurs, par exemple essayer de lire un fichier sans avoir le droit d'accès correspondant. En cas d'erreur, `fopen` retourne `NULL`. (Il est possible d'identifier l'erreur de façon plus précise ; voir la description des fonctions de gestion des erreurs à la fin de la section 1 de l'annexe B.)

Ensuite, il faut trouver un moyen de lire ou écrire dans le fichier après son ouverture. Il existe plusieurs possibilités, dont les plus simples sont `getc` et `putc`. La fonction `getc` retourne le caractère suivant du fichier ; elle a besoin du pointeur de fichier pour savoir sur quel fichier elle doit travailler.

```
int getc(FILE *fp)
```

`getc` retourne le caractère suivant du flot désigné par `fp` ; elle retourne `EOF` si elle rencontre la fin de fichier ou en cas d'erreur.

`putc` est une fonction de sortie :

```
int putc(int c, FILE *fp)
```

`putc` écrit le caractère `c` dans le fichier désigné par `fp` et retourne le caractère écrit ou `EOF` en cas d'erreur. Comme `getchar` et `putchar`, il se peut que `getc` et `putc` soient des macros et non des fonctions.

Quand un programme C démarre, l'environnement du système d'exploitation est chargé d'ouvrir trois fichiers et de fournir les pointeurs de fichiers associés. Ces fichiers sont l'entrée standard, la sortie standard et l'erreur standard ; les pointeurs de fichiers correspondants sont baptisés `stdin`, `stdout` et `stderr` et sont déclarés dans `<stdio.h>`. Normalement, `stdin` est relié au clavier, et `stdout` et `stderr` sont reliés à l'écran, mais `stdin` et `stdout` peuvent être redirigées vers des fichiers ou des tubes comme nous l'avons précisé à la section 7.1.

On peut définir `getchar` et `putchar` à l'aide de `getc`, `putc`, `stdin` et `stdout`, de la manière suivante :

```
#define getchar()  getc(stdin)
#define putchar(c) putc((c), stdout)
```

Pour les entrées et les sorties mises en forme sur des fichiers, on peut employer les fonctions `fscanf` et `fprintf`. Elles sont identiques à `scanf` et `printf`, mis à part que leur premier argument est un pointeur de fichier qui précise le fichier à lire ou écrire ; la chaîne de caractères `format` est le second argument

```
int fscanf(FILE *fp, char *format, ...)
int fprintf(FILE *fp, char *format, ...)
```

Après ces préliminaires, nous pouvons désormais écrire le programme `cat` pour concaténer des fichiers. L'idée de base utilisée constitue une méthode très opportune pour beaucoup de programmes. Si la ligne de commande comporte plusieurs arguments, ils sont interprétés comme des noms de fichiers et sont traités dans l'ordre. S'il n'y a aucun argument, on utilise l'entrée standard.

```
#include <stdio.h>

/* cat : concatène des fichiers, version 1 */
main(int argc, char *argv[])
{
    FILE *fp;
    void copierfich(FILE *, FILE *);

    if (argc == 1)  /* pas d'args : copie l'entrée standard */
        copierfich(stdin, stdout);
    else
        while (--argc > 0)
            if ((fp = fopen(*++argv, "r")) == NULL) {
                printf("cat : impossible d'ouvrir %s\n", *argv);
                return 1;
            } else {
                copierfich(fp, stdout);
                fclose(fp);
            }
    return 0;
}
```

```
/* copierfich : copie le fichier fpe dans le fichier fps */
void copierfich(FILE *fpe, FILE *fps)
{
    int c;

    while ((c = getc(fpe)) != EOF)
        putc(c, fps);
}
```

Les pointeurs de fichier `stdin` et `stdout` sont des objets de type `FILE *`. Cependant, ce sont des constantes et non pas des variables, c'est pourquoi on ne peut pas leur affecter une autre valeur.

La fonction

```
int fclose(FILE *fp)
```

est l'inverse de `fopen` ; elle rompt le lien entre le pointeur de fichier et le nom externe établi par `fopen`, libérant ainsi le pointeur de fichier pour un autre fichier. Puisque la plupart des systèmes d'exploitation limitent le nombre de fichiers qu'un programme peut ouvrir simultanément, il vaut mieux libérer les pointeurs de fichiers quand on n'en a plus besoin, comme nous l'avons fait dans `cat`. Une autre raison justifie l'utilisation de `fclose` pour un fichier en sortie — elle force l'écriture du tampon dans lequel `putc` stocke les sorties. `fclose` est appelée automatiquement pour chaque fichier ouvert quand un programme se termine normalement. (Il est possible de fermer `stdin` et `stdout` s'ils ne sont pas nécessaires. Ils peuvent également être réaffectés à l'aide de la fonction `freopen` de la bibliothèque.)

## 7.6 La gestion des erreurs — les fonctions stderr et exit

Le traitement des erreurs dans `cat` n'est pas parfait. Si l'accès à l'un des fichiers n'est pas possible pour une raison quelconque, il est regrettable d'écrire les messages de diagnostic à la suite de la sortie concaténée. Ceci est acceptable si la sortie se fait sur un écran, mais pas vers un fichier, ou vers un autre programme via un tube.

Pour mieux gérer cette situation, un second flot de sortie, baptisé `stderr` ou erreur standard, est affecté à un programme de la même manière que `stdin` et `stdout`. Les sorties écrites sur `stderr` apparaissent généralement à l'écran même si l'on a redirigé la sortie standard.

Corrigeons `cat` de façon à écrire les messages d'erreurs sur la sortie erreur standard.

```
#include <stdio.h>

/* cat : concatène des fichiers, version 2 */
main(int argc, char *argv[])
{
    FILE *fp;
    void copierfich(FILE *, FILE *);
    char *prog = argv[0];
            /* nom du programme, pour identifier les erreurs */
```

```
    if (argc == 1)  /* pas d'args : copie l'entrée standard */
        copierfich(stdin, stdout);
    else
        while (--argc > 0)
            if ((fp = fopen(*++argv, "r")) == NULL) {
                fprintf(stderr, "%s : impossible d'ouvrir %s\n",
                        prog, *argv);
                exit(1);
            } else {
                copierfich(fp, stdout);
                fclose(fp);
            }
    if (ferror(stdout)) {
        fprintf(stderr, "%s : erreur d'écriture sur stdout\n",
                prog);
        exit(2);
    }
    exit(0);
}
```

Le programme signale les erreurs de deux façons différentes. Premièrement, la sortie de diagnostic produite par `fprintf` est envoyée sur `stderr`, elle va donc sur l'écran au lieu de se perdre dans un tube ou un fichier de sortie. Le message comprend le nom du programme, trouvé dans `argv[0]`, permettant ainsi d'identifier la source de l'erreur si le programme est utilisé avec d'autres.

Deuxièmement, ce programme utilise la fonction `exit` de la bibliothèque standard, qui met fin à l'exécution du programme. L'argument de `exit` est accessible par le processus appelant quel qu'il soit, permettant ainsi le test du succès ou de l'échec du programme par un autre programme qui l'utilise comme un sous-processus. Par convention, une valeur de retour égale à 0 indique un arrêt normal ; une valeur différente de zéro signale habituellement une situation anormale. `exit` appelle `fclose` pour chaque fichier ouvert pour forcer l'écriture de tous les tampons de sortie.

L'emploi de `return` *expr* à l'intérieur de la fonction `main` est équivalent à `exit(`*expr*`)`. La fonction `exit` a l'avantage de pouvoir être appelée à partir d'autres fonctions, et on peut rencontrer des appels à cette fonction dans un programme de recherche suivant un modèle, comme au chapitre 5.

La fonction `ferror` retourne une valeur non nulle si une erreur se produit sur le flot `fp`.

```
int ferror(FILE *fp)
```

Bien que les erreurs en sortie soient rares, elles peuvent arriver (par exemple, si un disque est saturé) ; c'est pourquoi un programme produisant des sorties doit également effectuer ce test.

La fonction `feof(FILE *)` est analogue à `ferror` ; elle retourne une valeur non nulle si la fin de fichier a été rencontrée sur le fichier en question.

```
int feof(FILE *fp)
```

Nous ne nous sommes pas préoccupés des codes de retour dans nos petits programmes d'illustration, mais tout programmme sérieux devra prendre soin de retourner des valeurs utiles et judicieuses.

## 7.7 Les entrées et sorties de lignes

La bibliothèque standard fournit une fonction d'entrée `fgets` équivalente à la fonction `lireligne` que nous avons utilisée dans les chapitres précédents :

```
char *fgets(char *line, int maxline, FILE *fp)
```

`fgets` lit la ligne suivante du fichier associé à `fp` (y compris le caractère de fin de ligne) et la stocke dans le tableau de caractères `line` ; cette fonction lira au maximum `maxline-1` caractères. La ligne qui en résulte est terminée par `'\0'`. Normalement, `fgets` retourne `line` ; en fin de fichier ou en cas d'erreur, elle retourne `NULL`. (Notre fonction `lireligne` retourne la longueur de la ligne, qui est une valeur plus utile ; zéro indique la fin du fichier.)

En ce qui concerne la sortie, la fonction `fputs` écrit dans un fichier une chaîne de caractères (qui ne contient pas nécessairement un caractère de fin de ligne) :

```
int fputs(char *line, FILE *fp)
```

Elle retourne `EOF` en cas d'erreur, zéro sinon.

Les fonctions `gets` et `puts` de la bibliothèque sont équivalentes à `fgets` et `fputs`, mis à part qu'elles agissent sur `stdin` et `stdout`. Attention : `gets` supprime le `'\n'` final et `puts` l'ajoute.

Pour montrer qu'il n'y a rien de spécial dans les fonctions `fgets` et `fputs`, en voici une version provenant de la bibliothèque standard de notre système.

```
/* fgets :  lit au moins n caractères dans iop */
char *fgets(char *s, int n, FILE *iop)
{
    register int c;
    register char *cs;

    cs = s;
    while (--n > 0 && (c = getc(iop)) != EOF)
        if ((*cs++ = c) == '\n')
            break;
    *cs = '\0';
    return (c == EOF && cs = s) ? NULL : s;
}


/* fputs :  écrit la chaîne s dans le fichier iop */
int fputs(char *s, FILE *iop)
{
    int c;

    while (c = *s++)
        putc(c, iop);
    return ferror(iop) ? EOF : 0;
}
```

La norme spécifie que `ferror` retourne une valeur non nulle en cas d'erreur ; `fputs` retourne une valeur positive ou nulle, ou bien `EOF` en cas d'erreur.

Il est facile d'implémenter notre fonction `lireligne` en se servant de `fgets` :

```
/* lireligne : lit une ligne, retourne sa longueur */
int lireligne(char *ligne, int max)
{
    if (fgets(ligne, max, stdin) == NULL)
        return 0;
    else
        return strlen(ligne);
}
```

**Exercice 7-6.** Ecrivez un programme qui compare deux fichiers et affiche la première ligne qui diffère.

**Exercice 7-7.** Modifiez le programme de recherche suivant un modèle du chapitre 5, de façon qu'il prenne les données en entrée dans un ensemble de fichiers spécifiés en arguments ou, si l'on n'en fournit aucun, à partir de l'entrée standard. Faut-il afficher le nom du fichier lorsqu'on a trouvé une ligne correspondant au modèle ?

**Exercice 7-8.** Ecrivez un programme qui affiche un ensemble de fichiers, en faisant commencer chacun d'entre eux au début d'une page, et en indiquant le titre et le numéro de page pour chaque fichier.

## 7.8 Quelques fonctions diverses

La bibliothèque standard fournit une large gamme de fonctions. Cette section présente un bref résumé des plus utiles d'entre elles. On pourra trouver plus de détails et beaucoup d'autres fonctions à l'annexe B.

### 7.8.1 Les opérations sur les chaînes de caractères

Nous avons déjà mentionné les fonctions `strlen`, `strcpy`, `strcat` et `strcmp` qui se trouvent dans <string.h>. Dans ce qui suit, `s` et `t` sont de type `char *`, et `c` et `n` de type `int`.

| | |
|---|---|
| `strcat(s,t)` | concatène `t` à la suite de `s` |
| `strncat(s,t,n)` | concatène `n` caractères de `t` à la suite de `s` |
| `strcmp(s,t)` | retourne une valeur négative si `s` < `t`, nulle si `s == t`, et positive si `s` > `t` |
| `strncmp(s,t,n)` | identique à `strcmp`, mais ne travaille que sur les `n` premiers caractères |
| `strcpy(s,t)` | copie `t` dans `s` |
| `strncpy(s,t,n)` | copie au plus `n` caractères de `t` dans `s` |
| `strlen(s)` | retourne la longueur de `s` |
| `strchr(s,c)` | retourne un pointeur sur la première occurrence de `c` dans `s`, ou `NULL` si `c` ne figure pas dans `s` |
| `strrchr(s,c)` | retourne un pointeur sur la dernière occurrence de `c` dans `s`, ou `NULL` si `c` ne figure pas dans `s` |

### 7.8.2 Les tests de classe des caractères et les conversions

Plusieurs fonctions de `<ctype.h>` réalisent des tests et des conversions sur des caractères. Dans ce qui suit, `c` est un `int` qui peut être représenté en tant que `unsigned char`, ou `EOF`. Les fonctions retournent un `int`.

| | |
|---|---|
| `isalpha(c)` | valeur non nulle si `c` est une lettre, nulle sinon |
| `isupper(c)` | valeur non nulle si `c` est une lettre majuscule, nulle sinon |
| `islower(c)` | valeur non nulle si `c` est une lettre minuscule, nulle sinon |
| `isdigit(c)` | valeur non nulle si `c` est un chiffre, nulle sinon |
| `isalnum(c)` | valeur non nulle si `isalpha(c)` ou `isdigit(c)` est vrai, nulle sinon |
| `isspace(c)` | valeur non nulle si `c` est un espace, une tabulation, une fin de ligne, un retour chariot, un saut de page ou une tabulation verticale |
| `toupper(c)` | retourne `c` converti en majuscule |
| `tolower(c)` | retourne `c` converti en minuscule |

### 7.8.3 Ungetc

La bibliothèque standard fournit une version plutôt restreinte de la fonction `remettrecar` que nous avons écrite au chapitre 4 ; elle s'appelle `ungetc`.

```
int ungetc(int c, FILE *fp)
```

remet le caractère `c` dans le fichier associé à `fp` et retourne `c`, ou `EOF` en cas d'erreur. On ne peut remettre qu'un seul caractère par fichier de façon sûre. On peut utiliser `ungetc` avec toutes les fonctions d'entrée, telles que `scanf`, `getc` ou `getchar`.

### 7.8.4 L'exécution de commandes

La fonction `system(char *s)` exécute la commande contenue dans la chaîne de caractères `s`, puis reprend l'exécution du programme en cours. Le contenu de `s` dépend beaucoup du système d'exploitation sur lequel on travaille. Voici un exemple trivial sur les systèmes UNIX

```
system("date");
```

Cette instruction permet d'exécuter le programme `date` ; il affiche la date et l'heure sur la sortie standard. `system` retourne une valeur entière dépendant du système venant de la commande exécutée. Sur le système UNIX, la valeur est celle retournée par `exit`.

### 7.8.5 La gestion de la mémoire

Les fonctions `malloc` et `calloc` permettent d'obtenir dynamiquement des blocs de mémoire.

```
void *malloc(size_t n)
```

retourne un pointeur sur `n` octets de mémoire non initialisée, ou bien `NULL` si la demande ne peut pas être satisfaite.

```
void *calloc(size_t n, size_t size)
```

retourne un pointeur sur un espace suffisamment grand pour contenir un tableau de `n` objets de la taille indiquée, ou bien `NULL` si la demande ne peut pas être satisfaite. La mémoire est initialisée à zéro.

Le pointeur retourné par `malloc` ou `calloc` est aligné convenablement selon l'objet en question, mais il faut le convertir dans le type approprié, comme dans

```
int *pi;

pi = (int *) calloc(n, sizeof(int));
```

`free(p)` libère l'espace pointé par `p`, où `p` a été obtenu précédemment par appel à `malloc` ou `calloc`. Il n'y a aucune restriction sur l'ordre de libération de l'espace mémoire, mais chercher à libérer quelque chose qui n'a pas été obtenu par appel à `calloc` ou `malloc` constitue une grave erreur.

C'est aussi une erreur d'utiliser quelque chose après l'avoir libéré. La boucle ci-dessous qui libère les objets d'une liste, constitue une partie de code typique, mais erronée :

```
for (p = tete; p != NULL; p = p->suiv)     /* ERREUR */
    free(p);
```

La méthode correcte consiste à sauver ce dont on a besoin avant de le libérer :

```
for (p = tete; p != NULL; p = q) {
    q = p->suiv;
    free(p);
}
```

La section 8.7 montre l'implémentation d'un programme d'allocation mémoire comparable à `malloc`, grâce auquel on peut libérer les blocs alloués dans un ordre quelconque.

## 7.8.6 Les fonctions mathématiques

Il y a plus de vingt fonctions mathématiques déclarées dans `<math.h>` ; en voici quelques unes, parmi les plus fréquemment utilisées. Chacune d'entre elles prend un ou deux arguments de type `double` et retourne un `double`.

| | |
|---|---|
| `sin(`$x$`)` | sinus de $x$, $x$ en radians |
| `cos(`$x$`)` | cosinus de $x$, $x$ en radians |
| `atan2(`$y$`,`$x$`)` | arc tangente de $y/x$, en radians |
| `exp(`$x$`)` | fonction exponentielle $e^x$ |
| `log(`$x$`)` | logarithme népérien (base $e$) de $x$ ($x > 0$) |
| `log10(`$x$`)` | logarithme à base 10 de $x$ ($x > 0$) |
| `pow(`$x$`,`$y$`)` | $x^y$ |
| `sqrt(`$x$`)` | racine carrée de $x$ ($x \geq 0$) |
| `fabs(`$x$`)` | valeur absolue de $x$ |

### 7.8.7 La génération de nombres aléatoires

La fonction `rand()` calcule une séquence d'entiers pseudo-aléatoires compris entre zéro et `RAND_MAX`, qui est défini dans `<stdlib.h>`. Voici un moyen de produire un nombre aléatoire en virgule flottante, supérieur ou égal à zéro mais inférieur à un :

```
#define frand() ((double) rand() / (RAND_MAX+1))
```

(Si votre bibliothèque fournit déjà une fonction générant des nombres aléatoires en virgule flottante, elle a probablement de meilleures propriétés statistiques que celle-ci.)

La fonction `srand(unsigned)` fixe l'amorce de la séquence pour `rand`. L'implémentation portable de `rand` et `srand` suggérée par la norme est présentée à la section 2.7.

**Exercice 7-9.** Il est possible d'écrire soi-même des fonctions comme `isupper` pour gagner de la place ou du temps. Explorez les deux possibilités.

# CHAPITRE 8 : L'interface avec le système UNIX

Le système d'exploitation UNIX fournit ses services grâce à un ensemble d'*appels système*, qui sont en fait des fonctions internes au système d'exploitation qui peuvent être appelées par les programmes utilisateurs. Ce chapitre décrit comment utiliser certains appels système parmi les plus importants à partir de programmes C. Si vous utilisez UNIX, ceci devrait nettement vous aider, car il est parfois nécessaire d'utiliser des appels système pour obtenir une efficacité maximum ou pour utiliser des possibilités qui ne sont pas dans la bibliothèque. Toutefois, même si vous utilisez le langage C sur un système d'exploitation différent, vous devriez vous perfectionner dans la programmation en C en étudiant ces exemples ; bien que des détails diffèrent, on trouvera un code similaire sur n'importe quel système. Puisque la bibliothèque ANSI C est dans la plupart des cas basée sur les fonctionnalités d'UNIX, ces lignes de code peuvent également vous aider à comprendre la bibliothèque.

Ce chapitre se compose de trois parties principales : les entrées-sorties, le système de fichiers et l'allocation de la mémoire. Les deux premières parties supposent que le lecteur soit quelque peu familier des caractéristiques des systèmes UNIX.

Le chapitre 7 se rapportait à une interface d'entrées-sorties commune à tous les systèmes d'exploitation. Quel que soit le système particulier utilisé, les routines de la bibliothèque standard doivent être écrites avec les moyens fournis par le système sur lequel on travaille. Dans les sections suivantes, nous décrirons les appels système UNIX pour les entrées et les sorties et nous montrerons comment les utiliser pour implémenter des parties de la bibliothèque standard.

## 8.1 Les descripteurs de fichiers

Dans le système d'exploitation UNIX, toutes les entrées-sorties sont réalisées en lisant ou en écrivant dans des fichiers, car tous les périphériques, y compris le clavier et l'écran, sont des fichiers dans le système de fichiers. Cela signifie qu'une interface unique et homogène gère toutes les communications entre un programme et les périphériques.

Dans le cas général, avant de lire ou d'écrire dans un fichier, vous devez prévenir le système de votre intention ; c'est ce qu'on appelle *ouvrir* un fichier. De même, si vous voulez écrire dans un fichier, il sera peut-être nécessaire de le créer ou de détruire ce qu'il contenait précédemment. Le système vérifie si vous avez le droit d'agir ainsi (le fichier existe-t'il ? Avez-vous les droits d'accès nécessaires ?), et dans l'affirmative, il renvoie au programme un entier positif ou nul de petite valeur appelé un *descripteur de fichier*. A chaque fois que l'on veut effectuer une entrée ou une sortie sur le fichier, on utilise le descripteur de fichier à la place du nom de fichier pour le référencer. (Un descripteur de fichier est équivalent au pointeur de fichier utilisé par la bibliothèque standard ou le descripteur de fichier sous MS-DOS.) Toutes les informations concernant les fichiers ouverts sont tenues à jour par le système ; le programme utilisateur fait référence au fichier uniquement à l'aide du descripteur de fichier.

Puisque les entrées-sorties mettant en jeu le clavier et l'écran sont très courantes, des dispositions particulières permettent de les rendre plus pratiques. Lorsque l'interpréteur de commandes (le «shell») lance un programme, trois fichiers sont ouverts, auxquels sont associés les descripteurs de fichiers 0, 1 et 2 appelés l'entrée standard, la sortie standard et l'erreur standard. Si un programme lit dans le fichier de descripteur 0 et écrit dans les fichiers de descripteurs 1 et 2, il peut réaliser des entrées-sorties sans se soucier d'ouvrir des fichiers. L'utilisateur d'un programme peut rediriger les opérations d'entrées-sorties vers des fichiers à l'aide de < et > :

```
prog < fichentree > fichsortie
```

Dans ce cas, le «shell» change l'affectation implicite des descripteurs 0 et 1 en les affectant aux fichiers indiqués. Normalement, le descripteur 2 reste attaché à l'écran ce qui permet d'afficher les messages d'erreurs. On peut effectuer les mêmes observations sur les entrées-sorties associées à un tube. Dans tous les cas, l'affectation des descripteurs de fichiers est changée par le «shell», mais pas par le programme. Le programme ignore d'où vient son entrée et où va sa sortie tant qu'il utilise le descripteur de fichier 0 pour l'entrée et les descripteurs 1 et 2 pour la sortie.

## 8.2 Les entrées-sorties de bas niveau — read et write

Les entrées-sorties sont réalisées par les appels système `read` et `write` qui sont accessibles à partir de programmes C par deux fonctions appelées `read` et `write`. Pour les deux fonctions, le premier argument est un descripteur de fichier. Le second argument est un tableau de caractères du programme où les données doivent être reçues ou lues. Le troisième argument est le nombre d'octets à transférer.

```
int n_lus = read(int fd, char *tamp, int n);

int n_ecrits = write(int fd, char *tamp, int n);
```

Chaque appel renvoie le nombre d'octets transférés. En lecture, le nombre d'octets retourné peut être inférieur au nombre demandé. Une valeur de retour égale à zéro indique une fin de fichier, et une valeur égale à `-1`, une erreur quelconque. En écriture, la valeur de retour est le nombre d'octets écrits ; si ce nombre n'est pas égal au nombre demandé, il s'est produit une erreur.

On peut lire ou écrire un nombre quelconque d'octets en utilisant un seul appel. Les valeurs les plus courantes sont 1, qui signifie un caractère à la fois («sans mise en mémoire tampon»), et un nombre tel que 1024 ou 4096 qui correspond à la taille d'un bloc physique pour un périphérique. Des tailles plus grandes augmenteront l'efficacité parce qu'on effectuera moins d'appels système.

En rassemblant ces remarques, nous pouvons écrire un programme simple qui recopie ses données en entrée vers sa sortie, équivalent au programme de copie de fichier présenté au chapitre 1. Ce programme recopiera d'une origine quelconque vers une destination quelconque car l'entrée et la sortie peuvent être redirigées vers un fichier ou un périphérique quelconque.

```
#include "appelsys.h"

main()  /* copie l'entrée sur la sortie */
{
    char tamp[BUFSIZ];
    int n;

    while ((n = read(0, tamp, BUFSIZ)) > 0)
        write(1, tamp, n);
    return 0;
}
```

Nous avons rassemblé des prototypes de fonction des appels système dans un fichier appelé `appelsys.h`, que nous pouvons donc inclure dans les programmes de ce chapitre. Cependant, ce nom n'est pas standard.

Le paramètre `BUFSIZ` est également défini dans `appelsys.h` ; sa valeur est supposée être une bonne taille de tampon pour le système sur lequel on travaille. Si la taille d'un fichier n'est pas un multiple de `BUFSIZ`, certains appels à `read` retourneront un nombre d'octets inférieur à celui demandé ; l'appel suivant à `read` retournera la valeur zéro.

Il est intéressant de voir comment on peut se servir de `read` et `write` pour construire des routines de plus haut niveau comme `getchar`, `putchar`, etc. Par exemple, voici une version de `getchar` qui réalise des entrées sans mise en mémoire tampon, en lisant un caractère à la fois sur l'entrée standard.

```
#include "appelsys.h"

/* getchar : entrée d'un caractère sans tampon */
int getchar(void)
{
    char c;

    return (read(0, &c, 1) == 1) ? (unsigned char) c : EOF;
}
```

`c` doit être de type `char` parce que `read` a besoin d'un pointeur de caractère. La conversion de `c` en `unsigned char` dans l'instruction `return` élimine tout problème de bit de signe.

La seconde version de `getchar` réalise des entrées par gros morceaux et renvoie les caractères un par un.

```
#include "appelsys.h"

/* getchar : version simple avec tampon */
int getchar(void)
{
    static char tamp[BUFSIZ];
    static char *ptamp = tamp;
    static int n = 0;

    if (n == 0) {   /* le tampon est vide */
        n = read(0, tamp, sizeof tamp);
        ptamp = tamp;
    }
    return (--n >= 0) ? (unsigned char) *ptamp++ : EOF;
}
```

Si ces versions de `getchar` devaient être compilées en incluant `<stdio.h>`, il serait nécessaire d'utiliser l'instruction `#undef` pour le nom de `getchar` dans le cas où cette routine serait implémentée par une macro.

## 8.3 Les appels système open, creat, close et unlink

En dehors des fichiers d'entrée, de sortie et d'erreur standard ouverts par défaut, vous devez explicitement ouvrir les fichiers sur lesquels vous voulez lire ou écrire. Il existe pour cela deux appels système, `open` et `creat`.

`open` ressemble assez à `fopen` dont nous avons parlé au chapitre 7, mis à part qu'au lieu de retourner un pointeur de fichier, il retourne un descripteur de fichier, qui est un simple `int`. `open` retourne la valeur `-1` en cas d'erreur.

```
#include <fcntl.h>

int fd;
int open(char *name, int flags, int perms);

fd = open(nom, drapeaux, perms);
```

Comme pour `fopen`, l'argument `nom` est une chaîne de caractères contenant le nom du fichier. Le second argument, `drapeaux`, est un `int` qui indique comment ouvrir le fichier ; les valeurs principales prises par cet argument sont :

| | |
|---|---|
| O_RDONLY | ouvre uniquement en lecture |
| O_WRONLY | ouvre uniquement en écriture |
| O_RDWR | ouvre en lecture et écriture |

Ces constantes sont définies dans `<fcntl.h>` sur les systèmes UNIX System V et dans `<sys/file.h>` sur les version Berkeley (BSD).

Pour ouvrir un fichier existant en lecture, on écrit

```
fd = open(nom, O_RDONLY, 0);
```

L'argument `perms` vaudra toujours zéro pour les utilisations de `open` dont nous allons traiter.

On commet une erreur en essayant d'ouvrir un fichier qui n'existe pas. L'appel système `creat` sert à créer de nouveaux fichiers ou à réécrire des anciens.

```
int creat(char *name, int perms);

fd = creat(nom, perms);
```

retourne un descripteur de fichier s'il est possible de créer le fichier et `-1` dans le cas contraire. Si le fichier existe déjà, `creat` le réduit à une longueur nulle, effaçant ainsi son précédent contenu ; utiliser `creat` avec un fichier qui existe déjà ne constitue pas une erreur.

Si le fichier n'existe pas encore, `creat` le crée avec les droits d'accès indiqués par l'argument `perms`. Dans le système de fichiers d'UNIX, neuf bits de droits d'accès sont associés à un fichier et contrôlent les accès en lecture, en écriture et en exécution effectués par le propriétaire du fichier, par le groupe du propriétaire et par tous les autres. On peut donc utiliser un nombre à 3 chiffres en base huit pour indiquer les droits d'accès. Par exemple, 0755 donne des droits de lecture, d'écriture et d'exécution au propriétaire, et de lecture et d'exécution au groupe et à tous les autres.

Pour illustrer ceci, voici une version simplifiée du programme UNIX `cp`, qui copie un fichier dans un autre. Notre version ne copie qu'un fichier, ne permet pas au second argument d'être un répertoire et impose les droits d'accès au lieu de les copier.

```
#include <stdio.h>
#include <fcntl.h>
#include "appelsys.h"
#define PERMS 0666      /* lecture et écriture pour le */
            /* propriétaire, le groupe et les autres */

void erreur(char *, ...);

/* cp : copie f1 dans f2 */
main(int argc, char *argv[])
{
    int f1, f2, n;
    char tamp[BUFSIZ];

    if (argc != 3)
        erreur("Usage : cp fich_source fich_dest");
    if ((f1 = open(argv[1], O_RDONLY, 0)) == -1)
        erreur("cp : impossible d'ouvrir %s", argv[1]);
    if ((f2 = creat(argv[2], PERMS)) == -1)
        erreur("cp : impossible de créer %s, mode %03o",
               argv[2], PERMS);
    while ((n = read(f1, tamp, BUFSIZ)) > 0)
        if (write(f2, tamp, n) != n)
            erreur("cp : erreur d'écriture dans %s",
                   argv[2]);
    return 0;
}
```

Ce programme crée le fichier de sortie avec des droits d'accès fixes de 0666. A l'aide de l'appel système `stat` décrit à la section 8.6, nous pouvons déterminer le mode d'un fichier existant et donner alors le même mode au fichier copié.

Remarquez que la fonction `erreur` est appelée avec une liste variable d'arguments, tout comme la fonction `printf`. Le code de la fonction `erreur` illustre la façon d'utiliser un autre membre de la famille `printf`. La fonction `vprintf` de la bibliothèque standard est équivalente à `printf`, sauf que la liste variable d'arguments est remplacée par un seul argument initialisé en appelant la macro `va_start`. De même, `vfprinf` et `vsprintf` correspondent à `fprintf` et `sprintf`.

```
#include <stdio.h>
#include <stdarg.h>

/* erreur : affiche un message d'erreur et meurt */
void erreur(char *fmt, ...)
{
    va_list args;

    va_start(args, fmt);
    fprintf(stderr, "erreur : ");
    vfprintf(stderr, fmt, args);
    fprintf(stderr, "\n");
    va_end(args);
    exit(1);
}
```

Le nombre de fichiers pouvant être ouverts simultanément est limité (souvent une vingtaine). En conséquence, tout programme désirant manipuler beaucoup de fichiers doit être prêt à réutiliser les descripteurs de fichiers. La fonction `close(int fd)` rompt la liaison entre un descripteur de fichier et un fichier ouvert et libère ainsi le descripteur de fichier pour une utilisation avec un autre fichier ; elle correspond à `fclose` de la bibliothèque standard, mis à part qu'il n'y a pas de tampon dont il faut forcer l'écriture. La fin d'un programme par `exit` ou le retour du programme principal ferme tous les fichiers ouverts.

La fonction `unlink(char *name)` détruit le fichier `name` du système de fichiers. Elle correspond à la fonction `remove` de la bibliothèque standard.

**Exercice 8-1.** Réécrivez le programme `cat` du chapitre 7 en vous servant de `read`, `write`, `open` et `close`, au lieu de leurs équivalents de la bibliothèque standard. Effectuez des tests pour déterminer les vitesses relatives des deux versions.

## 8.4 L'accès sélectif — lseek

Les entrées-sorties sont normalement séquentielles : chaque `read` ou `write` a lieu dans le fichier à la position juste derrière celle où a eu lieu la précédente opération. Toutefois, en cas de nécessité, un fichier peut être lu ou écrit dans un ordre arbitraire. L'appel système `lseek` permet de se déplacer dans un fichier sans rien lire ni écrire :

```
long lseek(int fd, long offset, int origin)
```

fixe la position courante à `offset` dans le fichier dont le descripteur de fichier est `fd` ; `offset` est une position relative à celle indiquée par `origin`. La lecture ou l'écriture suivante s'effectuera à partir de cette nouvelle position. Les valeurs prises par `origin` peuvent être 0, 1 ou 2 et permettent d'indiquer s'il faut calculer `offset` respectivement à partir du début, de la position courante ou de la fin du fichier. Par exemple, pour effectuer un ajout à un fichier (la redirection >> pour le shell d'UNIX ou `"a"` pour `fopen`), il suffit de se positionner à la fin du fichier avant d'y écrire :

```
lseek(fd, 0L, 2);
```

Pour retourner au début («rembobinage»),

```
lseek(fd, 0L, 0);
```

Remarquez que l'on peut aussi écrire l'argument `0L` sous la forme `(long) 0`, ou `0` tout court si `lseek` est déclaré convenablement.

Avec `lseek`, on peut traiter les fichiers à peu près comme de grands tableaux, mais le temps d'accès est plus long. Par exemple, la fonction suivante lit un nombre d'octets quelconque à un endroit arbitraire dans un fichier. Elle retourne le nombre d'octets lus, ou bien `-1` en cas d'erreur.

```
#include "appelsys.h"

/* lire : lit n octets à partir de la position pos */
int lire(int fd, long pos, char *tamp, int n)
{
    if (lseek(fd, pos, 0) >= 0)  /* se place à pos */
        return read(fd, tamp, n);
    else
        return -1;
}
```

La valeur de retour de `lseek` est un `long` qui donne la nouvelle position dans le fichier, ou bien `-1` en cas d'erreur. La fonction `fseek` de la bibliothèque standard est équivalente à `lseek`, mis à part que le premier argument est de type `FILE *` et que la valeur de retour est différente de zéro en cas d'erreur.

## 8.5 Exemple — une implémentation de fopen et getc

Nous allons maintenant illustrer comment tous ces éléments se combinent en présentant une version des fonctions `fopen` et `getc` de la bibliothèque standard.

Rappelons que dans la bibliothèque standard, les fichiers sont décrits par des pointeurs de fichiers, et non des descripteurs de fichiers. Un pointeur de fichier est un pointeur sur une structure contenant quelques informations sur le fichier : un pointeur sur un tampon permettant au fichier d'être lu par gros morceaux, un compteur du nombre de caractères restant dans le tampon, un pointeur sur la position du prochain caractère dans le tampon, le descripteur de fichier et des drapeaux indiquant le mode de lecture et d'écriture, la description des erreurs, etc.

La structure de données qui décrit un fichier est contenue dans `<stdio.h>`, qu'il faut inclure (à l'aide de `#include`) dans tout fichier source se servant des fonctions de la bibliothèque standard d'entrées-sorties. Certaines fonctions de cette bibliothèque incluent également ce fichier d'en-tête. Dans le passage suivant extrait d'un `<stdio.h>` typique, les noms destinés à n'être employés que par des fonctions de la bibliothèque commencent par un caractère de soulignement (`'_'`), ce qui évite de les confondre avec les noms contenus dans le programme utilisateur. Toutes les fonctions de la bibliothèque standard respectent cette convention.

```
#define NULL      0
#define EOF       (-1)
#define BUFSIZ    1024
#define OPEN_MAX  20   /* maximum de fichiers ouverts */

typedef struct _iobuf {
    int cnt;            /* caractères restants */
    char *ptr;          /* position suivante */
    char *base;         /* emplacement du tampon */
    int flag;           /* mode d'accès du fichier */
    int fd;             /* descripteur de fichier */
} FILE;
extern FILE _iob[OPEN_MAX];

#define stdin   (&_iob[0])
#define stdout  (&_iob[1])
#define stderr  (&_iob[2])

enum _flags {
    _READ   = 01,     /* fichier ouvert en lecture */
    _WRITE  = 02,     /* fichier ouvert en écriture */
    _UNBUF  = 04,     /* fichier sans tampon */
    _EOF    = 010,    /* EOF survenu pour ce fichier */
    _ERR    = 020,    /* une erreur s'est produite */
};                                /* sur ce fichier */

int _fillbuf(FILE *);
int _flushbuf(int, FILE *);

#define feof(p)      (((p)->flag & _EOF) != 0)
#define ferror(p)    (((p)->flag & _ERR) != 0)
#define fileno(p)    ((p)->fd)

#define getc(p)   (--(p)->cnt >= 0 ? \
               (unsigned char) *(p)->ptr++ : _fillbuf(p))
#define putc(x,p) (--(p)->cnt >= 0 ? \
               *(p)->ptr++ = (x) : _flushbuf((x),p))

#define getchar()    getc(stdin)
#define putchar(x)   putc((x), stdout)
```

Normalement, la macro `getc` décrémente le compteur, avance le pointeur et renvoie le caractère. (Rappelons qu'une longue instruction `#define` se prolonge par le symbole `\`.) Toutefois, si le compteur devient négatif, `getc` appelle la fonction `_fillbuf` pour remplir à nouveau le tampon, réinitialiser le contenu de la structure et retourner un caractère. Les caractères sont retournés `unsigned`, ce qui garantit qu'ils seront tous positifs.

Bien que nous n'ayons pas l'intention d'entrer dans les détails, nous avons inclus la définition de `putc` pour montrer qu'elle travaille de la même façon que `getc`, en appelant `_flushbuf` quand son tampon est plein. Nous avons également inclus des macros permettant de tester les erreurs et la fin de fichier, et d'accéder au descripteur de fichier.

On peut maintenant écrire la fonction `fopen`. La tâche principale de `fopen` consiste à ouvrir le fichier en se plaçant au bon endroit, et à affecter les drapeaux pour indiquer l'état d'ouverture désiré. `fopen` n'alloue pas de tampon ; c'est `_fillbuf` qui s'en charge lors de la première lecture du fichier.

```
#include <stdio.h>
#include <fcntl.h>
#include "appelsys.h"
#define PERMS 0666   /* lecture et écriture pour tous */

/* fopen : ouvre un fichier et retourne
           un pointeur de fichier */
FILE *fopen(char *nom, char *mode)
{
    int fd;
    FILE *fp;

    if (*mode != 'r' && *mode != 'w' && *mode != 'a')
        return NULL;
    for (fp = _iob; fp < _iob + OPEN_MAX; fp++)
        if ((fp->flag & (_READ | _WRITE)) == 0)
            break;                /* une entrée est libre */
    if (fp >= _iob + OPEN_MAX)    /* aucune entrée libre */
        return NULL;

    if (*mode == 'w')
        fd = creat(nom, PERMS);
    else if (*mode == 'a') {
        if ((fd = open(nom, O_WRONLY, 0)) == -1)
            fd = creat(nom, PERMS);
        lseek(fd, 0L, 2);
    } else
        fd = open(nom, O_RDONLY, 0);

    if (fd == -1)           /* impossible d'ouvrir */
        return NULL;
    fp->fd = fd;
    fp->cnt = 0;
    fp->base = NULL;
    fp->flag = (*mode == 'r') ? _READ : _WRITE;
    return fp;
}
```

Cette version de `fopen` ne prend pas en compte tous les modes d'accès possibles de la fonction standard, bien que cet ajout ne nécessiterait pas beaucoup plus de code. En particulier, notre `fopen` ne reconnaît ni `"b"` qui spécifie un accès binaire, puisque cela n'a pas de sens sur les systèmes UNIX, ni `"+"` qui permet à la fois la lecture et l'écriture.

Le premier appel à `getc` pour un fichier particulier trouve le compteur à zéro, ce qui force l'appel à `_fillbuf`. Si `_fillbuf` détecte que le fichier n'est pas ouvert en lecture, elle retourne `EOF` immédiatement. Sinon, elle essaie d'allouer un tampon (si la lecture doit se faire via un tampon).

Une fois le tampon alloué, `_fillbuf` appelle `read` pour le remplir, positionne le compteur et les pointeurs, et retourne le caractère situé au début du tampon. Les appels suivants à `_fillbuf` trouveront un tampon alloué.

```
#include <stdio.h>
#include "appelsys.h"

/* _fillbuf : alloue et remplit un tampon d'entrée */
int _fillbuf(FILE *fp)
{
    int tailletamp;

    if ((fp->flag&(_READ|_EOF|_ERR)) != _READ)
        return EOF;
    tailletamp = (fp->flag & _UNBUF) ? 1 : BUFSIZ;
    if (fp->base == NULL)        /* Pas encore de tampon */
        if ((fp->base = (char *) malloc(tailletamp)) == NULL)
            return EOF;  /* impossible d'obtenir un tampon */
    fp->ptr = fp->base;
    fp->cnt = read(fp->fd, fp->ptr, tailletamp);
    if (--fp->cnt < 0) {
        if (fp->cnt == -1)
            fp->flag |= _EOF;
        else
            fp->flag |= _ERR;
        fp->cnt = 0;
        return EOF;
    }
    return (unsigned char) *fp->ptr++;
}
```

Il ne nous reste plus qu'à voir comment faire démarrer le tout. Le tableau `_iob` doit être défini et initialisé pour `stdin`, `stdout` et `stderr` :

```
FILE _iob[OPEN_MAX] = {      /* stdin, stdout, stderr : */
    { 0, (char *) 0, (char *) 0, _READ, 0),
    { 0, (char *) 0, (char *) 0, _WRITE, 1),
    { 0, (char *) 0, (char *) 0, _WRITE | _UNBUF, 2 }
};
```

L'initialisation de la partie `flag` de la structure montre que `stdin` doit être lu, `stdout` doit être écrit et que `stderr` doit être écrit sans passer par un tampon.

**Exercice 8-2.** Réécrivez `fopen` et `_fillbuf` en utilisant des champs au lieu des opérations explicites sur les bits. Comparez la taille du code et la vitesse d'exécution.

**Exercice 8-3.** Concevez et écrivez `_flushbuf`, `fflush` et `fclose`.

**Exercice 8-4.** La fonction de la bibliothèque standard

```
int fseek(FILE *fp, long offset, int origin)
```

est identique à `lseek`, mis à part que `fp` est un pointeur de fichier au lieu d'être un descripteur de fichier et que la valeur de retour est un état de type `int`, et non une position. Ecrivez `fseek`. Assurez-vous que votre fonction `fseek` est compatible avec la mise en mémoire tampon réalisée par les autres fonctions de la bibliothèque.

## 8.6 Exemple — le listage des fichiers d'un répertoire

On peut parfois désirer un autre type d'interaction avec le système de fichiers pour déterminer les informations *concernant* un fichier, mais pas son contenu, par exemple un programme qui édite la liste des fichiers d'un répertoire, tel que la commande UNIX `ls`. Elle affiche les noms des fichiers d'un répertoire et, en option, d'autres informations comme la taille, les droits d'accès etc. La commande MS-DOS `dir` est analogue.

Etant donné qu'un répertoire sous UNIX est un simple fichier, il suffit à `ls` de le lire pour y retrouver les noms des fichiers. Mais il est nécessaire de se servir d'un appel système pour accéder aux autres informations concernant chaque fichier, telles que sa taille. Sur d'autres systèmes, il se peut qu'un appel système soit aussi nécessaire pour accéder seulement aux noms des fichiers ; c'est notamment le cas sous MS-DOS. Ce que nous voulons, c'est permettre l'accès aux informations d'une manière relativement indépendante du système, même si l'implémentation peut beaucoup varier selon le système utilisé.

Nous allons en partie illustrer ceci en écrivant un programme appelé `taillef`. `taillef` est une forme particulière de `ls` qui affiche la taille de tous les fichiers cités dans la liste d'arguments de la ligne de commande. Si l'un d'eux est un répertoire, `taillef` s'appelle récursivement sur ce répertoire. S'il n'y a pas d'arguments, elle traite le répertoire courant.

Commençons par une brève révision de la structure du système de fichiers d'UNIX. Un *répertoire* est un fichier qui contient une liste de noms de fichiers et quelques indications sur l'endroit où ils se trouvent. Cet «endroit» est un index dans une autre table baptisée la «liste des inodes». L'*inode* pour un fichier est l'endroit où sont répertoriées toutes les informations le concernant à l'exception de son nom. Une entrée dans un répertoire se compose en général de deux éléments, le nom du fichier et son numéro d'inode.

Malheureusement, le format et le contenu précis d'un répertoire ne sont pas les mêmes sur toutes les versions du système. C'est pourquoi nous allons diviser le travail en deux pour tenter d'isoler les parties non portables. Le niveau extérieur définit une structure appelée une `Ent_rep` et trois routines `ouvrir_rep`, `lire_rep` et `fermer_rep` permettant d'accéder d'une façon indépendante du système au nom et au numéro d'inode figurant dans une entrée de répertoire. Nous écrirons `taillef` en nous servant de cette interface. Ensuite, nous montrerons comment implémenter ces fonctions sur des systèmes qui utilisent la même structure de répertoire que UNIX Version 7 et UNIX System V ; des variantes serviront d'exercices.

La structure `Ent_rep` contient le numéro d'inode et le nom. La longueur maximale d'un nom de fichier vaut `MAX_NOM`, et dépend du système. `ouvrir_rep` retourne un pointeur sur une structure appelée `REP`, équivalente à `FILE`, utilisée par `lire_rep` et `fermer_rep`. Ces informations sont rassemblées dans un fichier appelé `entrep.h`.

```
#define MAX_NOM 14   /* longueur maximum d'un nom de */
                     /* fichier. Dépend du système */

typedef struct {     /* entrée de répertoire portable : */
    long ino;                /* numéro d'inode */
    char nom[MAX_NOM+1];     /* nom + '\0' final */
} Ent_rep;
```

```
typedef struct {    /* REP minimal : sans tampon, etc. */
    int fd;        /* descripteur de fichier du répertoire */
    Ent_rep e;     /* l'entrée dans le répertoire */
} REP;

REP *ouvrir_rep(char *nomrep);
Ent_rep *lire_rep(REP *fdr);
void fermer_rep(REP *fdr);
```

L'appel système `stat` prend un nom de fichier et retourne toutes les informations contenues dans l'inode correspondant ou `-1` en cas d'erreur. Ainsi,

```
char *nom;
struct stat sttamp;
int stat(char *, struct stat *);

stat(nom, &sttamp);
```

remplit la structure `sttamp` avec les informations contenues dans l'inode correspondant au fichier `nom`. La structure qui décrit la valeur retournée par `stat` se trouve dans `<sys/stat.h>` et ressemble typiquement à ceci :

```
struct stat         /* informations d'une inode retournées */
{                   /* par stat */
    dev_t    st_dev;    /* périphérique de l'inode */
    ino_t    st_ino;    /* numéro d'inode */
    short    st_mode;   /* bits de mode */
    short    st_nlink;  /* nombre de liens du fichier */
    short    st_uid;    /* uid du propriétaire */
    short    st_gid;    /* gid du propriétaire */
    dev_t    st_rdev;   /* pour les fichiers spéciaux */
    off_t    st_size;   /* taille en caractères */
    time_t   st_atime;  /* date et heure du dernier accès, */
    time_t   st_mtime;  /* ... de dernière modification, */
    time_t   st_ctime;  /* ... et de création originelle. */
};
```

La plupart de ces valeurs sont expliquées par les commentaires. Les types tels que `dev_t` et `ino_t` sont définis dans `<sys/types.h>` qu'il faut également inclure.

Le champ `st_mode` contient un ensemble de drapeaux décrivant le fichier. Les définitions des drapeaux figurent également dans `<sys/stat.h>` ; nous avons uniquement besoin de la partie concernant le type des fichiers.

```
#define S_IFMT   0160000  /* type de fichier : */
#define S_IFDIR  0040000    /* répertoire */
#define S_IFCHR  0020000    /* spécial de type caractère */
#define S_IFBLK  0060000    /* spécial de type bloc */
#define S_IFREG  0100000    /* ordinaire */

/* ... */
```

Maintenant, nous sommes prêts pour écrire le programme `taillef`. Si le mode obtenu par `stat` indique que le fichier n'est pas un répertoire, nous avons accès à sa taille et nous pouvons l'afficher directement. Toutefois, si le fichier est un répertoire, nous devons alors le traiter fichier par fichier ; il peut contenir à son tour des sous-répertoires, donc le processus est récursif.

Le programme principal s'occupe des arguments de la ligne de commande ; il transmet chaque argument à la fonction `taillef`.

```
#include <stdio.h>
#include <string.h>
#include "appelsys.h"
#include <fcntl.h> /* drapeaux de lecture et d'écriture */
#include <sys/types>   /* typedefs */
#include <sys/stat.h>  /* structure retournée par stat */
#include "entrep.h"

void taillef(char *);

/* affiche la taille des fichiers */
main(int argc, char **argv)
{
    if (argc == 1)  /* par défaut : répertoire courant */
        taillef(".");
    else
        while (--argc > 0)
            taillef(*++argv);
    return 0;
}
```

La fonction `taillef` affiche la taille du fichier. Toutefois, s'il s'agit d'un répertoire, `taillef` appelle d'abord `balayer_rep` pour s'occuper de tous les fichiers qu'il contient. Remarquez comment nous utilisons les noms de drapeaux `S_IFMT` et `S_IFDIR` définis dans <sys/stat.h> pour décider si le fichier est un répertoire. L'utilisation des parenthèses est importante parce que la priorité de `&` est inférieure à celle de ==.

```
int stat(char *, struct stat *);
void balayer_rep(char *, void (*fcn)(char *));

/* taillef : affiche la taille du fichier "nom" */
void taillef(char *nom)
{
    struct stat sttamp;

    if (stat(nom, &sttamp) == -1) {
        fprintf(stderr,
                "taillef : accès impossible à %s\n", nom);
        return;
    }
    if ((sttamp.st_mode & S_IFMT) == S_IFDIR)
        balayer_rep(nom, taillef);
    printf("%8ld %s\n", sttamp.st_size, nom);
}
```

La fonction `balayer_rep` est une routine d'usage général qui applique une fonction donnée à chaque fichier d'un répertoire. Elle ouvre le répertoire, effectue une boucle sur tous les fichiers qu'il contient en appelant la fonction à appliquer sur chacun d'entre eux, puis ferme le répertoire et rend la main. Puisque `taillef` appelle `balayer_rep` sur chaque répertoire, ces deux fonctions s'appellent récursivement.

```
#define MAX_NOMS 1024

/* balayer_rep : applique fcn à tous les fichiers de rep */
void balayer_rep(char *rep, void (*fcn)(char *))
{
    char nom[MAX_NOMS];
    Ent_rep *pr;
    REP *fdr;

    if ((fdr = ouvrir_rep(rep)) == NULL) {
        fprintf(stderr,
            "balayer_rep : impossible d'ouvrir %s\n", rep);
        return;
    }
    while ((pr = lire_rep(fdr)) != NULL) {
        if (strcmp(pr->nom, ".") == 0 /* ne se traite pas */
         || strcmp(pr->nom, "..") == 0)   /* lui-même, ni */
            continue;                  /* le répertoire père */
        if (strlen(rep)+strlen(pr->nom)+2 > sizeof(nom))
            fprintf(stderr,
                    "balayer_rep : nom %s%s trop long\n",
                    rep, pr->nom);
        else {
            sprintf(nom, "%s%s", rep, pr->nom);
            (*fcn)(nom);
        }
    }
    fermer_rep(fdr);
}
```

Chaque appel à `lire_rep` retourne un pointeur sur les informations du fichier suivant, ou bien `NULL` quand il ne reste plus de fichiers. Chaque répertoire contient une entrée pour lui-même, baptisée "`.`", et pour son père, "`..`" ; il ne faut pas traiter ces entrées, sous peine de faire boucler le programme indéfiniment.

Jusqu'à ce niveau, le code est indépendant de la façon dont les répertoires sont implémentés. L'étape suivante consiste à écrire des versions minimales des fonctions `ouvrir_rep`, `lire_rep` et `fermer_rep` pour un système particulier. Les programmes suivants sont adaptés aux systèmes UNIX version 7 et system V ; ils se servent des informations concernant les répertoires contenues dans le fichier d'en-tête `<sys/dir.h>`, qui ressemble à ceci :

```
#ifndef DIRSIZ
#define DIRSIZ  14
#endif
struct direct  /* entrée de répertoire */
{
    ino_t d_ino;            /* numéro d'inode */
    char  d_name[DIRSIZ]; /* les noms de taille maximale */
};                      /* ne comportent pas de '\0' final */
```

Certaines versions du système autorisent l'utilisation de noms beaucoup plus longs et ont une structure de répertoire plus compliquée.

Le type `ino_t` est un `typedef` qui décrit l'index dans la liste des inodes. Il se peut que ce soit un `unsigned short` sur le système que nous utilisons régulièrement, mais ce n'est pas le genre d'informations que l'on fige dans un programme ; ce type peut être différent sur un autre système ; c'est pourquoi le `typedef` est meilleur. Un ensemble complet de types «système» se trouve dans `<sys/types.h>`.

La fonction `ouvrir_rep` ouvre le fichier qu'on lui désigne, vérifie que c'est un répertoire (cette fois à l'aide de l'appel système `fstat` qui est équivalent à `stat`, mis à part qu'il s'applique à un descripteur de fichier), alloue une structure de répertoire et enregistre les informations :

```
int fstat(int fd, struct stat *);

/* ouvrir_rep : ouvre un répertoire pour des appels
                ultérieurs de lire_rep */
REP *ouvrir_rep(char *nomrep)
{
    int fd;
    struct stat sttamp;
    REP *pr;

    if ((fd = open(nomrep, O_RDONLY, 0)) == -1
     || fstat(fd, &sttamp) == -1
     || (sttamp.st_mode & S_IFMT) != S_IFDIR)
     || (pr = (REP *) malloc(sizeof(REP))) == NULL)
        return NULL;
    pr->fd = fd;
    return pr;
}
```

La fonction `fermer_rep` ferme le fichier répertoire et libère l'espace alloué :

```
/* fermer_rep : ferme le répertoire ouvert par opendir */
void fermer_rep(REP *pr)
{
    if (pr) {
        close(pr->fd);
        free(pr);
    }
}
```

Enfin, `lire_rep` se sert de `read` pour lire chaque entrée du répertoire. Si l'une d'elles n'est pas utilisée (parce qu'un fichier a été supprimé), le numéro d'inode vaut zéro et on saute cette position. Sinon, on place le numéro d'inode et le nom dans une structure de classe `static`, et on retourne à l'utilisateur un pointeur sur cette structure. Chaque appel écrase les informations de l'appel précédent.

```
#include <sys/dir.h> /* structure locale d'un répertoire */

/* lire_rep : lit les entrées d'un répertoire */
Ent_rep *lire_rep(REP *pr)
{
    struct direct tamp_rep;
                        /* structure locale d'un répertoire */
    static Ent_rep r;   /* retour : structure portable */

    while (read(pr->fd, (char *) &tamp_rep,
                sizeof(tamp_rep)) == sizeof(tamp_rep)) {
        if (tamp_rep.d_ino == 0)  /* entrée non utilisée */
            continue;
        r.ino = tamp_rep.d_ino;
        strncpy(r.ino, tamp_rep.d_name, DIRSIZ);
        r.nom[DIRSIZ] = '\0';    /* fin de chaîne */
        return &r;
    }
    return NULL;
}
```

Bien que le programme `taillef` soit assez spécialisé, il illustre deux idées importantes. Premièrement, de nombreux programmes ne sont pas des «programmes système», ils utilisent tout simplement les informations tenues à jour par le système d'exploitation. Pour de tels programmes, il est fondamental que la représentation de ces informations ne figure que dans les fichiers d'en-tête standard, que ces programmes peuvent inclure au lieu de figer en leur sein les déclarations. Deuxièmement, il est possible de créér, en prenant des précautions, une interface avec des objets dépendant du système qui soit elle-même relativement indépendante du système. Les fonctions de la bibliothèque standard en sont de bons exemples.

**Exercice 8-5.** Modifiez le programme `taillef` de façon à afficher les autres informations contenues dans l'entrée d'une inode.

## 8.7 Exemple — un système d'allocation mémoire

Au chapitre 5, nous avons présenté un système d'allocation mémoire très limité, qui fonctionnait comme une pile. La version que nous allons maintenant écrire n'a plus de restrictions. Les appels à `malloc` et `free` pourront avoir lieu dans un ordre quelconque ; `malloc` fera appel au système d'exploitation pour obtenir plus de mémoire en cas de nécessité. Ces programmes illustrent certaines considérations liées à l'écriture d'un code dépendant de la machine d'une façon relativement indépendante de la machine, et montrent aussi une application concrète des structures, des unions et de `typedef`.

Au lieu d'allouer un tableau de taille fixe à la compilation, `malloc` demandera de l'espace mémoire au système d'exploitation quand il en aura besoin. Puisque d'autres activités du programme pourront également demander de l'espace sans appeler cet allocateur, l'espace géré par `malloc` ne sera pas forcément contigu. On conservera donc son espace libre sous la forme d'une liste de blocs libres. Chaque bloc contient une taille, un pointeur sur le bloc suivant et l'espace disponible proprement dit. On conserve les blocs dans l'ordre croissant des adresses en mémoire, et le dernier bloc (correspondant à la plus grande adresse) pointe sur le premier.

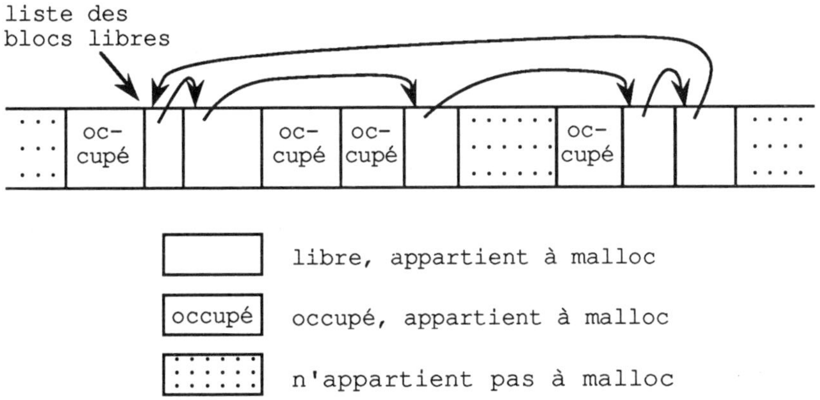


Quand une demande est effectuée, on parcourt la liste des blocs libres jusqu'à rencontrer un bloc suffisamment grand. Cet algorithme est appelé «first fit» (on choisit le premier qui convient), par opposition à «best fit» (on choisit le meilleur), qui recherche le plus petit bloc satisfaisant la demande. Si le bloc a exactement la taille demandée, on l'enlève de la liste et on le retourne à l'utilisateur. Si le bloc est trop grand, on le divise et on retourne à l'utilisateur un bloc de la taille demandée, tandis que l'on garde le reste du bloc initial dans la liste des blocs libres. Si l'on ne trouve aucun bloc de taille suffisante, on demande un autre gros morceau de mémoire au système d'exploitation et on l'ajoute à la liste des blocs libres.

La libération d'un espace implique également une recherche dans la liste des blocs libres afin de trouver l'endroit où il faut insérer le bloc libéré. Si le bloc libéré est adjacent à un bloc libre par un côté quelconque, on fusionne ces deux blocs pour former un bloc de plus grande taille, afin d'éviter que la mémoire ne soit trop fragmentée. Du fait que la liste des blocs libres est maintenue dans l'ordre croissant des adresses, il est facile de déterminer si deux blocs sont adjacents ou non.

Un problème, auquel nous avons fait allusion au chapitre 5, est de garantir que l'espace mémoire retourné par `malloc` soit convenablement aligné pour recevoir les objets qui y seront stockés. Bien que les machines diffèrent, il existe, pour chacune d'elles, un type plus contraignant que les autres : si l'on peut stocker le type le plus contraignant à une adresse donnée, on peut y stocker *a fortiori* tous les autres types. Sur certaines machines, le type le plus contraignant est `double` ; sur d'autres, le type `int` ou `long` suffit.

Un bloc libre contient un pointeur sur le bloc suivant dans la liste, la valeur de la taille du bloc et enfin l'espace libre proprement dit ; nous allons appeler «en-tête» les informations de contrôle se trouvant au début de chaque bloc. Pour simplifier l'alignement, les blocs ont une taille multiple de la taille d'un en-tête, et cet en-tête est aligné convenablement. On réalise ceci à l'aide d'une union contenant la structure d'en-tête désirée et un exemplaire du type le plus contraignant, que nous avons choisi `long`, arbitrairement :

```
typedef long Align; /* pour le cadrage sur un long */

union en_tete {      /* bloc d'en-tête : */
    struct {
        union en_tete *ptr;  /* pointe sur le suivant si
            le bloc est dans la liste des blocs libres */
        unsigned taille;     /* taille du bloc */
    } s;
    Align x;         /* force l'alignement des blocs */
};

typedef union en_tete En_tete;
```

Le champ `Align` n'est jamais utilisé ; il permet seulement de forcer l'alignement de chaque en-tête sur une limite en mémoire correspondant au cas le plus défavorable.

Dans `malloc`, la taille demandée en nombre de caractères est arrondie au nombre convenable d'unités de taille d'en-tête ; le bloc que l'on allouera contiendra une unité de plus, correspondant à l'en-tête elle-même, et c'est cette valeur que l'on stocke dans le champ `taille` de l'en-tête. Le pointeur retourné par `malloc` pointe sur l'espace libre, pas sur l'en-tête elle-même. L'utilisateur peut faire ce qu'il veut de l'espace qu'il a demandé, mais s'il écrit quelque chose en dehors de l'espace alloué, la liste risque d'être bouleversée.

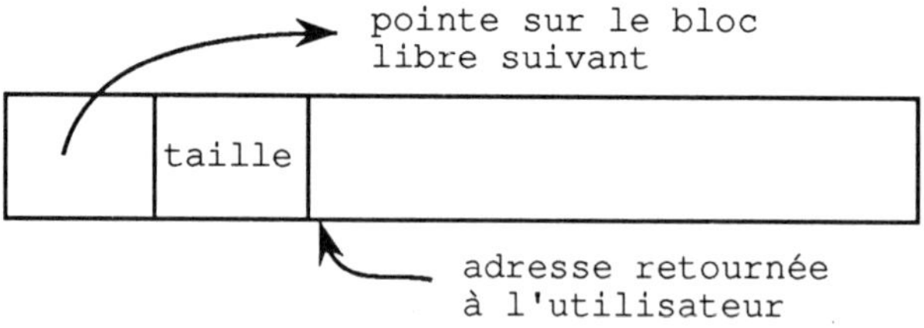


Un bloc retourné par `malloc`

Le champ `taille` est nécessaire parce que les blocs contrôlés par `malloc` peuvent ne pas être contigus — on ne peut pas calculer des tailles en effectuant des calculs sur les pointeurs.

La variable `base` sert à commencer. Si `plibre` vaut `NULL`, comme au premier appel de `malloc`, on crée une liste dégénérée de blocs libres ; elle contient un bloc de taille zéro et pointe sur elle-même. Ensuite, dans tous les cas, on explore la liste de blocs libres. La recherche d'un bloc libre de taille adéquate commence à l'endroit (`plibre`) où le dernier bloc a été trouvé ; cette stratégie permet de conserver l'homogénéité de la liste. Si l'on a trouvé un bloc trop gros, on retourne à l'utilisateur la fin de ce bloc ; ainsi, il suffit de modifier la taille de l'en-tête du bloc original. Dans tous les cas, le pointeur retourné à l'utilisateur pointe sur l'espace libre à l'intérieur du bloc qui commence une unité derrière l'en-tête.

```
static En_tete base;    /* liste vide pour commencer */
static En_tete *plibre = NULL;  /* début liste libre */

/* malloc : allocateur de mémoire à usage général */
void *malloc(unsigned noctets)
{
    En_tete *p, *pprec;
    En_tete *plusmem(unsigned);
    unsigned nunites;

    nunites = (noctets + sizeof(En_tete) - 1)
              / sizeof(En_tete) + 1;
    if ((pprec = plibre) == NULL) {
                     /* il n'existe pas encore de liste */
        base.s.ptr = plibre = pprec = &base;
        base.s.taille = 0;
    }
    for (p = pprec->s.ptr; ; pprec = p, p = p->s.ptr) {
        if (p->s.taille >= nunites) {  /* assez grand */
            if (p->s.taille == nunites) /* tout juste */
                pprec->s.ptr = p->s.ptr;
            else {                   /* alloue la fin */
                p->s.taille -= nunites;
                p += p->s.taille;
                p->s.taille = nunites;
            }
            plibre = pprec;
            return (void *)(p+1);
        }
        if (p == plibre)       /* liste libre rebouclée */
            if ((p = plusmem(nunites)) == NULL)
                return NULL; /* il n'en reste plus */
    }
}
```

La fonction `plusmem` demande de la mémoire au système d'exploitation. Les détails de son fonctionnement varient d'un système à un autre. Puisque le fait de demander de la mémoire au système est une opération relativement coûteuse, nous ne voulons pas l'effectuer à chaque appel de `malloc`, c'est pourquoi `plusmem` demande au minimum `NALLOUE` unités ; on coupera ce grand bloc en morceaux selon les besoins. Après l'affectation du champ `taille`, `plusmem` introduit la mémoire supplémentaire dans la liste en appelant `free`.

L'appel système UNIX `sbrk(n)` retourne un pointeur sur `n` octets de mémoire supplémentaires. `sbrk` retourne `-1` s'il n'y a pas de place disponible, bien que `NULL` eût été un meilleur choix. On doit convertir par un «cast» la valeur `-1` en `char *`, de façon à pouvoir la comparer à la valeur de retour. Encore une fois, les «casts» mettent partiellement la fonction à l'abri des détails concernant la représentation des pointeurs sur des machines différentes. Cependant, notre écriture suppose aussi que l'on puisse comparer les pointeurs sur différents blocs retournés par `sbrk` de façon significative. Ceci n'est pas garanti par la norme, qui n'autorise les comparaisons de pointeurs qu'à l'intérieur d'un tableau. Par conséquent, cette version de `malloc` n'est portable que sur les machines pour lesquelles la comparaison de pointeurs quelconques a un sens.

```
#define NALLOUE  1024    /* nombre d'unités demandées
                            au minimum */

/* plusmem : demande plus de mémoire au système */
static En_tete *plusmem(unsigned nu)
{
    char *pc, *sbrk(int);
    En_tete *pu;

    if (nu < NALLOUE)
        nu = NALLOUE;
    pc = sbrk(nu * sizeof(En_tete));
    if (pc == (char *) -1)  /* pas d'espace du tout */
        return NULL;
    pu = (En_tete *) pc;
    pu->s.taille = nu;
    free((void *)(pu+1));
    return plibre;
}
```

Enfin, il nous faut écrire la fonction `free`. Elle explore la liste des blocs libres, en commençant à `plibre`, de façon à trouver un endroit où insérer le bloc à libérer. Cet endroit se trouve soit entre deux blocs existants, soit en fin de liste. Dans tous les cas, si le bloc à libérer est adjacent à un autre, on rassemble les blocs. Le seul problème consiste à faire pointer les pointeurs là où il faut et à affecter les tailles correctes.

```
/* free : met le bloc pa dans la liste des blocs libres */
void free(void *pa)
{
    En_tete *pb, *p;

    pb = (En_tete *)pa -1;        /* pointe sur l'en-tête */
    for (p=plibre; !(pb > p && pb < p->s.ptr); p=p->s.ptr)
        if (p >= p->s.ptr && (pb > p || pb < p->s.ptr))
            break;    /* bloc libéré au début ou la fin */

    if (pb + pb->s.taille == p->s.ptr) {
                                  /* jointure par le haut */
        bp->s.taille += p->s.ptr->s.taille;
        bp->s.ptr = p->s.ptr->s.ptr;
    } else
        bp->s.ptr = p->s.ptr;

    if (p + p->s.taille == pb) { /* jointure par le bas */
        p->s.taille += pb->s.taille;
        p->s.ptr = pb->s.ptr;
    } else
        p->s.ptr = pb;
    plibre = p;
}
```

Bien que l'allocation de mémoire soit intrinsèquement dépendante de la machine, le code ci-dessus montre comment contrôler tout ce qui dépend de la machine et le confiner dans une toute petite partie du programme. L'utilisation de `typedef` et de `union` permet de traiter les problèmes d'alignement (étant donné que `sbrk` fournit un pointeur approprié). Les «casts» rendent les conversions de pointeurs explicites et permettent de surmonter le problème d'une interface avec le système mal conçue. Bien qu'ici, les détails se rapportent à l'allocation de mémoire, l'approche générale peut aussi bien s'appliquer à d'autres situations.

**Exercice 8-6.** La fonction de la bibliothèque standard `calloc(n, size)` retourne un pointeur sur `n` objets de taille `size`, la mémoire étant initialisée à zéro. Ecrivez `calloc` en faisant appel à `malloc` ou en la modifiant.

**Exercice 8-7.** La fonction `malloc` accepte toute demande de n'importe quelle taille sans vérifier si celle-ci est plausible ; `free` suppose que le bloc qu'on lui demande de libérer contient un champ de taille correcte. Modifiez ces programmes de façon qu'ils s'occupent un peu plus de la détection des erreurs.

**Exercice 8-8.** Ecrivez une fonction `libererb(p, n)` qui libère un bloc `p` arbitraire de `n` caractères à l'intérieur de la liste de blocs libres gérée par `malloc` et `free`. En utilisant `libererb`, un utilisateur pourra à tout moment ajouter un tableau statique ou externe à la liste des blocs libres.

# ANNEXE A : Manuel de référence

## A1. Introduction

Le présent manuel décrit le langage C tel qu'il est défini dans le projet soumis à l'ANSI le 31 octobre 1988, en vue d'approbation sous le nom *Norme nationale américaine pour les systèmes d'information — Langage de programmation C (American National Standard for Information Systems — Programming Language C)*, document numéro X3.159-1989. Ce manuel ne constitue qu'une interprétation du projet de norme, et non la norme proprement dite, bien que nous nous soyons efforcés d'en faire un guide fiable du langage.

La plus grande partie de ce manuel suit les grandes lignes du plan de l'avant-projet de norme, qui se fonde lui-même sur celui de la première édition de ce livre, bien que certains détails de l'organisation soient différents. La grammaire du langage proprement dit que nous donnons ici est équivalente à celle de l'avant-projet actuel, mis à part que nous avons modifié les noms de certaines productions, et que nous n'avons pas formalisé les définitions des lexèmes (*tokens*), ni celles du préprocesseur.

> Tout au long de ce manuel, les commentaires sont mis en retrait et sont de plus petite taille que le texte, comme le présent paragraphe. La plupart du temps, ces commentaires soulignent les différences entre le C de la norme ANSI d'une part, et le langage défini par la première édition de ce livre, ou des perfectionnements introduits par la suite dans divers compilateurs d'autre part.

## A2. Les conventions lexicales

Un programme se compose d'une ou plusieurs *unités de traduction* stockées dans des fichiers. Sa traduction s'effectue en différentes phases, décrites au §A12. Les premières phases réalisent des transformations lexicales de bas niveau, exécutent les directives que donnent les lignes commençant par le caractère #, et s'occupent de définir et de développer les macros. A la fin du prétraitement du §A12, le programme se réduit à une séquence de lexèmes.

## A2.1 Les lexèmes

Il existe six sortes de lexèmes : les identificateurs, les mots-clés, les constantes, les constantes de type chaîne, les opérateurs, et les autres séparateurs. Les espaces, les tabulations horizontales et verticales, les caractères de fin de ligne, les caractères de saut de page, ainsi que les commentaires tels que nous les décrivons ci-dessous, s'appellent collectivement les «caractères d'espacement» et sont ignorés, sauf lorsqu'ils séparent des lexèmes. En effet, les caractères d'espacement sont indispensables pour séparer des identificateurs, des mots-clés et des constantes qui seraient adjacents sans eux.

Si le flot d'entrée a été divisé en lexèmes jusqu'à un caractère donné, le lexème suivant est défini comme la plus longue chaîne de caractères pouvant constituer un lexème.

## A2.2 Les commentaires

Les caractères `/*` marquent le début d'un commentaire, qui se termine par les caractères `*/`. Les commentaires ne s'imbriquent pas, et ne figurent pas à l'intérieur de constantes de type chaîne ou caractère.

## A2.3 Les identificateurs

Un identificateur est une séquence de lettres et de chiffres. Le premier caractère doit être une lettre ; le caractère de soulignement _ compte comme une lettre. Les lettres majuscules et minuscules sont différenciées. Les identificateurs peuvent être de longueur quelconque, et les identificateurs internes peuvent comporter au moins 31 caractères significatifs ; sur certaines implémentations, le nombre de caractères significatifs peut être plus grand. Les identificateurs internes sont les noms de macros du préprocesseur et tous les autres noms n'ayant pas de lien externe (§A11.2). Les identificateurs ayant un lien externe obéissent à des contraintes plus fortes : les implémentations ont le droit de réduire le nombre de caractères significatifs à six, et de ne pas distinguer les majuscules des minuscules.

## A2.4 Les mots-clés

Les identificateurs suivants sont réservés pour servir de mots-clés ; il ne peuvent servir à rien d'autre :

```
auto        double      int         struct
break       else        long        switch
case        enum        register    typedef
char        extern      return      union
const       float       short       unsigned
continue    for         signed      void
default     goto        sizeof      volatile
do          if          static      while
```

Certaines implémentations réservent aussi les mots `fortran` et `asm`.

Les mots-clés `const`, `signed` et `volatile` sont des nouveautés de la norme ANSI ; `enum` et `void` ne figuraient pas dans la première édition, mais ils sont employés couramment ; `entry`, qui était réservé mais n'a jamais été utilisé, ne l'est plus.

## A2.5 Les constantes

Il existe différentes sortes de constantes, chacune ayant un type particulier ; les types de base sont abordés au §A4.2.

*constante :*
*constante-entière*
*constante-caractère*
*constante-flottante*
*constante-énumérée*

### A2.5.1 Les constantes entières

On considère qu'une constante entière, composée d'une séquence de chiffres, est écrite en octal si elle commence par un `0` (le chiffre zéro), sinon en décimal. Les constantes octales ne peuvent pas contenir les chiffres `8` et `9`. Une séquence de chiffres précédée de `0x` ou `0X` (avec le chiffre zéro) est considérée comme un entier hexadécimal. Les chiffres hexadécimalaux vont de `a` ou `A` à `f` ou `F`, et valent respectivement 10 à 15.

On peut ajouter à une constante entière le suffixe `u` ou `U`, pour indiquer qu'elle est non signée (*unsigned*). On peut également lui ajouter le suffixe `l` ou `L` pour indiquer qu'elle est de type `long`.

Le type d'une constante entière dépend de sa forme, de sa valeur et de son suffixe. (Les types sont décrits au §A4.) Si elle est décimale et ne comporte pas de suffixe, son type est le premier des types suivants dans laquelle elle peut être représentée : `int`, `long int`, `unsigned long int`. Si elle est octale ou hexadécimale et ne comporte pas de suffixe, son type est le premier des types suivants dans laquelle elle peut être représentée : `int`, `unsigned int`, `long int`, `unsigned long int`. Si elle comporte le suffixe `u` ou `U`, son type est `unsigned int` ou `unsigned long int`. Si elle comporte le suffixe `l` ou `L`, son type est `long int` ou `unsigned long int`.

La détermination des types des constantes entières est beaucoup plus élaborée que dans la première édition, qui se contentait de donner le type `long` aux grands nombres. Les suffixes `U` sont nouveaux.

### A2.5.2 Les constantes de type caractère

Une constante de type caractère est une séquence de un ou plusieurs caractères placés entre apostrophes, comme `'x'`. La valeur d'une constante de type caractère ne comportant qu'un caractère est la valeur numérique de ce caractère dans le jeu de caractères de la machine à l'exécution. La valeur d'une constante à plusieurs caractères dépend de l'implémentation.

Les constantes de type caractère ne peuvent pas contenir le caractère `'` ni les caractères de fin de ligne ; pour les représenter, ainsi que certains autres caractères, on peut employer les séquences d'échappement suivantes :

| | | | |
|---|---|---|---|
| fin de ligne | *newline* | NL (LF) | `\n` |
| tabulation horizontale | *horizontal tab* | HT | `\t` |
| tabulation verticale | *vertical tab* | VT | `\v` |
| retour en arrière | *backspace* | BS | `\b` |
| retour chariot | *carriage return* | CR | `\r` |
| saut de page | *formfeed* | FF | `\f` |
| signal sonore | *audible alert* | BEL | `\a` |
| barre oblique inverse | *backslash* | \ | `\\` |
| point d'interrogation | *question mark* | ? | `\?` |
| apostrophe | *single quote* | ' | `\'` |
| guillemet | *double quote* | " | `\"` |
| nombre octal | *octal number* | *ooo* | `\`*ooo* |
| nombre hexadécimal | *hexadecimal number* | *hh* | `\x`*hh* |

La séquence d'échappement `\`*ooo* se compose d'une barre oblique inverse suivie de 1, 2 ou 3 chiffres octaux, qui servent à indiquer la valeur du caractère désiré. Un exemple courant de cette construction est `\0` (non suivi d'un chiffre), qui représente le caractère NUL. La séquence d'échappement `\x`*hh* se compose d'une barre oblique inverse suivie d'un `x`, puis de chiffres hexadécimaux, qui servent à indiquer la valeur du caractère désiré. Le nombre de chiffres n'est pas limité, mais le résultat est indéfini si la valeur donnée est supérieur à celle du plus grand caractère. Pour les séquences d'échappement en octal ou en hexadécimal, si le type `char` de l'implémentation est signé, la valeur subit une extension de signe comme dans le cas d'une conversion dans le type `char`. Si le caractère qui suit le \ n'est pas l'un de ceux énumérés ci-dessus, le résultat est indéfini.

Certaines implémentations comportent un jeu de caractères étendu que l'on ne peut pas représenter dans le type `char`. Une constante de ce jeu étendu s'écrit avec le préfixe `L`, par exemple `L'x'`, et s'appelle une constante de type caractère étendu (*wide character constant*). Une telle constante est de type `wchar_t`, un type entier défini dans le fichier d'en-tête standard `<stddef.h>`. Comme pour les constantes de type caractère ordinaires, on peut se servir de séquences d'échappement octales ou hexadécimales ; le résultat est indéfini si la valeur donnée n'est pas représentable dans le type `wchar_t`.

> Certaines de ces séquences d'échappement sont nouvelles, en particulier la représentation hexadécimale des caractères. Les caractères étendus sont également nouveaux. Les jeux de caractères couramment utilisés dans les deux Amériques et en Europe de l'Ouest peuvent tenir dans le type `char` par un codage convenable ; on a surtout ajouté `wchar_t` pour pouvoir traiter les caractères des langues asiatiques.

### A2.5.3 Les constantes flottantes

Une constante flottante se compose d'une partie entière, d'un point décimal, d'une partie fractionnaire, d'un `e` ou d'un `E`, d'un exposant entier éventuellement signé, et d'un suffixe de type éventuel, à savoir `f`, `F`, `l` ou `L`. Chacune des parties entière et fractionnaire se compose d'une séquence de chiffres. On peut omettre la partie entière ou la partie fractionnaire (mais pas les deux) ; on peut aussi omettre le point décimal ou le `e` suivi de l'exposant (mais pas les deux). Le type est déterminé par le suffixe ; `F` ou `f` donne un `float`, `L` ou `l` donne un `long double` ; sinon, le type est `double`.

> Les suffixes des constantes flottantes sont une nouveauté.

### A2.5.4 Les constantes énumérées

Les identificateurs déclarés comme énumérateurs (voir §A8.4) sont des constantes de type `int`.

## A2.6 Les constantes de type chaîne

Une constante de type chaîne, que l'on appelle aussi une constante-chaîne, se compose d'une séquence de caractères placés entre guillemets, comme `"..."`. Une chaîne est de type «tableau de caractères» et de classe de stockage `static` (voir ci-dessous §A4), et elle est initialisée avec les caractères donnés. Le fait que des constantes de type chaîne identiques soient distinctes ou non dépend de l'implémentation, et le comportement d'un programme qui essaie de modifier une constante de type chaîne est indéfini.

Les constantes de type chaîne adjacentes sont concaténées en une seule chaîne. Après les concaténations éventuelles, le compilateur ajoute à la chaîne un octet nul `\0`, afin que les programmes qui parcourent cette chaîne puissent en trouver la fin. Les constantes de type chaîne ne peuvent pas contenir de caractères de fin de ligne ni de guillemets ; pour représenter ces caractères, on peut se servir des mêmes séquences d'échappement que pour les constantes de type caractère.

Comme pour les constantes de type caractère, les constantes de type chaîne écrites dans un jeu de caractères étendu sont précédées de `L`, comme `L"..."`. Les constantes de type chaîne de caractères étendus sont de type «tableau de `wchar_t`». La concaténation de constantes de type chaîne de caractères ordinaires et étendus est indéfinie.

> Le fait que les constantes de type chaîne ne soient pas forcément distinctes, et l'interdiction de les modifier, sont des nouveautés de la norme ANSI, de même que la concaténation de constantes de type chaîne. Les constantes de type chaîne de caractères étendus sont également nouvelles.

# A3. La notation syntaxique

Selon la notation syntaxique employée dans ce manuel, les catégories syntaxiques sont imprimées en *italique*, tandis que les mots et les caractères littéraux sont imprimés dans le style `machine à écrire`. Les différentes catégories possibles figurent généralement sur des lignes distinctes ; dans certains cas, une longue série de possibilités est regroupée sur une seule ligne, avec la mention «un parmi». Un symbole facultatif, terminal ou non, porte l'indice «*opt*», de sorte que, par exemple,

{ $expression_{opt}$ }

représente une expression facultative, placée entre accolades. Nous récapitulons la syntaxe au §A13.

> Contrairement à la grammaire donnée dans la première édition de ce livre, celle que nous décrivons ici explicite les règles de priorité et d'associativité des opérateurs.

## A4. La signification des identificateurs

Ce que l'on appelle les identificateurs, ou les noms, regroupe en fait plusieurs choses : les fonctions ; les étiquettes de structures, d'unions et d'énumérations ; les membres de structures ou d'unions ; les constantes énumérées ; les noms de définitions de types ; et enfin les objets. Un objet, que l'on appelle parfois une variable, est un emplacement de la mémoire, et son interprétation dépend de deux attributs essentiels : sa *classe de stockage* et son *type*. La classe de stockage détermine la durée de vie de la zone mémoire associée à l'objet concerné ; le type détermine la signification des valeurs que l'on trouve dans cet objet. Un nom possède aussi une portée, qui est la région du programme où il est connu, et un lien, qui détermine si le même nom dans une autre portée représente le même objet ou la même fonction. Nous abordons les questions de la portée et de l'édition de liens au §A11.

### A4.1 La classe de stockage

Il existe deux classes de stockage : automatique et statique. La classe de stockage d'un objet est précisée par plusieurs mots-clés, ainsi que par le contexte de sa déclaration. Les objets automatiques sont locaux à un bloc (§A9.3), et sont effacés lorsqu'on sort de ce bloc. Les déclarations qui figurent à l'intérieur d'un bloc créent des objets automatiques si l'on ne précise pas leur classe de stockage, ou si l'on se sert du spécificateur `auto`. Les objets déclarés de classe `register` sont automatiques et sont (si possible) stockés dans les registres rapides de la machine.

Les objets statiques peuvent être locaux à un bloc ou externes à tous les blocs, mais dans les deux cas, ils conservent leur valeur lorsqu'on sort des fonctions et des blocs ou quand on y entre à nouveau. A l'intérieur des blocs, y compris les blocs qui contiennent le code d'une fonction, les objets statiques se déclarent grâce au mot-clé `static`. Les objets déclarés à l'extérieur de tous les blocs, au même niveau que les définitions de fonctions, sont toujours statiques. On peut les rendre locaux à une unité de traduction particulière en ajoutant à leurs déclarations le mot-clé `static`, ce qui leur donne un *lien interne*. Ces objets deviennent globaux, utilisables par l'ensemble du programme, si l'on ne précise pas de classe de stockage explicite, ou si l'on se sert du mot-clé `extern`, ce qui leur donne un *lien externe*.

### A4.2 Les types de base

Il existe plusieurs types fondamentaux. Le fichier d'en-tête standard `<limits.h>`, décrit dans l'annexe B, définit les valeurs extrêmes de chaque type pour l'implémentation utilisée. Les nombres que nous donnons dans l'annexe B représentent les amplitudes minimales acceptables.

Les objets déclarés comme caractères (`char`) sont assez grands pour mémoriser n'importe quel élément du jeu de caractères d'exécution. Si l'on stocke réellement un caractère de ce jeu dans un objet de type `char`, sa valeur est celle de l'entier qui code ce caractère, et elle est positive ou nulle. On peut stocker d'autres quantités dans des variables de type `char`, mais c'est l'implémentation qui détermine quelles sont les valeurs possibles, et surtout le fait que ces valeurs soit signées ou non.

Les caractères non signés, que l'on déclare par `unsigned char`, prennent la même place que les caractères ordinaires, mais sont toujours positifs ou nuls ; les caractères que l'on déclare explicitement signés, grâce à `signed char`, prennent également la même place que les caractères ordinaires.

Le type `unsigned char` ne figure pas dans la première édition de ce livre, mais il est d'usage courant. `signed char` est une nouveauté.

En plus des types `char`, le C fournit jusqu'à trois types d'entiers de tailles différentes, que l'on déclare grâce à `short int`, `int` et `long int`. Les objets de type `int` tout court prennent la taille naturelle des nombres pour l'architecture de la machine utilisée ; les autres tailles permettent de répondre à des besoins particuliers. La taille mémoire des entiers longs est au moins égale à celle des entiers courts, mais c'est l'implémentation qui détermine si les entiers ordinaires sont longs ou courts. Les types `int` représentent tous par défaut des valeurs signées.

Les entiers non signés, que l'on déclare grâce au mot-clé `unsigned`, suivent les lois de l'arithmétique modulo $2^n$, où $n$ est le nombre de bits de la représentation utilisée. Par conséquent, les calculs sur des quantités non signées n'induisent jamais de dépassement de capacité. L'ensemble des valeurs positives ou nulles que l'on peut stocker dans un objet signé est un sous-ensemble de celles que l'on peut stocker dans l'objet non signé correspondant, et les valeurs communes à ces deux ensembles se représentent de la même manière.

Certains des types en virgule flottante — à savoir la simple précision (`float`), la double précision (`double`), et la précision étendue (`long double`) — peuvent être équivalents entre eux, mais les derniers de cette liste sont au moins aussi précis que les précédents.

Le type `long double` est nouveau. Dans la première édition, `long float` était équivalent à `double` ; cette écriture a disparu.

Les *énumérations* sont des types particuliers qui ont des valeurs entières ; à chaque énumération est associée un ensemble de constantes nommées (§A8.4). Les énumérations se comportent comme des entiers, mais les compilateurs donnent souvent des avertissements lorsqu'on affecte à un objet d'une certaine énumération autre chose que l'une de ses constantes ou une expression de son type.

Comme les objets des types décrits ci-dessus peuvent être considérés comme des nombres, nous les appellerons les types *arithmétiques*. Les types `char` et `int` de toutes tailles, signés ou non, ainsi que les énumérations, s'appelleront les types *entiers*. Les types `float`, `double` et `long double` s'appelleront les types *flottants*.

Le type `void` représente un ensemble vide de valeurs. Il sert de type de retour aux fonctions qui ne produisent pas de valeur.

## A4.3 Les types dérivés

En plus des types de base, il existe un ensemble théoriquement infini de types dérivés construits à partir des types fondamentaux grâce aux mécanismes suivants :

des *tableaux* d'objets d'un certain type ;
des *fonctions* retournant des objets d'un certain type ;
des *pointeurs* sur des objets d'un certain type ;
des *structures* contenant une séquence d'objets de types divers ;
des *unions* qui peuvent contenir un objet parmi plusieurs de types divers ;

En général, on peut employer ces méthodes de construction d'objets récursivement.

### A4.4 Les qualificatifs de type

On peut ajouter différents qualificatifs au type d'un objet. Si l'on déclare un objet `const`, cela indique que sa valeur ne sera jamais modifiée ; si on le déclare `volatile`, il aura des propriétés particulières en ce qui concerne l'optimisation. Ces qualificatifs ne modifient pas les valeurs possibles d'un objet ni ses propriétés arithmétiques. Les qualificatifs sont décrits au §A8.2.

## A5. Les objets et les valeurs-g

Un *objet* est une zone mémoire portant un nom ; une *valeur-g* est une expression qui fait référence à un objet. Un exemple trivial d'expression valeur-g est un identificateur ayant le bon type et la bonne classe de stockage. Certains opérateurs produisent des valeurs-g : par exemple, si `E` est une expression de type pointeur, `*E` est une expression valeur-g qui fait référence à l'objet pointé par `E`. Le nom «valeur-g» provient de l'expression d'affectation `E1 = E2`, où l'opérande de *gauche*, `E1`, doit être une expression valeur-g. Dans la description de chaque opérateur, nous précisons s'il a besoin d'une valeur-g et s'il produit une valeur-g.

## A6. Les conversions

Certains opérateurs peuvent, selon leurs opérandes, provoquer la conversion d'un type à un autre de la valeur d'un opérande. Cette section explique les résultats à attendre de telles conversions. Le §A6.5 récapitule les conversions imposées par les opérateurs les plus courants ; le complément à ces informations se trouve dans la description de chaque opérateur.

### A6.1 La promotion entière

On peut employer un caractère, un entier court, ou un champ de bits entier, signés ou non, ou encore un objet de type énumération, partout où l'on peut employer un entier dans une expression. Si un `int` peut représenter toutes les valeurs du type d'origine, la valeur est convertie en `int` ; sinon, elle est convertie en `unsigned int`. Ce processus s'appelle la *promotion entière*.

### A6.2 Les conversions entières

Pour convertir un entier quelconque dans un certain type non signé, on cherche la plus petite valeur positive ou nulle qui soit congrue à cet entier, modulo la plus grande valeur représentable dans ce type non signé plus un. Dans une représentation par complément à deux, ceci équivaut à tronquer la partie gauche de la valeur si le type non signé est plus court (c'est-à-dire s'il se représente sur moins de bits que la valeur à convertir), ou, s'il est plus long, à compléter la valeur par des zéros si elle est non signée, ou par des bits de signe si elle est signée.

Lorsqu'un entier quelconque est converti en un type signé, sa valeur est inchangée si elle est représentable dans ce type ; sinon, elle est définie par l'implémentation.

## A6.3 Les entiers et les flottants

Lorsqu'une valeur de type flottant est convertie en un type entier, sa partie fractionnaire est effacée ; si la valeur qui en résulte n'est pas représentable dans le type entier, le résultat est indéfini. En particulier, le résultat de la conversion d'une valeur flottante négative en un type entier non signé n'est pas défini.

Lorsqu'une valeur de type entier est convertie en flottant, et si elle n'est pas représentable exactement bien qu'elle soit à l'intérieur du domaine de représentation du type flottant, le résultat est la valeur représentable la plus proche, soit par défaut, soit par excès. Si la valeur n'est pas dans le domaine de représentation, le résultat est indéfini.

## A6.4 Les types flottants

Lorsqu'une valeur flottante est convertie en un type flottant plus précis, elle est inchangée. Lorsqu'elle est convertie dans un type flottant moins précis, et si elle est dans le domaine de représentation de ce type, le résultat est la valeur représentable la plus proche, soit par défaut, soit par excès. Si la valeur n'est pas dans le domaine de représentation, le résultat est indéfini.

## A6.5 Les conversions arithmétiques

De nombreux opérateurs provoquent des conversions et donnent un certain type de résultat selon les mêmes règles. Cela permet de transformer leurs opérandes en un type commun, qui sera celui du résultat. Ces règles s'appellent les *conversions arithmétiques usuelles.*

- D'abord, si l'un des opérandes est de type `long double`, convertir l'autre en `long double`.
- Sinon, si l'un des opérandes est de type `double`, convertir l'autre en `double`.
- Sinon, si l'un des opérandes est de type `float`, convertir l'autre en `float`.
- Sinon, appliquer les promotions entières aux deux opérandes ; puis, si l'un des opérandes est de type `unsigned long int`, convertir l'autre en `unsigned long int`.
- Sinon, si l'un des opérandes est de type `long int` et l'autre de type `unsigned int`, le résultat dépend du fait qu'un `long int` puisse représenter ou non toutes les valeurs d'un `unsigned int` ; si oui, convertir l'opérande de type `unsigned int` en `long int` ; si non, convertir les deux opérandes en `unsigned long int`.
- Sinon, si l'un des opérandes est de type `long int`, convertir l'autre en `long int`.
- Sinon, si l'un des opérandes est de type `unsigned int`, convertir l'autre en `unsigned int`.
- Sinon, les deux opérandes sont de type `int`.

Deux changements dans ces règles : premièrement, les calculs sur les opérandes de type `float` peuvent s'effectuer en simple précision, et non en double ; la première édition stipulait que tous les calculs en virgule flottante s'effectuaient en double précision. Deuxièmement, si l'on combine un type non signé avec un type signé plus long, le résultat est signé ; dans la première édition, la propriété «non signé» était toujours dominante. Ces nouvelles règles sont légèrement plus compliquées, mais elles réduisent nettement les résultat surprenants obtenus auparavant lorsqu'on combinait des quantités signées et non signées. Il est encore possible d'obtenir des résultats inattendus si l'on compare une expression non signée à une expression signée de même taille.

## A6.6 Les pointeurs et les entiers

On peut ajouter ou soustraire une expression de type entier à un pointeur ; dans ce cas, l'expression entière est convertie comme indiqué dans la description de l'opérateur d'addition (§A7.7).

On peut soustraire l'un de l'autre deux pointeurs sur des objets de même type contenus dans le même tableau ; le résultat est converti en un entier comme indiqué dans la description de l'opérateur de soustraction (§A7.7).

On peut convertir une expression constante entière valant 0, ou une telle expression convertie en `void *`, en un pointeur de type quelconque, par l'intermédiaire d'une conversion de type, d'une affectation ou d'une comparaison. Le résultat est un pointeur nul égal à un autre pointeur nul du même type, mais différent de tout pointeur sur une fonction ou un objet.

Certaines autres conversions concernant les pointeurs sont autorisées, mais elles dépendent de l'implémentation. Il faut les indiquer par un opérateur de conversion de type explicite, ou «cast» (§§A7.5 et A8.8).

On peut convertir un pointeur en un type entier assez long pour le contenir ; la taille nécessaire dépend de l'implémentation, ainsi que la fonction de transcodage.

On peut convertir explicitement un objet de type entier en un pointeur. Le transcodage transforme toujours un entier suffisamment long obtenu à partir d'un pointeur donné en ce même pointeur, mais ses autres caractéristiques dépendent de l'implémentation.

On peut convertir un pointeur en un autre pointeur, de même type, aux qualificatifs de l'objet pointé près (§§A4.4, A8.2). Si l'on ajoute des qualificatifs, le nouveau pointeur est équivalent à l'ancien, mais il subit les restrictions imposées par les nouveaux qualificatifs. Si l'on en supprime, les opérations effectuées sur l'objet pointé restent soumises aux qualificatifs figurant dans sa déclaration originelle.

Enfin, on peut convertir un pointeur sur une fonction en un pointeur sur un autre type de fonction. Le résultat de l'appel de la fonction pointée par le pointeur converti dépend de l'implémentation ; toutefois, si l'on reconvertit le pointeur dans son type d'origine, il se comporte comme le pointeur original.

## A6.7 Le type Void

On ne peut pas employer n'importe comment la valeur (inexistante) d'un objet de type `void` (*`vide`*), et on ne peut pas lui appliquer de conversion, implicite ou explicite, dans un type autre que `void`. Puisqu'une expression de type `void` représente une valeur inexistante, on ne peut s'en servir que si l'on n'a pas besoin de sa valeur, par exemple en tant qu'instruction-expression (§A9.2) ou en tant qu'opérande gauche d'un opérateur virgule (§A7.18).

On peut convertir une expression dans le type `void` par une conversion de type explicite. Par exemple, une conversion en `void` indique que l'on abandonne la valeur d'un appel de fonction servant d'instruction-expression.

Le type `void` ne figurait pas dans la première édition de ce livre, mais il était d'usage courant.

### A6.8 Les pointeurs sur Void

On peut convertir un pointeur quelconque dans le type `void *` sans perte d'information. Si l'on reconvertit le résultat dans le type d'origine du pointeur, on retrouve le pointeur originel. Contrairement aux conversions de pointeur à pointeur abordées au §A6.6, qui nécessitent une conversion de type explicite, on peut réaliser directement des affectations et des comparaisons entre des pointeurs sur des objets et des pointeur de type `void *`.

> Cette interprétation des pointeurs de type `void *` est nouvelle ; auparavant, c'étaient les pointeurs de type `char *` qui jouaient le rôle de pointeurs génériques. La norme ANSI autorise explicitement la combinaison de pointeurs sur des objets et de pointeurs de type `void *`, alors qu'elle impose d'écrire des «casts» explicites pour les autres mélanges de pointeurs.

## A7. Les expressions

Les grands paragraphes de cette section sont présentés dans l'ordre décroissant des priorités des opérateurs dans les expressions. Ainsi, par exemple, les expressions mentionnées comme opérandes de + (§A7.7) sont les expressions définies dans les §§A7.1-A7.6. A l'intérieur de chaque paragraphe, les opérateurs ont le même degré de priorité. L'associativité à gauche ou à droite de chaque opérateur est précisée dans son paragraphe. La grammaire présentée au §A13 spécifie la priorité et l'associativité des opérateurs.

La priorité et l'associativité des opérateurs sont totalement définies, mais l'ordre d'évaluation des expressions ne l'est pas, à quelques exceptions près, même si les sous-expressions entraînent des effets de bord. Par conséquent, sauf si la définition d'un opérateur garantit que ses opérandes sont évalués dans un certain ordre, c'est l'implémentation qui choisit l'ordre d'évaluation des opérandes. Toutefois, chaque opérateur combine les valeurs engendrées par ses opérandes d'une manière compatible avec l'analyse grammaticale de l'expression où il figure.

> Cette règle interdit désormais de modifier l'ordre d'évaluation des expressions comprenant des opérateurs commutatifs et associatifs mathématiquement, mais pas forcément associatifs informatiquement. En pratique, ce changement ne concerne que les calculs en virgule flottante aux alentours des limites de précision, et les situations qui peuvent provoquer un dépassement de capacité.

Le traitement des dépassements de capacité, des divisions par zéro et des autres exceptions qui peuvent intervenir au cours de l'évaluation des expressions, n'est pas défini par le langage. La plupart des implémentations du C existantes ne tiennent pas compte des dépassements de capacité pour évaluer les expressions entières signées, ni pour les affectations, mais ce comportement n'est pas garanti. Le traitement de la division par zéro, et de toutes les exceptions en virgule flottante, dépend de l'implémentation ; on peut parfois le contrôler via une bibliothèque de fonctions non standard.

### A7.1 La génération de pointeurs

Si une expression ou une sous-expression est de type «tableau de *T*», où *T* est un type donné, alors la valeur de cette expression est un pointeur sur le premier élément du tableau, et le type de l'expression se transforme en «pointeur sur *T*». Cette conversion n'a pas lieu si l'expression est l'opérande d'un des opérateurs unaires `&`, `++`, `--`

ou `sizeof`, ou l'opérande de gauche d'un opérateur d'affectation ou de l'opérateur «`.`». De même, une expression de type «fonction retournant *T*» est convertie en un «pointeur sur une fonction retournant *T*», sauf lorsqu'elle sert d'opérande à un opérateur `&`.

## A7.2 Les expressions primaires

Les expressions primaires sont les identificateurs, les constantes, les chaînes de caractères et les expressions entre parenthèses.

*expression-primaire :*
    *identificateur*
    *constante*
    *chaîne-de-caractères*
    ( *expression* )

Un identificateur est une expression primaire, du moment qu'il a été déclaré convenablement, comme indiqué plus loin. Son type est déterminé par sa déclaration. Un identificateur est une valeur-g s'il fait référence à un objet (§A5) et s'il est de type arithmétique, structure, union ou pointeur.

Une constante est une expression primaire. Son type dépend de sa forme, comme indiqué au §A2.5.

Une constante de type chaîne est une expression primaire. Elle est tout d'abord de type «tableau de `char`» (ou, pour les chaînes de caractères étendus, «tableau de `wchar_t`»), mais d'après la règle donnée au §A7.1, son type devient généralement un «pointeur sur `char`» (ou sur `wchar_t`), et le résultat est un pointeur sur le premier caractère de la chaîne. Néanmoins, cette conversion n'a pas lieu dans le cas de certains initialisateurs (cf §A8.7).

Une expression entre parenthèses est une expression primaire dont le type et la valeur sont identiques à ceux de l'expression intérieure. La présence de parenthèses ne modifie pas le fait que l'expression soit une valeur-g ou non.

## A7.3 Les expressions postfixées

Les opérateurs des expressions postfixées s'évaluent de gauche à droite.

*expression-postfixée :*
    *expression-primaire*
    *expression-postfixée* [ *expression* ]
    *expression-postfixée* ( *liste-d'expressions-en-arguments*$_{opt}$ )
    *expression-postfixée* . *identificateur*
    *expression-postfixée* -> *identificateur*
    *expression-postfixée* ++
    *expression-postfixée* --

*liste-d'expressions-en-arguments :*
    *expression-d'affectation*
    *liste-d'expressions-en-arguments* , *expression-d'affectation*

### A7.3.1 Les références aux tableaux

Une expression postfixée suivie d'une expression placée entre crochets est une expression postfixée représentant une référence à un tableau indexé. L'une des deux expressions doit être de type «pointeur sur *T*», où *T* est un type quelconque, et l'autre doit être de type entier ; le type de l'expression indexée est *T*. L'expression `E1[E2]` est équivalente (par définition) à `*((E1)+(E2))`. Reportez-vous au §A8.6.2 pour de plus amples détails.

### A7.3.2 Les appels de fonctions

Un appel de fonction se compose d'une expression postfixée, appelée le désignateur de fonction, suivie de parenthèses contenant une liste, éventuellement vide, d'expressions d'affectation séparées par des virgules. (§A7.17), qui constituent les arguments de la fonction. Si cette expression postfixée est un identificateur dont il n'existe pas de déclaration dans la portée courante, cet identificateur est déclaré implicitement, comme si l'on avait fait figurer la déclaration

`extern int` *identificateur* `();`

dans le bloc où se trouve l'appel de fonction. L'expression postfixée (après d'éventuelles déclarations implicites et générations de pointeurs, cf §A7.1) doit être de type «pointeur sur une fonction retournant *T*», où *T* est un type quelconque, et la valeur de l'appel de fonction est de type *T*.

> Dans la première édition, le seul type possible était «fonction», et il fallait employer un opérateur `*` explicite pour appeler une fonction via un pointeur. La norme ANSI officialise ce que certains compilateurs permettaient déjà, à savoir une syntaxe identique pour les appels de fonctions directs ou via des pointeurs. L'ancienne syntaxe est toujours utilisable.

Le terme *argument* désigne une expression passée à une fonction lors d'un appel ; le terme *paramètre* désigne un objet (ou son identificateur) reçu par une définition de fonction ou décrit dans une déclaration de fonction. On emploie parfois respectivement les termes «argument (ou paramètre) effectif» et «argument (ou paramètre) formel» pour distinguer ces deux concepts.

Lors de la préparation d'un appel de fonction, chaque argument est copié ; tous les passages d'arguments se font par valeur. Une fonction peut modifier les valeurs de ses objets paramètres, qui sont des copies des expressions arguments, mais ces modifications ne peuvent pas toucher les valeurs des arguments. Toutefois, il est possible de passer un pointeur à une fonction, s'il est bien entendu que celle-ci a le droit de modifier la valeur de l'objet pointé par ce pointeur.

On peut déclarer les fonctions sous deux formes différentes. Selon la nouvelle forme, les types des paramètres sont explicites et font partie du type de la fonction ; une telle déclaration s'appelle aussi un prototype de fonction. Selon l'ancienne forme, les types des paramètres ne sont pas précisés. Les déclarations de fonctions sont décrites aux §§A8.6.3 et A10.1.

Si, lors d'un appel, la déclaration de fonction dont la portée recouvre cet appel est sous l'ancienne forme, on applique à chaque argument une promotion, de la manière suivante : on applique la promotion entière (§A6.1) à chaque argument de type entier, et on convertit chaque argument de type `float` en `double`. Le résultat de l'appel est indéfini si le nombre d'arguments est différent du nombre de paramètres figurant dans la définition de la fonction, ou si le type d'un argument, après promotion, est différent du type du paramètre correspondant. La cohérence des types dépend de la forme de la définition de la fonction. Dans le cas de l'ancienne forme, on compare le type de l'argument, après promotion, au type du paramètre, après promotion ; dans le cas de la nouvelle forme, l'argument, après promotion, doit être de même type que le paramètre, sans promotion.

Si la déclaration de fonction dont la portée recouvre l'appel est sous la nouvelle forme, les arguments sont convertis dans les types des paramètres correspondants du prototype de la fonction, comme pour les affectations. Le nombre d'arguments doit être égal au nombre de paramètres décrits explicites, sauf si la liste de paramètres de la déclaration se termine par des points de suspension (`, ...`). Dans ce cas, le nombre d'arguments doit être supérieur ou égal au nombre de paramètres ; les arguments supplémentaires, figurant au-delà des paramètres décrits explicitement, subissent la promotion par défaut des arguments, comme indiqué ci-dessus. Si la fonction est définie sous l'ancienne forme, chaque paramètre du prototype visible lors de l'appel doit être de même type que le paramètre correspondant de la définition, après que celui-ci a subi la promotion d'argument.

> Ces règles sont particulièrement compliquées à cause du mélange entre les fonctions sous l'ancienne et sous la nouvelle forme. Il vaut mieux éviter de tels mélanges si possible.

L'ordre d'évaluation des arguments n'est pas défini ; notez bien qu'il varie selon les compilateurs. Toutefois, les arguments et le désignateur de fonction sont entièrement évalués, y compris leurs effets de bord, avant d'entrer dans la fonction. Les appels récursifs sont autorisés pour toutes les fonctions.

### A7.3.3 Les références aux structures

Une expression postfixée suivie d'un point et d'un identificateur est une expression postfixée. Sa première expression opérande doit être une structure ou une union, et l'identificateur doit être le nom d'un membre de cette structure ou de cette union. La valeur de cette expression et son type sont ceux du membre désigné par son nom dans la structure ou l'union. Cette expression est une valeur-g si la première expression en est une, et si la seconde n'est pas de type tableau.

Une expression postfixée suivie d'une flèche (formée d'un - et d'un >) et d'un identificateur est une expression postfixée. Sa première expression opérande doit être un pointeur sur une structure ou une union, et l'identificateur doit être le nom d'un membre de cette structure ou de cette union. Le résultat fait référence au membre désigné par son nom dans la structure ou l'union pointée par l'expression de type pointeur. Le type du résultat est le type de ce membre ; le résultat est une valeur-g s'il n'est pas de type tableau.

Ainsi, l'expression `E1->MDS` équivaut à `(*E1).MDS`. Les structures et les unions sont décrites au §A8.3.

> Dans la première édition de ce livre, le nom du membre désigné dans une telle expression devait déjà appartenir à la structure ou l'union donnée dans l'expression postfixée ; toutefois, une note précisait que cette règle n'était pas absolue. Les compilateurs récents, ainsi que la norme ANSI, l'imposent effectivement.

### A7.3.4 L'incrémentation postfixée

Une expression postfixée suivie d'un opérateur ++ ou -- est une expression postfixée. La valeur d'une telle expression est celle de son opérande. Après avoir pris note de la valeur, on ajoute (++) ou on retranche (--) 1 à l'opérande (cette opération s'appelle aussi l'incrémentation ou la décrémentation, respectivement). L'opérande doit être une valeur-g ; reportez-vous à la description des opérateurs additifs (§A7.7) et d'affectation (§A7.17) pour connaître les autres contraintes sur l'opérande et les détails de l'opération. Le résultat n'est pas une valeur-g.

## A7.4 Les opérateurs unaires

Les expressions comportant des opérateurs unaires s'évaluent de droite à gauche.

*expression-unaire :*
*expression-postfixée*
++ *expression-unaire*
-- *expression-unaire*
*opérateur-unaire expression-conversion*
`sizeof` *expression-unaire*
`sizeof ( `*nom-de-type*` )`

*opérateur-unaire :* un parmi
`&  *  +  -  ~  !`

### A7.4.1 Les opérateurs d'incrémentation préfixés

Une expression unaire précédée d'un opérateur ++ ou -- est une expression unaire. Son opérande est incrémenté (++) ou décrémenté (--). Sa valeur est prise après l'incrémentation (ou la décrémentation). L'opérande doit être une valeur-g ; reportez-vous à la description des opérateurs additifs (§A7.7) et d'affectation (§A7.17) pour connaître les autres contraintes sur l'opérande et les détails de l'opération. Le résultat n'est pas une valeur-g.

### A7.4.2 L'opérateur de prise d'adresse

L'opérateur unaire `&` prend l'adresse de son opérande, qui doit être soit une valeur-g ne faisant pas référence à un champ de bits ni à un objet de classe `register`, soit de type fonction. Le résultat est un pointeur sur l'objet ou la fonction désigné par cette valeur-g. Si l'opérande est de type *T*, le résultat est de type «pointeur sur *T*».

### A7.4.3 L'opérateur d'indirection

L'opérateur unaire * indique une indirection, et retourne l'objet ou la fonction pointé par son opérande. C'est une valeur-g si l'opérande est un pointeur sur un objet de type arithmétique, structure, union ou pointeur. Si l'expression est de type «pointeur sur *T*», le résultat est de type *T*.

### A7.4.4 L'opérateur plus unaire

L'opérande de l'opérateur + unaire doit être de type arithmétique, et le résultat est la valeur de cet opérande. Un opérande entier subit la promotion entière. Le résultat est du type de l'opérande après promotion.

L'opérateur + unaire est une nouveauté de la norme ANSI. Il a été ajouté par souci de symétrie avec le - unaire.

### A7.4.5 L'opérateur moins unaire

L'opérande de l'opérateur - unaire doit être de type arithmétique, et le résultat est l'opposé de cet opérande. Un opérande entier subit la promotion entière. L'opposé d'une quantité non signée se calcule en soustrayant la valeur après promotion de la plus grande valeur du type résultant de la promotion, et en ajoutant un ; toutefois, l'opposé de zéro est toujours zéro. Le résultat est du type de l'opérande après promotion.

### A7.4.6 L'opérateur de complément à un

L'opérande de l'opérateur ~ doit être de type entier, et le résultat est le complément à un de cet opérande. L'opérande subit la promotion entière. Si l'opérande est non signé, le résultat se calcule en soustrayant la valeur de la plus grande valeur du type résultant de la promotion. Si l'opérande est signé, le résultat se calcule en convertissant l'opérande après promotion dans le type non signé correspondant, en lui appliquant ~, puis en le reconvertissant dans le type signé. Le résultat est du type de l'opérande après promotion.

### A7.4.7 L'opérateur de négation logique

L'opérande de l'opérateur `!` doit être de type arithmétique ou pointeur, et le résultat vaut 1 si cet opérande vaut 0, et 0 dans tous les autres cas. Le résultat est de type `int`.

### A7.4.8 L'opérateur Sizeof

L'opérateur `sizeof` donne le nombre d'octets nécessaires pour mémoriser un objet du type de son opérande. Cet opérande est soit une expression, qui n'est pas évaluée, soit un nom de type entre parenthèses. Lorsqu'on applique `sizeof` à un `char`, le résultat vaut 1 ; lorsqu'on l'applique à un tableau, le résultat est le nombre total d'octets qu'occupe ce tableau. Lorsqu'on l'applique à une structure ou à une union, le résultat est le nombre d'octets de cet objet, y compris les octets de remplissage éventuels servant à le superposer à un tableau : la taille d'un tableau de *n* éléments vaut *n* fois la taille d'un élément. On ne peut pas appliquer cet opérateur à un opérande de type fonction ou de type incomplet, ni à un champ de bits. Le résultat est une constante entière non signée ; son type particulier dépend de l'implémentation. Le fichier d'en-tête standard `<stddef.h>` (voir l'annexe B) définit ce type et l'appelle `size_t`.

## A7.5 L'opérateur «cast» de conversion de type

Une expression unaire précédée d'un nom de type entre parenthèses provoque la conversion de sa valeur en une expression du type indiqué.

*expression-conversion :*
*expression-unaire*
( *nom-de-type* ) *expression-conversion*

Cette construction s'appelle une conversion de type (ou *cast*). Les noms de types sont décrits au §A8.8, et les effets des conversions au §A6. Une expression comportant une conversion de type n'est pas une valeur-g.

## A7.6 Les opérateurs multiplicatifs

Les opérateurs multiplicatifs `*`, / et `%` s'évaluent de gauche à droite.

*expression-multiplicative :*
*expression-conversion*
*expression-multiplicative* * *expression-conversion*
*expression-multiplicative* / *expression-conversion*
*expression-multiplicative* % *expression-conversion*

Les opérandes de `*` et / doivent être de type arithmétique ; ceux de `%`, de type entier. Les opérandes subissent les conversions arithmétiques usuelles, qui fixent également le type du résultat.

L'opérateur binaire `*` indique la multiplication.

L'opérateur binaire / donne le quotient, et l'opérateur `%` le reste, de la division du premier opérande par le second ; si le second opérande vaut 0, le résultat est indéfini. Sinon, l'expression `(a/b)*b + a%b` vaut toujours `a`. Si les deux opérandes sont positifs ou nuls, le reste est positif ou nul, et inférieur au diviseur ; sinon, le langage garantit seulement que la valeur absolue du reste est inférieure à celle du diviseur.

## A7.7 Les opérateurs additifs

Les opérateurs additifs + et – s'évaluent de gauche à droite. Si les opérandes sont de type arithmétique, ils subissent les conversions arithmétiques usuelles. Chacun de ces opérateurs accepte certains autres types d'opérandes.

*expression-additive :*
*expression-multiplicative*
*expression-additive* + *expression-multiplicative*
*expression-additive* – *expression-multiplicative*

L'opérateur + donne la somme de ses opérandes. On peut additionner un pointeur sur un objet d'un tableau et une valeur d'un type entier quelconque. Cette dernière est convertie en un déplacement d'adresse en la multipliant par la taille de l'objet pointé par le pointeur. La somme est alors un pointeur du même type, qui pointe sur un autre objet du même tableau, décalé convenablement par rapport à l'objet de départ. Ainsi, si `p` pointe sur un certain objet d'un tableau, l'expression `p+1` pointe sur l'objet suivant du tableau. Si la somme pointe à l'extérieur des bornes du tableau, le résultat est indéfini, sauf dans le cas de la position suivant immédiatement la borne supérieure.

> La possibilité de pointer un élément plus loin que la fin d'un tableau est une nouveauté. Elle rend légitimes des écritures courantes permettant d'exécuter une boucle sur tous les éléments d'un tableau.

L'opérateur - donne la différence de ses opérandes. On peut soustraire d'un pointeur une valeur de type entier quelconque, dans les mêmes conditions que pour l'addition, et avec les mêmes conversions.

Si l'on soustrait deux pointeurs sur des objets de même type, le résultat est une valeur entière signée représentant le décalage entre les objets pointés, étant donné que les pointeurs sur des objets successifs diffèrent de 1. Le type du résultat dépend de l'implémentation, mais il est défini dans le fichier d'en-tête standard <stddef.h> et s'appelle ptrdiff_t. La valeur du résultat est indéfinie si les objets pointés ne font pas partie du même tableau ; toutefois, si p pointe sur le dernier objet d'un tableau, l'expression (p+1)-p vaut 1.

## A7.8 Les opérateurs de décalage

Les opérateurs de décalage << et >> s'évaluent de gauche à droite. Leurs opérandes doivent être de type entier, et subissent les promotions entières. Le résultat est du type de l'opérande de gauche, après promotion. Le résultat est indéfini si l'opérande de droite est négatif, ou supérieur ou égal au nombre de bits du type de l'expression de gauche.

*expression-de-décalage :*
*expression-additive*
*expression-de-décalage* << *expression-additive*
*expression-de-décalage* >> *expression-additive*

La valeur de E1<<E2 est égale à E1 (vue comme une séquence de bits) décalée de E2 bits vers la gauche ; s'il n'y a pas de dépassement de capacité, cette opération équivaut à une multiplication par $2^{E2}$. La valeur de E1>>E2 est égale à E1 (décalée de E2 bits vers la droite ; le décalage à droite équivaut à une division par $2^{E2}$ si E1 est non signée, ou bien positive ou nulle ; sinon, le résultat dépend de l'implémentation.

## A7.9 Les opérateurs relationnels

Les opérateurs relationnels s'évaluent de gauche à droite, mais cela n'a pas d'importance ; l'analyse de a<b<c donne (a<b)<c, et a<b vaut soit 0, soit 1.

*expression-relationnelle :*
*expression-de-décalage*
*expression-relationnelle* < *expression-de-décalage*
*expression-relationnelle* > *expression-de-décalage*
*expression-relationnelle* >= *expression-de-décalage*
*expression-relationnelle* <= *expression-de-décalage*

Les opérateurs < (inférieur), > (supérieur), <= (inférieur ou égal) et >= (supérieur ou égal) donnent tous 0 si la relation indiquée est fausse, ou bien 1 si elle est vraie. Le résultat est de type int. Les opérandes arithmétiques subissent les conversions arithmétiques usuelles. On peut comparer des pointeurs sur des objets de même type ; le résultat dépend des positions relatives des objets pointés dans l'espace d'adressage.

La comparaison de pointeurs n'est définie que pour des éléments du même objet : si deux pointeurs pointent sur le même objet simple, ils sont égaux ; s'ils pointent sur des membres de la même structure, les plus grands sont ceux qui pointent sur des objets déclarés plus loin dans la structure ; s'ils pointent sur des membres de la même union, ils sont égaux ; s'ils pointent sur des éléments d'un tableau, leur comparaison équivaut à celle des indices correspondants. Si `p` pointe sur le dernier élément d'un tableau, `p+1` est supérieur à `p`, bien qu'il pointe en dehors du tableau. Dans les autres cas, la comparaison de pointeurs est indéfinie.

> Ces règles assouplissent légèrement les contraintes exposées dans la première édition, en autorisant la comparaison de pointeurs sur des éléments différents d'une structure ou d'une union, ainsi que la comparaison avec un pointeur pointant juste derrière la fin d'un tableau.

## A7.10 Les opérateurs d'égalité

*expression-d'égalité :*
*expression-relationnelle*
*expression-d'égalité* == *expression-relationnelle*
*expression-d'égalité* != *expression-relationnelle*

Les opérateurs == (égal à) et != (différent de) sont analogues aux opérateurs relationnels, mis à part que leur degré de priorité est plus faible. (Ainsi, l'expression `a<b == c<d` vaut 1 si `a<b` et `c<d` ont la même valeur logique.)

Les opérateurs d'égalité obéissent aux mêmes règles que les opérateurs relationnels, mais ils offrent d'autres possibilités : on peut comparer un pointeur à une expression entière constante valant 0, ou à un pointeur sur `void` (cf §A6.6).

## A7.11 L'opérateur ET bit à bit

*expression-ET :*
*expression-d'égalité*
*expression-ET* & *expression-d'égalité*

Les opérandes subissent les conversions arithmétiques usuelles ; le résultat est la combinaison des opérandes par la fonction «ET» appliquée bit par bit. Cet opérateur ne s'applique qu'aux opérandes de type entier.

## A7.12 L'opérateur OU exclusif bit à bit

*expression-OU-exclusive :*
*expression-ET*
*expression-OU-exclusive* ^ *expression-ET*

Les opérandes subissent les conversions arithmétiques usuelles ; le résultat est la combinaison des opérandes par la fonction «OU exclusif» appliquée bit par bit. Cet opérateur ne s'applique qu'aux opérandes de type entier.

## A7.13 L'opérateur OU inclusif bit à bit

*expression-OU-inclusive :*
*expression-OU-exclusive*
*expression-OU-inclusive* | *expression-OU-exclusive*

Les opérandes subissent les conversions arithmétiques usuelles ; le résultat est la combinaison des opérandes par la fonction «OU inclusif» appliquée bit par bit. Cet opérateur ne s'applique qu'aux opérandes de type entier.

## A7.14 L'opérateur ET logique

*expression-ET-logique :*
*expression-OU-inclusive*
*expression-ET-logique* `&&` *expression-OU-inclusive*

L'opérateur `&&` s'évalue de gauche à droite. Il donne 1 si ses deux opérandes sont différents de zéro, ou bien 0 dans les autres cas. Contrairement à l'opérateur `&`, `&&` garantit que l'évaluation s'effectue de gauche à droite : le premier opérande est évalué, y compris ses effets de bord ; s'il vaut 0, l'expression vaut 0. Sinon, l'opérande de droite est évalué, et l'expression vaut 0 s'il vaut 0, ou 1 dans le cas contraire.

Les opérandes ne sont pas nécessairement du même type, mais ils doivent tous deux être de type arithmétique ou pointeur. Le résultat est de type `int`.

## A7.15 L'opérateur OU logique

*expression-OU-logique :*
*expression-ET-logique*
*expression-OU-logique* `||` *expression-ET-logique*

L'opérateur `||` s'évalue de gauche à droite. Il donne 0 si ses deux opérandes valent zéro, ou bien 1 dans les autres cas. Contrairement à `|`, `||` garantit que l'évaluation s'effectue de gauche à droite : le premier opérande est évalué, y compris ses effets de bord ; s'il est différent de 0, l'expression vaut 1. Sinon, l'opérande de droite est évalué, et l'expression vaut 1 s'il est différent de 0, ou 0 dans le cas contraire.

Les opérandes ne sont pas nécessairement du même type, mais ils doivent tous deux être de type arithmétique ou pointeur. Le résultat est de type `int`.

## A7.16 L'opérateur conditionnel

*expression-conditionnelle :*
*expression-OU-logique*
*expression-OU-logique* ? *expression* : *expression-conditionnelle*

La première expression est évaluée, y compris ses effets de bord ; si elle est différente de 0, le résultat est la valeur de la deuxième expression, sinon celle de la troisième. On n'évalue qu'un seul opérande parmi le deuxième et le troisième. Si le deuxième et le troisième opérandes sont arithmétiques, ils subissent les conversions arithmétiques usuelles, ce qui les transforme en un type commun, qui est le type du résultat. Si ces deux opérandes sont de type `void`, ou bien des structures ou des unions du même type, ou encore des pointeurs sur des objets de même type, le résultat prend ce type commun. Si l'un de ces opérandes est un pointeur et l'autre la constante 0, le 0 est converti dans le type du pointeur, qui devient celui du résultat. Si l'un est un pointeur sur `void` et l'autre est un autre pointeur, ce dernier est converti en un pointeur sur `void`, et c'est là le type du résultat.

En ce qui concerne la comparaison de pointeurs, les qualificatifs éventuels (§A8.2) du type pointé sont sans importance, mais le type du résultat hérite des qualificatifs venant des deux branches de l'expression conditionnelle.

## A7.17 Les expressions d'affectation

Il existe plusieurs opérateurs d'affectation ; ils s'évaluent tous de droite à gauche.

*expression-d'affectation :*
  *expression-conditionnelle*
  *expression-unaire opérateur-d'affectation expression-d'affectation*

*opérateur-d'affectation :* un parmi
  `=  *=  /=  %=  +=  -=  <<=  >>=  &=  ^=  |=`

Pour tous ces opérateurs, l'opérande de gauche doit être une valeur-g modifiable : il ne peut pas être de type tableau ni de type incomplet, ni être une fonction. De plus, son type ne doit pas porter le qualificatif `const` ; si c'est une structure ou une union, aucun de ses membres et de ses sous-membres, récursivement, ne doit être qualifié par `const`. Une expression d'affectation prend le type de son opérande de gauche, et sa valeur après affectation.

Dans le cas de l'affectation simple par =, la valeur de l'expression remplace celle de l'objet désigné par la valeur-g. L'une des conditions suivantes doit être vérifiée : les deux opérandes sont de type arithmétique, auquel cas l'affectation convertit celui de droite dans le type de celui de gauche ; ou bien les deux opérandes sont des structures ou des unions du même type ; ou bien l'un des opérandes est un pointeur est l'autre un pointeur sur `void` ; ou encore l'opérande de gauche est un pointeur et celui de droite est une expression constante valant 0 ; ou enfin les deux opérandes sont des pointeurs sur des fonctions ou des objets de même type, mis à part que l'opérande de droite peut se passer des qualificatifs `const` ou `volatile` caractérisant éventuellement celui de gauche.

Une expression de la forme `E1` *op*= `E2` équivaut à `E1` = `E1` *op* `(E2)`, mis à part que `E1` n'est évaluée qu'une seule fois.

## A7.18 L'opérateur virgule

*expression :*
  *expression-d'affectation*
  *expression* , *expression-d'affectation*

Deux expressions séparées par une virgule s'évaluent de gauche à droite, et la valeur de l'expression de gauche est perdue. Le résultat prend le type et la valeur de l'opérande de droite. Tous les effets de bord de l'évaluation de l'opérande de gauche sont exécutés avant de commencer à évaluer l'opérande de droite. Dans les contextes où la virgule a un sens spécial, par exemple dans les listes d'arguments de fonctions (§A7.3.2) et les listes d'initialisateurs (§A8.7), l'unité syntaxique nécessaire est une expression d'affectation, si bien que l'opérateur virgule ne peut figurer que dans un groupement entre parenthèses ; par exemple,

```
f(a, (t=3, t+2), c)
```

a trois arguments et le deuxième d'entre eux vaut 5.

## A7.19 Les expressions constantes

Syntaxiquement, une expression constante est une expression ne comportant que certains opérateurs :

*expression-constante :*
  *expression-conditionnelle*

Les expressions qui prennent des valeurs constantes sont nécessaires dans divers contextes : après `case`, en tant que bornes de tableaux et longueurs de champs de bits, comme valeurs de constantes énumérées, dans les initialisateurs et dans certaines expressions du préprocesseur.

Les expressions constantes ne peuvent pas contenir d'affectations, d'opérateurs d'incrémentation ou de décrémentation, d'appels de fonctions, ni d'opérateurs virgule, sauf dans un opérande de `sizeof`. Si l'expression constante doit être de type entier, ses opérandes doivent être constitués exclusivement de constantes entières, énumérées, de type caractère, et flottantes ; les conversions de types éventuelles doivent donner des types entiers, et il faut convertir toutes les constantes flottantes en entiers. Ces règles interdisent automatiquement les opérations sur les tableaux et les membres de structure, les indirections et les prises d'adresses. (Toutefois, tous les opérandes sont autorisés dans le cas d'un `sizeof`.)

Les expressions constantes des initialisateurs sont moins restreintes ; leurs opérandes peuvent être des constantes de tout type, et l'on peut y appliquer l'opérateur `&` unaire à des objets externes ou statiques, ainsi qu'à des tableaux externes ou statiques indexés par une expression constante. On peut également appliquer l'opérateur `&` unaire implicitement, en écrivant des tableaux non indexés ou des fonctions. Les valeurs que peut prendre un initialisateur sont d'une part une constante, d'autre part l'adresse d'un objet externe ou statique déclaré au préalable, plus ou moins une constante.

Les expressions constantes entières qui suivent un `#if` obéissent à des contraintes plus sévères : les expressions `sizeof`, les constantes énumérées et les conversions de types y sont interdites (cf §A12.5).

# A8. Les déclarations

Les déclarations indiquent le sens à donner à chaque identificateur ; elles ne réservent pas nécessairement la place mémoire associée à l'identificateur concerné. Les déclarations qui réservent de la mémoire s'appellent des *définitions*. Les déclarations sont de la forme

*déclaration :*
*spécificateurs-de-déclaration liste-de-déclarateurs-init*$_{opt}$

Les déclarateurs figurant dans la liste de déclarateurs contiennent les identificateurs à déclarer ; les spécificateurs de déclaration consistent en une séquence de spécificateurs de classe de stockage et de type.

*spécificateurs-de-déclaration :*
*spécificateur-de-classe-de-stockage spécificateurs-de-déclaration*$_{opt}$
*spécificateur-de-type spécificateurs-de-déclaration*$_{opt}$
*qualificatif-de-type spécificateur-de-déclaration*$_{opt}$

*liste-de-déclarateurs-init :*
*déclarateur-init*
*liste-de-déclarateurs-init* , *déclarateur-init*

*déclarateur-init :*
*déclarateur*
*déclarateur* = *initialisateur*

Nous présenterons les déclarateurs plus loin (§A8.5) ; ils contiennent les noms à déclarer. Une déclaration doit comporter au moins un déclarateur, ou bien son spécificateur de type doit déclarer une étiquette de structure ou d'union, ou les membres d'une énumération ; les déclarations vides sont interdites.

## A8.1 Les spécificateurs de classe de stockage

Les spécificateurs de classe de stockage sont :

*spécificateur-de-classe-de-stockage :*
```
auto
register
static
extern
typedef
```

Le sens des différentes classes de stockage a été exposé au §A4.

Les spécificateurs `auto` et `register` donnent aux objets déclarés la classe de stockage automatique, et on ne peut les employer qu'à l'intérieur des fonctions. De telles déclarations servent aussi de définitions et réservent de la mémoire. Une déclaration de classe `register` équivaut à une déclaration de classe `auto`, mais indique que les objets déclarés seront accédés fréquemment. Peu d'objets sont effectivement placés dans des registres, et seuls certains types sont autorisés ; ces restrictions dépendent de l'implémentation. Dans tous les cas, si un objet est déclaré de classe `register`, on ne peut pas lui appliquer l'opérateur `&` unaire, explicitement ou implicitement.

La règle selon laquelle il est interdit de calculer l'adresse d'un objet déclaré de classe `register`, mais étant en fait de classe `auto`, est nouvelle.

Le spécificateur `static` donne aux objets déclarés la classe de stockage statique, et on peut l'employer à l'intérieur ou à l'extérieur des fonctions. A l'intérieur d'une fonction, ce spécificateur réserve de la mémoire, et sert de définition ; son effet à l'extérieur d'une fonction est décrit au §A11.2.

Une déclaration comportant le spécificateur `extern`, et figurant à l'intérieur d'une fonction, indique que l'espace mémoire réservé aux objets déclarés est défini ailleurs ; son effet à l'extérieur d'une fonction est décrit au §A11.2.

Le spécificateur `typedef` ne réserve pas de mémoire, et c'est seulement par commodité syntaxique qu'il figure parmi les spécificateurs de classe de stockage ; il est décrit au §A8.9.

On ne peut faire figurer qu'un seul spécificateur de classe de stockage par déclaration. Si l'on n'en donne pas, les règles suivantes s'appliquent : les objets déclarés à l'intérieur d'une fonction sont de classe `auto` ; les fonctions déclarées à l'intérieur d'une fonction sont de classe `extern` ; les objets et les fonctions déclarés à l'extérieur des fonctions sont de classe statique, avec lien externe (cf §§A10-A11).

## A8.2 Les spécificateurs de type

Les spécificateurs de type sont :

*spécificateur-de-type :*
`void`
`char`
`short`
`int`
`long`
`float`
`double`
`signed`
`unsigned`
*spécificateur-de-struct-ou-union*
*spécificateur-d'énumération*
*nom-typedef*

On peut ajouter l'un des mots `short` ou `long` à `int` ; le sens est le même si l'on omet `int`. On peut également ajouter le mot `long` à `double`. On peut ajouter l'un des mots `signed` ou `unsigned` à `int`, à ses variantes `short` ou `long`, ou bien à `char`. Si l'on n'écrit que `signed` ou `unsigned`, cela représente un `int`. Le spécificateur `signed` sert à forcer les objets de type `char` à porter un signe ; pour les autres types entiers, `signed` est autorisé, mais redondant.

Mis à part les cas ci-dessus, on ne peut faire figurer qu'un seul spécificateur de type par déclaration. Si l'on n'en donne pas, le type est `int`.

On peut aussi qualifier les types, afin de donner des propriétés particulières aux objets déclarés.

*qualificatif-de-type :*
`const`
`volatile`

On peut ajouter des qualificatifs de type à n'importe quel spécificateur de type. On peut initialiser un objet `const`, mais on ne peut rien lui affecter par la suite. Le sens d'un objet `volatile` dépend de l'implémentation.

Les propriétés `const` et `volatile` sont des nouveautés de la norme ANSI. `const` permet au compilateur de connaître les objets qui peuvent être placés en mémoire morte, et lui donne parfois de meilleures possibilités d'optimisation. Le qualificatif `volatile` sert à forcer une implémentation donnée à ne pas réaliser d'optimisation indésirable. Par exemple, dans le cas d'une machine dont les registres d'entrées-sorties se situent à des adresses de la mémoire centrale, on peut déclarer un pointeur sur un registre de périphérique comme pointeur sur `volatile`, afin que le compilateur ne supprime pas les indirections via ce pointeur, apparemment redondantes. Les compilateurs peuvent ne pas tenir compte de ces qualificatifs, mis à part qu'ils doivent signaler les tentatives explicites de modification des objets `const`.

## A8.3 Les déclarations de structures et d'unions

Une structure est un objet composé d'une séquence de membres de types divers, portant des noms. Une union est un objet qui contient, selon les moments, l'un de ses membres, qui sont de types divers. Les spécificateurs de structures et d'unions sont de la même forme.

> *spécificateur-de-struct-ou-union :*
> *struct-ou-union identificateur*$_{opt}$ { *liste-de-déclarations-de-struct* }
> *struct-ou-union identificateur*

> *struct-ou-union :*
> `struct`
> `union`

Une liste-de-déclarations-de-struct est une séquence de déclarations des membres de la structure ou de l'union :

> *liste-de-déclarations-de-struct :*
> *déclaration-de-struct*
> *liste-de-déclarations-de-struct déclaration-de-struct*

> *déclaration-de-struct :*
> *liste-de-qualificatifs-de-spécificateurs liste-de-déclarateurs-de-struct ;*

> *liste-de-qualificatifs-de-spécificateurs :*
> *spécificateur-de-type liste-de-qualificatifs-de-spécificateurs*$_{opt}$
> *qualificatif-de-type liste-de-qualificatifs-de-spécificateurs*$_{opt}$

> *liste-de-déclarateurs-de-struct :*
> *déclarateur-de-struct*
> *liste-de-déclarateurs-de-struct* , *déclarateur-de-struct*

En général, un déclarateur-de-struct est simplement le déclarateur d'un membre de la structure ou de l'union. Cependant, un membre de structure peut aussi être constitué d'un nombre de bits donnés. Un tel membre s'appelle un *champ de bits*, ou un *champ* tout court ; sa longueur est séparée du déclarateur donnant son nom par un signe deux-points.

> *déclarateur-de-struct :*
> *déclarateur*
> *déclarateur*$_{opt}$ : *expression-constante*

Un spécificateur de type de la forme

*struct-ou-union identificateur$_{opt}$* { *liste-de-déclarations-de-struct* }

déclare que l'identificateur est l'*étiquette* de la structure ou de l'union indiquée par la liste. Les déclarations ultérieures figurant dans les limites de la portée courante peuvent faire référence au même type en spécifiant cette étiquette, sans la liste associée :

*struct-ou-union identificateur*

Si un spécificateur ne comportant pas de liste figure avant que son étiquette ne soit définie, il en résulte un *type incomplet.* On peut se servir des objets de type structure ou union incomplet aux endroits où l'on a pas besoin de connaître leur taille, par exemple dans des déclarations (pas des définitions), pour spécifier un pointeur, ou pour créer un `typedef`, à l'exclusion de tous autres cas. Le type en question devient complet dès l'apparition d'un spécificateur portant la même étiquette et contenant une liste de déclarations. Même dans le cas des spécificateurs comportant une liste, le type structure ou union en cours de déclaration est incomplet à l'intérieur de la liste ; il ne devient complet qu'à partir du signe } qui termine le spécificateur.

Aucun membre d'une structure ne peut être de type incomplet. Par conséquent, il est impossible de déclarer une structure ou une union qui contienne une instance d'elle-même. Toutefois, en plus de baptiser le type structure ou union concerné, les étiquettes permettent de définir des structures auto-référentes ; une structure ou une union peut en effet contenir un pointeur sur une instance d'elle-même, car on peut déclarer des pointeurs sur des types incomplets.

Une règle très particulière s'applique aux déclarations de la forme

*struct-ou-union identificateur ;*

qui déclarent une structure ou une union, mais ne comportent ni liste de déclarations, ni déclarateurs. Même si l'identificateur est une étiquette de structure ou d'union déjà déclarée et visible (§A11.1), une telle déclaration fait de l'identificateur l'étiquette d'une nouvelle structure ou union, de type incomplet, pour la portée courante.

> Cette règle obscure est une nouveauté de la norme ANSI. Elle sert à traiter les structures mutuellement récursives déclarées dans la portée courante, mais dont les étiquettes peuvent déjà avoir été déclarées dans une portée de niveau supérieur.

Un spécificateur de structure ou d'union comportant une liste, mais pas d'étiquette, crée un type unique, dont on ne peut se servir directement que dans la déclaration dont il fait partie.

Les noms de membres et d'étiquettes ne peuvent pas entrer en conflit entre eux, ni avec ceux des variables ordinaires. Un même nom de membre ne peut pas figurer deux fois dans la même structure ou union, mais il peut servir dans des structures ou des unions différentes

> Dans la première édition de ce livre, les noms des membres de structure et d'union n'étaient pas associés à leur parent. Cependant, les compilateurs réalisaient couramment cette association bien avant la norme ANSI.

Les membre de structure ou d'union, à l'exception des champ de bits, peuvent être de n'importe quel type. Les champs de bits (qui n'ont pas obligatoirement de déclarateur, et peuvent donc ne pas porter de nom) sont de type `int`, `unsigned int` ou `signed int`, et sont interprétés comme des objets de type entier dont la longueur en bits est donnée ; le fait que les champs de type `int` soient considérés comme signés ou non dépend de l'implémentation. Les champs adjacents dans une structure sont regroupés dans des unités de mémoire dépendant de l'implémentation dans un sens dépendant de l'implémentation. Lorsqu'un champ suivant un autre champ ne rentre pas dans une unité de mémoire partiellement remplie, il peut être divisé entre deux unités, ou l'unité en question peut être complétée à vide. Un champ nom nommé de largeur 0 force ce remplissage complémentaire, afin que le champ suivant commence au début de l'unité d'allocation suivante.

La norme ANSI rend les champs encore plus dépendants de l'implémentation que ne le faisait la première édition. Il est conseillé de considérer que les règles du langage concernant la mémorisation des champs de bits dépendent entièrement de l'implémentation. On peut employer des structures comportant des champs de bits dans le but de réduire la taille mémoire nécessaire à ces structures, de façon portable (et probablement au prix d'une augmentation du nombre d'instructions et du temps d'exécution nécessaires pour accéder à ces champs), ou bien pour décrire une structure de données au niveau du bit, de façon non portable. Dans ce cas, il est impératif de connaître les règles de l'implémentation utilisée.

Les membres d'une structure se situent à des adresses croissantes dans l'ordre de leurs déclarations. Les membres autres que des champs sont alignés sur une limite d'adresse qui dépend de leur type ; par conséquent, une structure peut contenir des vides non baptisés. Si l'on convertit le type d'un pointeur sur une structure en celui d'un pointeur sur son premier membre, le résultat pointe sur ce premier membre.

On peut considérer une union comme une structure dont tous les membres commencent à son début (déplacement 0), et de taille suffisante pour contenir n'importe lequel d'entre eux. Une union ne peut contenir qu'un seul de ses membres à un instant donné. Si l'on convertit le type d'un pointeur sur une union en celui d'un pointeur sur l'un de ses membres, le résultat pointe sur ce membre.

Voici un exemple simple de déclaration de structure :

```
struct noeud {
    char mot[20];
    int nb;
    struct noeud *gauche;
    struct noeud *droite;
};
```

qui contient un tableau de 20 caractères, un entier et deux pointeurs sur des structures semblables. Après la déclaration de cette structure, la déclaration

```
struct noeud s, *ps;
```

déclare `s` comme une structure de cette forme et `ps` comme un pointeur sur une telle structure. Avec ces déclarations, l'expression

```
ps->nb
```

désigne le champ `nb` de la structure pointée par `ps` ;

```
s.gauche
```

désigne le pointeur sur le sous-arbre gauche de la structure `s` ; et

```
s.droite->mot[0]
```

désigne le premier caractère du membre `mot` du sous-arbre droit de `s`.

En général, on ne peut pas lire un membre d'une union sans avoir affecté auparavant une valeur à cette union via ce même membre. Toutefois, il existe une règle particulière qui simplifie l'usage des unions : si une union contient plusieurs structures ayant une partie initiale commune, et si cette union a pour valeur actuelle l'une de ces structures, on peut faire référence à la partie initiale commune de n'importe laquelle des structures en question. Par exemple, ceci est un fragment de programme valide :

```
union {
    struct {
        int type;
    } n;
    struct {
        int type;
        int noeud_int;
    } ni;
    struct {
        int type;
        float noeud_float;
    } nf;
} u;
...
u.nf.type = FLOAT;
u.nf.noeud_float = 3.14;
...
if (u.n.type == FLOAT)
    ... sin(u.nf.noeud_float) ...
```

## A8.4 Les énumérations

Les énumérations sont des types uniques dont les valeurs possibles font partie d'un ensemble de constantes portant un nom, que l'on appelle des énumérateurs. La forme d'un spécificateur d'énumération est similaire à celle des structures et des unions.

*spécificateur-d'énumération :*
    `enum` *identificateur*$_{opt}$ `{` *liste-d'énumérateurs* `}`
    `enum` *identificateur*

*liste-d'énumérateurs :*
    *énumérateur*
    *liste-d'énumérateurs* , *énumérateur*

*énumérateur :*
    *identificateur*
    *identificateur* = *expression-constante*

Les identificateurs faisant partie d'une liste d'énumérateurs sont déclarés comme des constantes de type `int`, et peuvent figurer partout où des constantes sont nécessaires. Si aucun des énumérateurs ne comporte un signe =, la première constante correspondante vaut 0 et les suivantes augmentent de 1 en 1 de gauche à droite. Un énumérateur comportant un signe = donne à l'identificateur concerné la valeur indiquée ; les identificateurs suivants continuent la progression de 1 en 1 à partir de cette valeur.

Les noms d'énumérateurs de même portée doivent être tous différents, et distincts des noms de variables ordinaires ; cependant, leurs valeurs ne sont pas toutes obligatoirement distinctes.

L'identificateur d'un spécificateur d'énumération joue le même rôle que celui de l'étiquette d'une structure ; il donne un nom à une énumération particulière. Les règles concernant les spécificateurs d'énumérations comportant ou non une étiquette ou une liste sont les mêmes que dans le cas des spécificateurs de structures ou d'unions, mis à part qu'il n'existe pas de types incomplets d'énumérations ; l'étiquette d'un spécificateur d'énumération ne comportant pas de liste d'énumérateurs doit se rapporter à un spécificateur visible comportant une liste.

Les énumérations n'existaient pas dans la première édition de ce livre, mais elles font partie du langage depuis quelques années.

## A8.5 Les déclarateurs

La syntaxe des déclarateurs est la suivante :

*déclarateur :*
    *pointeur*$_{opt}$ *déclarateur-absolu*

*déclarateur-absolu :*
    *identificateur*
    ( *déclarateur* )
    *déclarateur-absolu* [ *expression-constante*$_{opt}$ ]
    *déclarateur-absolu* ( *liste-de-types-de-paramètres* )
    *déclarateur-absolu* ( *liste-d'identificateurs*$_{opt}$ )

*pointeur :*
    * *liste-de-qualificatifs-de-type*$_{opt}$
    * *liste-de-qualificatifs-de-type*$_{opt}$ *pointeur*

*liste-de-qualificatifs-de-type :*
    *qualificatif-de-type*
    *liste-de-qualificatifs-de-type qualificatif-de-type*

La structure des déclarateurs ressemble à celle des expressions d'indirection, de fonctions et de tableaux ; ils se groupent de la même manière.

## A8.6 La signification des déclarateurs

Une liste de déclarateurs figure après une séquence de spécificateurs de type et de classe de stockage. Chaque déclarateur déclare un identificateur principal unique, celui qui figure comme première possibilité de production pour le *déclarateur-absolu.* Le spécificateur de classe de stockage s'applique directement à cet identificateur, mais son type dépend de la forme de son déclarateur. Un déclarateur se lit comme une assertion énonçant que lorsque son identificateur figure dans une expression de même forme que le déclarateur, il donne un objet du type indiqué.

Si l'on se borne à examiner les parties des spécificateurs de déclaration concernant le type (§A8.2) et un déclarateur particulier, une déclaration est de la forme «`T D`», où `T` est un type et `D` un déclarateur. Cette notation décrit de façon inductive le type attribué à l'identificateur selon la forme du déclarateur.

Dans une déclaration `T D` où `D` est un simple identificateur, cet identificateur est de type `T`.

Dans une déclaration `T D` où `D` est de la forme

```
( D1 )
```

l'identificateur figurant dans `D1` est de même type que celui de `D`. Les parenthèses ne modifient pas le type, mais elles peuvent changer l'interprétation des déclarateurs complexes.

### A8.6.1 Les déclarateurs de pointeurs

Dans une déclaration `T D` où `D` est de la forme

`*` *liste-de-qualificatifs-de-type$_{opt}$* `D1`

et où l'identificateur figurant dans la déclaration `T D1` est de type «*modificateur-de-type* `T`», l'identificateur de `D` est de type «*modificateur-de-type liste-de-qualificatifs-de-type* pointeur sur `T`». Les qualificatifs qui suivent le signe `*` s'appliquent au pointeur même, et non à l'objet sur lequel il pointe.

Examinons par exemple la déclaration

```
int *tp[];
```

Ici, c'est `tp[]` qui joue le rôle de `D1` ; une déclaration «`int tp[]`» (plus loin) donnerait à `tp` le type «tableau de `int`», la liste de qualificatifs de type est vide et le modificateur de type est «tableau de». Par conséquent, cette déclaration donne à `tp` le type «tableau de pointeurs sur `int`».

Pour prendre d'autres exemples, les déclarations

```
int i, *pi, *const cpi = &i;
const int ci = 3, *pci;
```

déclarent un entier `i` et un pointeur sur un entier `pi`. On ne peut pas modifier la valeur du pointeur constant `cpi` ; il pointera toujours sur le même emplacement, mais on pourra néanmoins modifier la valeur à laquelle il fait référence. L'entier `ci` est constant, on ne peut donc pas le modifier (bien que l'on puisse l'initialiser, comme ici). `pci` est de type «pointeur sur `const int`», et l'on peut modifier `pci` lui-même afin de le faire pointer ailleurs, mais on ne peut pas modifier la valeur sur laquelle il pointe par une affectation via `pci`.

### A8.6.2 Les déclarateurs de tableaux

Dans une déclaration `T D` où `D` est de la forme

`D1` `[`*expression-constante$_{opt}$*`]`

et où l'identificateur figurant dans la déclaration `T D1` est de type «*modificateur-de-type* `T`», l'identificateur de `D` est de type «*modificateur-de-type* tableau de `T`». Si une expression constante est présente, elle doit être de type entier, et de valeur supérieure à 0. Si cette expression constante est absente, le tableau est de type incomplet.

On peut construire un tableau à partir d'un type arithmétique, d'un pointeur, d'une structure ou d'une union, ou d'un autre tableau (ce qui donne un tableau à plusieurs dimensions). On ne peut construire un tableau qu'à partir de types complets ; on ne peut pas construire un tableau de structures de type incomplet. Ainsi, dans le cas d'un tableau à plusieurs dimensions, seule la première dimension peut être absente. Le type d'un objet de type tableau incomplet se complète par une autre déclaration, complète, de cet objet (§A10.2), ou par une initialisation (§A8.7). Par exemple,

```
float tf[17], *tpf[17];
```

déclare un tableau de nombres flottants et un tableau de pointeurs sur des nombres flottants. Et

```
static int x3d[3][5][7];
```

déclare un tableau d'entiers statique à trois dimensions, de taille 3x5x7. Plus exactement, `x3d` est un tableau de trois éléments, dont chacun est un tableau de cinq tableaux ; chacun de ces derniers tableaux contient sept entiers. Les expressions `x3d`, `x3d[i]`, `x3d[i][j]` et `x3d[i][j][k]` sont toutes valides. Les trois premières sont de type «tableau», la dernière de type `int`. Plus précisément, `x3d[i][j]` est un tableau de 7 entiers, et `x3d[i]` est un tableau de 5 tableaux de 7 entiers.

L'opération d'indexation des tableaux est définie de façon que `E1[E2]` soit identique à `*(E1+E2)`. Par conséquent, malgré son aspect asymétrique, l'indexation est une opération commutative. A cause des règles de conversion qui s'appliquent à l'opérateur `+` et aux tableaux (§§A6.6, A7.1, A7.7), si `E1` est un tableau et `E2` un entier, `E1[E2]` désigne l'élément de `E1` d'indice `E2`.

Dans l'exemple ci-dessus, `x3d[i][j][k]` équivaut à `*(x3d[i][j] + k)`. La première sous-expression `x3d[i][j]` est convertie dans le type «pointeur sur un tableau d'entiers», d'après le §A7.1 ; et d'après le §A7.7, l'addition s'effectue après avoir multiplié `k` par la taille d'un entier. Ces règles impliquent que les tableaux sont mémorisés par rangées (c'est le dernier indice qui varie le plus vite), et que le premier indice figurant dans la déclaration permet de déterminer la place mémoire occupée par un tableau, mais ne joue aucun autre rôle dans les calculs d'indices.

### A8.6.3 Les déclarateurs de fonctions

Dans une déclaration de fonction sous la nouvelle forme `T D` où `D` est de la forme

`D1` (*liste-de-types-de-paramètres*)

et où l'identificateur figurant dans la déclaration `T D1` est de type «*modificateur-de-type* `T`», l'identificateur de `D` est de type «*modificateur-de-type* fonction d'arguments *liste-de-types-de-paramètres* retournant `T`».

La syntaxe des paramètres est la suivante :

*liste-de-types-de-paramètres :*
*liste-de-paramètres*
*liste-de-paramètres* , ...

*liste-de-paramètres :*
*déclaration-de-paramètres*
*liste-de-paramètres* , *déclaration-de-paramètre*

*déclaration-de-paramètres :*
*spécificateurs-de-déclaration déclarateur*
*spécificateurs-de-déclaration déclarateur-abstrait*$_{opt}$

Dans la nouvelle forme des déclarations, la liste de paramètres indique les types des paramètres. Dans le cas particulier d'un déclarateur de fonction sous la nouvelle forme ne comportant pas de paramètres, la liste de types de paramètres est constituée du seul mot-clé `void`. Si la liste de types de paramètres se termine par des points de suspension «`, ...`», la fonction peut accepter plus d'arguments que le nombre de paramètres décrits explicitement (cf §A7.3.2).

Les paramètres de type tableau ou fonction sont transformés en pointeurs, en accord avec les règles de conversion des paramètres (cf §A10.1). Le seul spécificateur de classe de stockage autorisé dans un spécificateur de déclaration de paramètres est `register`, et il n'est pris en compte que si le déclarateur de fonction est suivi d'une définition de fonction. De même, si les déclarateurs figurant dans les déclarations de paramètres comportent des identificateurs et si le déclarateur de fonction n'est pas suivi d'une définition de fonction, ces identificateurs deviennent immédiatement invisibles. Les déclarateurs abstraits, qui ne précisent pas les identificateurs, sont présentés au §A8.8.

Dans une déclaration de fonction sous l'ancienne forme `T D` où `D` est de la forme

`D1` (*liste-d'identificateurs*$_{opt}$)

et où l'identificateur figurant dans la déclaration `T D1` est de type «*modificateur-de-type* `T`», l'identificateur de `D` est de type «*modificateur-de-type* fonction d'arguments non spécifiés retournant `T`». Les paramètres éventuels sont de la forme

*liste-d'identificateurs :*
    *identificateur*
    *liste-d'identificateurs* , *identificateur*

Dans un déclarateur sous l'ancienne forme, la liste d'identificateurs ne doit figurer que si ce déclarateur est placé en tête d'une définition de fonction (§A10.1). La déclaration ne fournit aucun renseignement sur les types des paramètres.

Par exemple, la déclaration

```
int f(), *fpi(), (*pfi)();
```

déclare une fonction `f` retournant un entier, une fonction `fpi` retournant un pointeur sur un entier, et un pointeur `pfi` pointant sur une fonction retournant un entier. Aucune de ces déclarations ne comporte les types des paramètres ; elles sont sous l'ancienne forme.

D'après la déclaration sous la nouvelle forme

```
int strcpy(char *dest, const char *source), rand(void);
```

`strcpy` est une fonction retournant un `int` qui accepte deux arguments, le premier étant un pointeur de caractère et le second un pointeur sur une chaîne de caractères constante. Les noms des paramètres servent en fait de commentaires. La deuxième fonction, `rand`, ne prend pas d'arguments et retourne un `int`.

Les déclarateurs de fonction comportant des prototypes de paramètres constituent de loin la plus grande modification apportée au langage par la norme ANSI. Leur avantage par rapport aux «anciens» déclarateurs de la première édition est qu'ils permettent de détecter des erreurs et de forcer les types des arguments pour les appels de fonctions, mais c'est au prix de bouleversements et de confusions lors de leur introduction, et de la nécessité de pouvoir traiter les deux formes. Pour assurer cette compatibilité, certaines syntaxes sont peu heureuses, en particulier le `void` servant à marquer explicitement les fonctions sous la nouvelle forme ne comportant pas de paramètres.

Les points de suspension «`, ...`» désignant les fonctions à liste variable d'arguments sont également une nouveauté, qui formalise, avec les macros définies dans l'en-tête standard `<stdarg.h>`, un mécanisme qui était officiellement interdit mais officieusement toléré dans la première édition.

Ces notations sont inspirées du langage C++.

## A8.7 L'initialisation

Au moment de la déclaration d'un objet, son déclarateur-init peut spécifier une valeur initiale pour l'identificateur déclaré. L'initialisateur est précédé de =, et il est constitué soit d'une expression, soit d'une liste d'initialisateurs imbriqués entre accolades. Une telle liste peut se terminer par une virgule, pour de simples questions d'esthétique.

*initialisateur :*
*expression-d'affectation*
{ *liste-d'initialisateurs* }
{ *liste-d'initialisateurs* , }

*liste-d'initialisateurs :*
*initialisateur*
*liste-d'initialisateurs* , *initialisateur*

Toutes les expressions figurant dans l'initialisateur d'un objet ou d'un tableau statique doivent être des expressions constantes, décrites au §A7.19. Les expressions figurant dans l'initialisateur d'un objet ou d'un tableau de classe `auto` ou `register` doivent aussi être des expressions constantes si cet initialisateur est une liste entre accolades. Toutefois, si l'initialisateur d'un objet automatique est constitué d'une seule expression, celle-ci n'est pas obligatoirement une expression constante, elle doit seulement être de type convenable pour l'affectation à cet objet.

La première édition n'admettait pas que l'on initialise des structures, des unions ou des tableaux automatiques. La norme ANSI autorise ces initialisations, mais uniquement avec des constructions constantes, sauf si l'on peut exprimer l'initialisateur grâce à une seule expression.

Un objet statique qui n'est pas initialisé explicitement prend pour valeur initiale la constante 0. Dans le cas d'un objet statique composé, tous ses éléments sont initialisés à 0. La valeur initiale d'un objet automatique non initialisé n'est pas définie.

L'initialisateur d'un pointeur ou d'un objet de type arithmétique est constitué d'une seule expression, éventuellement entre accolades. Cette expression est affectée à l'objet en question.

L'initialisateur d'une structure est soit une expression du même type, soit une liste d'initialisateurs placée entre accolades, correspondant à chacun de ses membres, dans l'ordre. Si cette liste comporte moins d'initialisateurs que le nombre de membres de la structure, les derniers membres prennent la valeur initiale 0. Il est interdit de donner plus d'initialisateurs qu'il n'y a de membres.

L'initialisateur d'un tableau est une liste d'initialisateurs placée entre accolades, correspondant à chacun de ses membres. Si la taille du tableau n'est pas précisée, elle est déterminée par le nombre d'initialisateurs, et le type du tableau devient complet. Si la taille du tableau est fixée, le nombre d'initialisateurs ne doit pas dépasser le nombre d'éléments du tableau ; si l'on en donne moins, les derniers éléments prennent la valeur initiale 0.

Il existe un cas particulier : on peut initialiser un tableau de caractères par une constante de type chaîne ; les caractères successifs de la chaîne initialisent un à un les éléments du tableau. De même, une constante de type chaîne de caractères étendus (§A2.6) peut initialiser un tableau de type `wchar_t`. Si la taille du tableau n'est pas précisée, elle est déterminée par le nombre de caractères de la chaîne, y compris le `\0` final ; si la taille du tableau est fixée, le nombre de caractères de la chaîne, non compris le `\0` final, ne doit pas dépasser la taille du tableau.

L'initialisateur d'une union peut être constitué soit d'une expression unique de même type, soit d'un initialisateur du type du premier membre de l'union, placé entre accolades.

La première édition interdisait l'initialisation des unions. La règle du «premier membre» est maladroite, mais il est difficile de la généraliser sans introduire une nouvelle syntaxe. A côté du fait qu'elle autorise l'initialisation explicite des unions, du moins sous une forme primitive, cette règle de l'ANSI définit la sémantique des unions statiques non initialisées.

Un *agrégat* est une structure ou un tableau. Si un agrégat comporte des éléments de type agrégat, les règles d'initialisation s'appliquent récursivement. On peut omettre des accolades dans l'initialisation d'après les règles suivantes : si l'initialisateur d'un élément d'agrégat étant lui-même un agrégat commence par une accolade ouvrante, alors la liste suivante d'initialisateurs séparés par des virgules initialise les éléments du sous-agrégat ; cette liste ne doit pas comporter plus d'initialisateurs que le nombre d'éléments du sous-agrégat. Cependant, si l'initialisateur d'un sous-agrégat ne commence pas par une accolade ouvrante, alors on utilise juste assez d'éléments de la liste pour initialiser le sous-agrégat ; les éléments restants éventuels servent à initialiser l'élément suivant de l'agrégat dont fait partie le sous-agrégat.

Par exemple,

```
int x[] = { 1, 3, 5 };
```

déclare et initialise `x` comme un tableau à une dimension comportant trois éléments, car sa taille n'est pas précisée et il y a trois initialisateurs.

```
float y[4][3] = {
    { 1, 3, 5 },
    { 2, 4, 6 },
    { 3, 5, 7 },
};
```

est une initialisation où figurent toutes les accolades : 1, 3 et 5 initialisent la première rangée du tableau `y[0]`, c'est-à-dire `y[0][0]`, `y[0][1]` et `y[0][2]`. De même, les deux lignes suivantes initialisent `y[1]` et `y[2]`. L'initialisateur s'arrête à ce moment, si bien que les éléments de `y[3]` sont initialisés à 0. On aurait obtenu exactement le même résultat en écrivant

```
float y[4][3] = {
    1, 3, 5, 2, 4, 6, 3, 5, 7
};
```

L'initialisateur de `y` commence par une accolade ouvrante, mais pas celui de `y[0]` ; par conséquent, `y[0]` est initialisé par les trois premiers éléments de la liste. De même, les trois suivants servent à initialiser `y[1]`, et les trois derniers `y[2]`. Quant à la ligne

```
float y[4][3] = {
    { 1 }, { 2 }, { 3 }, { 4 }
};
```

elle initialise la première colonne de `y` (considéré comme un tableau à deux dimensions) et met le reste à 0.

Enfin,

```
char msg[] = "Erreur de syntaxe en ligne %s\n";
```

est un exemple de tableau de caractères dont les éléments sont initialisés par une chaîne ; sa taille est calculée en incluant le caractère `\0` final.

## A8.8 Les noms de types

Dans divers contextes (pour réaliser des conversions de types explicites par des «casts», pour déclarer les types des paramètres dans les déclarateurs de fonction, et pour l'opérande de `sizeof`), il faut indiquer le nom d'un type de données. Cela se réalise grâce à un *nom de type*, dont la syntaxe est celle d'une déclaration d'objet de ce type où l'on omet le nom de l'objet.

*nom-de-type :*
  *liste-de-qualificatifs-de-spécificateurs déclarateur-abstrait*$_{opt}$

*déclarateur-abstrait :*
  *pointeur*
  *pointeur*$_{opt}$ *déclarateur-abstrait-absolu*

*déclarateur-abstrait-absolu :*
  ( *déclarateur-abstrait* )
  *déclarateur-abstrait-absolu*$_{opt}$ [ *expression-constante*$_{opt}$ ]
  *déclarateur-abstrait-absolu*$_{opt}$ ( *liste-de-types-de-paramètres*$_{opt}$ )

On peut se contenter d'indiquer l'endroit du déclarateur abstrait où figurerait l'identificateur si cette construction était le déclarateur d'une déclaration. Le nom de type ainsi obtenu représente le type de cet identificateur hypothétique. Par exemple,

```
int
int *
int *[3]
int (*)[]
int *()
int (*[])(void)
```

sont respectivement les noms des types «entier», «pointeur sur un entier», «tableau de 3 pointeurs sur des entiers», «pointeur sur un tableau d'entiers de taille indéfinie», «fonction de paramètres indéfinis retournant un pointeur sur un entier» et «tableau, de taille indéfinie, de pointeur sur des fonctions sans paramètres, retournant chacune un entier».

## A8.9 Typedef

Les déclarations dont le spécificateur de classe de stockage est `typedef` ne déclarent pas des objets, mais définissent des identificateurs représentant des types. Ces identificateurs sont appelés des noms typedef.

*nom-typedef :*
  *identificateur*

Une déclaration de classe `typedef` attribue un type à chacun des noms de ses déclarateurs, de la façon habituelle (cf §A8.6). Par la suite, chacun de ces noms typedef équivaut syntaxiquement à un spécificateur du type qui lui est associé.

Par exemple, après

```
typedef long Numbloc, *Ptrbloc;
typedef struct { double r, theta; } Complexe;
```

les constructions

```
Numbloc b;
extern Ptrbloc pb;
Complexe z, *pz;
```

sont des déclarations correctes. `b` est de type `long`, `pb` de type «pointeur sur `long`», le type de `z` est la structure indiquée et `pz` est un pointeur sur une telle structure.

`typedef` n'introduit pas de nouveaux types, mais des synonymes pour des types que l'on pourrait spécifier autrement. Dans notre exemple, `b` est de même type que tout autre objet de type `long`.

On peut redéclarer des noms typedef dans une portée plus restreinte, mais il faut alors donner un ensemble non vide de spécificateurs de type. Par exemple,

```
extern Numbloc;
```

ne redéclare pas `Numbloc`, alors que

```
extern int Numbloc;
```

le redéclare.

### A8.10 Les équivalences de types

Deux listes de spécificateurs de type sont équivalentes si elles contiennent les mêmes spécificateurs, en tenant compte du fait que certains spécificateurs en impliquent d'autres (par exemple, `long` tout court signifie `long int`). Les structures, les unions et les énumérations dont les étiquettes diffèrent sont distinctes, et une structure, une union ou une énumération sans étiquette spécifie un type unique.

Deux types sont identiques si leurs déclarateurs abstraits (§A8.8), après développement des types `typedef` éventuels et suppression des identificateurs des paramètres de fonctions, sont les mêmes, y compris leurs listes de spécificateurs de type. Les tailles des tableaux et les types des paramètres de fonctions sont significatifs.

## A9. Les instructions

A l'exception de certains cas particuliers, les instructions sont exécutées les unes à la suite des autres. Les instructions sont exécutées pour les effets qu'elles produisent et n'ont pas de valeurs. On les classe en plusieurs groupes.

*instruction :*
　　*instruction-étiquetée*
　　*instruction-expression*
　　*instruction-composée*
　　*instruction-de-sélection*
　　*instruction-d'itération*
　　*instruction-de-saut*

### A9.1 Les instructions étiquetées

Les instructions peuvent être précédées d'une étiquette.

*instruction-étiquetée :*
　　*identificateur* : *instruction*
　　`case` *expression-constante* : *instruction*
　　`default` : *instruction*

Une étiquette constituée d'un identificateur déclare cet identificateur. Le seul usage possible d'une étiquette composée d'un identificateur est de servir de référence à un `goto`. La portée de l'identificateur est limitée à la fonction courante. Puisque les étiquettes possèdent leur propre catégorie de noms, elles ne peuvent pas interférer avec les autres identificateurs, ni être redéclarées. Voir §A11.1.

On utilise les étiquettes de type `case` et `default` avec l'instruction `switch` (§A9.4). L'expression constante employée avec `case` doit être de type entier.

Les étiquettes ne modifient pas en elles-mêmes le déroulement d'un programme.

## A9.2 Les instructions-expressions

La plupart des instructions sont des instructions-expressions de la forme

*instruction-expression :*
*expression*$_{opt}$ ;

La plupart d'entre elles sont des affectations ou des appels de fonctions. Tous les effets de bord de l'expression sont pris en compte avant que l'instruction suivante ne soit exécutée. S'il n'y pas d'expression, on appelle cette construction une instruction nulle ; on utilise souvent une telle construction pour fournir un corps vide à une instruction de bouclage ou pour placer une étiquette.

## A9.3 Les instructions composées

Pour pouvoir mettre plusieurs instructions là où une seule est attendue, on peut utiliser une instruction composée (appelée également «bloc»). Le corps de la définition d'une fonction est une instruction composée.

*instruction-composée :*
{ *liste-de-déclarations*$_{opt}$ *liste-d'instructions*$_{opt}$ }

*liste-de-déclarations :*
*déclaration*
*liste-de-déclarations déclaration*

*liste-d'instructions :*
*instruction*
*liste-d'instructions instruction*

Si un identificateur de la liste des déclarations est déjà visible à l'extérieur du bloc, la déclaration extérieure est suspendue à l'intérieur du bloc (voir §A11.1), après lequel elle sera de nouveau visible. On ne peut déclarer qu'une seule fois un identificateur dans le même bloc. Ces règles s'appliquent aux identificateurs d'une même catégorie de noms (§A11) ; on traite de façon distincte les identificateurs appartenant à des catégories de noms différentes.

L'initialisation des objets dynamiques est effectuée à chaque fois qu'on entre dans le bloc par sa partie supérieure et dans l'ordre des déclarations. Si l'on exécute un saut vers l'intérieur du bloc, ces initialisations ne s'effectuent pas. Les initialisations des objets de classe `static` ne sont réalisées qu'une seule fois avant que le programme ne commence son exécution.

## A9.4 Les instructions de sélection

Les instructions de sélection permettent d'effectuer des choix entre différentes parties d'un programme.

*instruction-de-sélection :*
`if` ( *expression* ) *instruction*
`if` ( *expression* ) *instruction* `else` *instruction*
`switch` ( *expression* ) *instruction*

Dans les deux formes de l'instruction `if`, l'expression qui doit être de type arithmétique ou pointeur, est évaluée, y compris les effets de bord, et si le résultat est différent de `0`, on exécute la première sous-instruction. Dans la seconde forme, on exécute la seconde sous-instruction si l'expression est égale à `0`. L'ambiguïté du `else` est résolue en reliant un `else` à la dernière instruction `if` n'ayant pas de `else` correspondant et se trouvant au même niveau d'imbrication de bloc.

L'instruction `switch` permet de diriger le programme vers une instruction choisie parmi plusieurs, suivant la valeur d'une expression qui doit être de type entier. La sous-instruction contrôlée par un `switch` est généralement composée. Chaque instruction à l'intérieur de la sous-instruction peut être précédée d'une ou plusieurs étiquettes `case` (§A9.1). L'expression de contrôle est transformée en une valeur entière, et les constantes employées pour les différents cas le sont également. Il ne faut pas que deux constantes correspondant à deux cas différents et associées au même `switch` aient la même valeur après conversion. En outre, il ne peut y avoir qu'une seule étiquette `default` dans un `switch`. On peut imbriquer les instructions switch ; une étiquette `case` ou `default` est associée au plus petit `switch` qui la contient.

Quand l'instruction `switch` est exécutée, son expression est évaluée y compris tous les effets de bord et comparée avec les constantes associées à chaque cas. Si l'une des constantes est égal à la valeur de l'expression, le programme exécute l'instruction de l'étiquette `case` correspondante. Si aucune des constantes n'est égale à l'expression et s'il y a une étiquette `default` le programme exécute l'instruction correspondante. Si aucune constante ne convient et s'il n'y a pas d'étiquette `default`, alors aucune sous-instruction de l'aiguillage n'est exécutée.

> Dans la première édition de ce livre, l'expression de contrôle de `switch` et les constantes associées aux différents cas devaient être de type `int`.

## A9.5 Les instructions d'itération

Les instructions d'itération servent à spécifier des boucles.

*instruction-d'itération :*
    `while` ( *expression* ) *instruction*
    do *instruction* `while` ( *expression* ) ;
    `for` ( $expression_{opt}$ ; $expression_{opt}$ ; $expression_{opt}$ ) *instruction*

Dans les instructions `while` et `for`, la sous-instruction est exécutée de manière répétitive tant que la valeur de l'expression est différente de `0` ; l'expression doit être de type arithmétique ou de type pointeur. En ce qui concerne `while`, le test avec tous les effets de bord engendrés par l'expression est effectué avant chaque exécution de l'instruction ; pour do, le test est réalisé à la fin de l'itération.

Dans l'instruction `for`, la première expression n'est évaluée qu'une fois, et spécifie donc l'initialisation de la boucle. Il n'y a aucune restriction sur son type. La seconde expression doit être de type arithmétique ou de type pointeur ; elle est évaluée avant chaque itération et, si elle devient égale à `0`, le `for` se termine. La troisième expression est évaluée après chaque itération et spécifie donc une ré-initialisation de la boucle. Il n'y a aucune restriction sur son type. Les effets de bord de chaque expression sont immédiatement pris en compte après leur évaluation. Si la sous-instruction ne contient pas `continue`, l'instruction

`for` ( *expression1* ; *expression2* ; *expression3* ) *instruction*

est équivalente à

```
expression1 ;
while ( expression2 ) {
     instruction
     expression3 ;
}
```

On peut omettre n'importe laquelle des trois expressions. Si la seconde expression est absente, le test implicite équivaut à tester une constante non nulle.

## A9.6 Les instructions de saut

Les instructions de saut modifient le déroulement du programme sans conditions.

*intruction-de-saut :*
  `goto` *identificateur ;*
  `continue ;`
  `break ;`
  `return` $expression_{opt}$ *;*

Dans l'instruction `goto`, l'identificateur doit être une étiquette (§A9.1) située dans la fonction courante. L'exécution continue à l'instruction qui suit cette étiquette.

On ne peut trouver une instruction `continue` qu'à l'intérieur d'une instruction de bouclage. Cette instruction dirige le programme vers la fin de la plus petite boucle qui l'entoure. Plus précisément, dans chacune des instructions ci-dessous :

```
while (...) {        do {                 for (...) {
  ...                  ...                  ...
suite: ;             suite: ;             suite: ;
}                    } while (...);       }
```

un `continue` qui ne fait pas partie d'une instruction d'itération imbriquée équivaut à un `goto suite`.

On ne peut trouver l'instruction `break` que dans une instruction de bouclage ou une instruction `switch` ; `break` termine l'exécution de la plus petite des instructions qui l'entourent. L'exécution reprend à l'instruction qui suit l'instruction terminée.

Une fonction retourne au programme appelant à l'aide de l'instruction `return`. Quand `return` est suivie d'une expression, la valeur de celle-ci est retournée au programme appelant. L'expression est convertie, de la même façon que pour une affectation, dans le type retourné par la fonction dans laquelle elle se trouve.

Omettre la fin d'une fonction est équivalent à un retour sans expression. Dans un tel cas, la valeur de retour est indéterminée.

# A10. Les déclarations externes

L'unité d'entrée fournie au compilateur C s'appelle une unité de traduction ; elle consiste en une suite de déclarations externes qui sont soit des déclarations, soit des définitions de fonctions.

*unité-de-traduction :*
  *déclaration-externe*
  *unité-de-traduction déclaration-externe*

*déclaration-externe :*
  *définition-de-fonction*
  *déclaration*

La portée des déclarations externes s'étend jusqu'à la fin de l'unité de traduction dans laquelle elles sont déclarées, exactement de la même façon que l'effet des déclarations internes d'un bloc s'étend jusqu'à la fin du bloc. La syntaxe des déclarations externes est la même que celle des autres déclarations, mis à part qu'on ne peut donner le code des fonctions qu'à ce niveau.

## A10.1 Les définitions de fonctions

Les définitions de fonctions ont la forme suivante

*définition-de-fonction :*
*spécificateurs-de-déclaration$_{opt}$ déclarateur liste-de-déclarations$_{opt}$ instruction-composée*

Les seuls spécificateurs de classe de stockage autorisés sont `extern` et `static` ; voir §A11.2 pour les différencier.

Une fonction peut retourner un type arithmétique, une structure, une union, un pointeur ou `void`, mais pas une fonction ou un tableau. Le déclarateur d'une déclaration de fonction doit indiquer explicitement que le spécificateur déclaré est de type fonction ; c'est-à-dire qu'il doit contenir l'une des formes suivantes (voir §A8.6.3)

*déclarateur-absolu* ( *liste-de-paramètres-avec-types* )
*déclarateur-absolu* ( *liste-d'identificateurs$_{opt}$* )

où le déclarateur-absolu est un identificateur ou un identificateur entre parenthèses. En particulier, il ne doit pas acquérir le type fonction à l'aide d'un `typedef`.

Sous la première forme, la définition est une fonction dans le nouveau style, et ses paramètres, accompagnés de leur type, sont déclarés dans la liste de paramètres avec types ; la liste de déclarations qui suit le déclarateur doit être absente. A moins que la liste de paramètres avec types ne contienne que `void`, indiquant que la fonction n'a pas de paramètres, chaque déclarateur dans la liste de paramètres avec types doit contenir un identificateur. Si la liste de paramètres avec types se termine par «`, ...`», alors la fonction peut être appelée avec plus d'arguments que de paramètres ; pour faire référence aux arguments supplémentaires, il faut utiliser le mécanisme de la macro `va_arg` défini dans le fichier d'en-tête `<stdarg.h>` et décrit à l'annexe B. Les fonctions qui utilisent une telle liste variable de paramètres doivent avoir au moins un paramètre nommé.

Dans la seconde forme, la définition suit l'ancien style : la liste d'identificateurs donne le nom des paramètres, alors que la liste des déclarations précise leur type. Si un paramètre n'a pas de déclaration, on suppose qu'il est de type `int`. La liste de déclarations ne doit déclarer que les paramètres indiqués dans la liste, il est interdit de les initialiser, et le seul spécificateur de classe de stockage possible est `register`.

Dans les deux styles de définition de fonction, les paramètres sont considérés comme déclarés juste après le début de l'instruction composée qui forme le corps de la fonction et, par conséquent, il ne faut pas redéclarer les mêmes identificateurs à cet endroit (bien que l'on puisse, comme les autres identificateurs, les redéclarer dans des blocs internes). Si on déclare un paramètre de type «tableau de *type*», la déclaration est transformée en «pointeur de *type*» ; de même, si on déclare un paramètre de type «fonction retournant un type», la déclaration est transformée en «pointeur de fonction retournant un *type*». A l'appel d'une fonction, les arguments sont convertis si nécessaire et affectés aux paramètres ; voir §A7.3.2.

> Les définitions de fonctions sous la nouvelle forme sont une nouveauté de la norme ANSI. Il y a également un léger changement dans les détails de la promotion ; la première édition indiquait que les déclarations de paramètres `float` étaient transformés en `double`. La différence devient digne d'intérêt lorsqu'un pointeur sur un paramètre est généré à l'intérieur d'une fonction.

Voici un exemple complet de définition de fonction sous la nouvelle forme :

```
int max(int a, int b, int c)
{
    int m;

    m = (a > b) ? a : b;
    return (m > c) ? m : c;
}
```

Ici, la déclaration du spécificateur est `int` ; le déclarateur de la fonction est `max(int a; int b, int c)` et le bloc donnant le code de la fonction est `{ ... }`. La définition correspondante sous l'ancienne forme serait

```
int max(a, b, c)
int a, b, c;
{
    /* ... */
}
```

où maintenant, le déclarateur est `int max(a, b ,c)` et la liste de déclarations des paramètres est `int a, b, c;`.

## A10.2 Les déclarations externes

Les déclarations externes indiquent les caractéristiques d'objets, de fonctions et d'autres identificateurs. Le terme «externe» fait référence à leur emplacement en dehors des fonctions et n'est pas directement lié au mot-clé `extern` ; la classe de stockage d'un objet défini de façon externe peut rester vide, ou bien être spécifiée `extern` ou `static`.

Il peut exister plusieurs déclarations externes du même identificateur dans la même unité de traduction si leurs type et leurs liens sont équivalents, et s'il y a au plus une définition de l'identificateur.

On considère que deux déclarations d'un objet ou d'une fonction sont de type équivalent d'après les règles présentées au §A8.10. De plus, si les déclarations diffèrent parce qu'un type est une structure ou une union incomplète, ou un type énuméré incomplet (§A8.3) et que l'autre est le type complet correspondant avec la même étiquette, ces types sont équivalents. D'ailleurs, si la seule différence entre deux types est que l'un d'entre eux est un tableau complet et l'autre un tableau incomplet (§A8.6.2), ils sont équivalents. Enfin, si un type spécifie une fonction sous l'ancienne forme et un autre spécifie la même fonction sous la nouvelle forme, en déclarant ses paramètres, ces types sont aussi équivalents.

Si la première déclaration externe d'une fonction ou d'un objet comprend le spécificateur `static`, l'identificateur a un *lien interne* ; sinon il a un *lien externe*. L'édition des liens est présentée au §A11.2.

Une déclaration externe d'un objet est une définition si elle comporte un initialisateur. La déclaration d'un objet externe qui ne comporte pas d'initialisateur et qui ne contient pas le spécificateur `extern` est une *définition potentielle*. Si une unité de traduction comprend la définition d'un objet, toute définition potentielle est considérée comme une déclaration redondante. Si l'unité de traduction ne comprend aucune définition de l'objet, toute définition potentielle devient une définition unique avec une valeur initiale nulle.

Chaque objet doit avoir une et une seule définition. Pour les objets avec lien interne, cette règle s'applique séparément à chaque unité de traduction, parce que les objets avec lien interne sont uniques dans une unité de traduction donnée. Pour les objets avec lien externe, elle s'applique au programme entier.

Bien que la règle de la définition unique soit formulée de façon quelque peu différente dans la première version du livre, elle est en fait identique à celle énoncée ici. Certaines implémentations l'assouplissent en généralisant la notion de déclaration potentielle. Dans l'autre formulation possible, qui est habituelle sur les systèmes UNIX et qui est reconnue comme une extension normale par la norme, toutes les définitions potentielles d'un objet avec lien externe, tout au long des unités de traduction d'un programme, sont considérées ensemble et non séparément dans chaque unité de traduction. Si un programme comprend quelque part la définition d'une fonction, alors ses définitions potentielles deviennent simplement des déclarations, mais s'il ne comprend pas sa définition, alors toutes ses définitions potentielles deviennent des définitions initialisées à zéro.

## A11. La portée et l'édition de liens

Il n'est pas nécessaire de compiler entièrement un programme en une seule fois : on peut stocker le texte source dans plusieurs fichiers contenant des unités de traduction et on peut charger depuis des bibliothèques des sous-programmes pré-compilés. Les fonctions d'un programme peuvent communiquer entre elles à la fois au moyen d'appels explicites et par la manipulation de données externes.

Par conséquent, il existe deux sortes de portée à considérer : premièrement, la *portée lexicale* d'un identificateur qui est la région du texte du programme à l'intérieur de laquelle les caractéristiques de l'identificateur sont connues ; et deuxièmement, la portée associée aux objets et fonctions avec lien externe, qui détermine les rapports entre les identificateurs des différentes unités de traduction compilées séparément.

### A11.1 La portée lexicale

Les identificateurs sont répartis en plusieurs catégories de noms qui n'interfèrent pas les unes avec les autres ; on peut se servir d'un même identificateur dans des sens différents, même dans la même portée, à consition que ses différents usages fassent partie de catégories de noms différentes. Ces catégories sont : les objets, les fonctions, les noms `typedef` et les constantes énumérées ; les étiquettes ; les étiquettes de structures, d'unions et d'énumérations ; et les membres de chaque structure ou union prises individuellement.

Ces règles sont différentes à plusieurs titres de celles décrites dans la première édition de ce manuel. Auparavant, les étiquettes ne possédaient pas leur propre catégorie ; les étiquettes de structures et d'unions avaient chacune une catégorie séparée, et dans certaines implémentations, les étiquettes d'énumérations en avaient une également ; le fait de mettre différentes sortes d'étiquettes dans la même catégorie de noms est une restriction nouvelle. Le changement le plus important par rapport à la première édition est que chaque structure ou union crée une catégorie de noms séparée pour ses membres, si bien que l'on peut trouver le même nom dans plusieurs structures différentes. Cette règle est employée couramment depuis plusieurs années.

La portée lexicale de l'identificateur d'un objet ou d'une fonction dans une déclaration externe commence à la fin de sa déclaration et s'étend jusqu'à la fin de l'unité de traduction dans laquelle elle se trouve. La portée d'un paramètre d'une définition de fonction commence au début du bloc qui définit la fonction et se termine à la fin de cette fonction ; la portée d'un paramètre dans une déclaration de fonction se termine à la fin de la déclaration. La portée d'un identificateur déclaré en tête d'un bloc commence à la fin de sa déclaration et se termine à la fin du bloc. La portée d'une étiquette est la totalité de la fonction dans laquelle elle figure. La portée d'une étiquette de structure, d'union ou d'énumération, ou d'une constante énumérée, commence à l'endroit où elle figure dans un spécificateur de type, et se termine soit à la fin de l'unité de traduction (pour les déclarations externes), soit à la fin du bloc (pour les déclarations à l'intérieur d'une fonction).

Si un identificateur est explicitement déclaré en tête d'un bloc, y compris si ce bloc constitue une fonction, toute déclaration de l'identificateur en dehors du bloc est suspendue jusqu'à la fin du bloc.

### A11.2 L'édition de liens

A l'intérieur d'une unité de traduction, toutes les déclarations d'un même identificateur d'objet ou de fonction avec lien interne font référence à la même chose, et cet objet ou fonction est unique pour cette unité de traduction. Toutes les déclarations d'un même identificateur d'objet ou de fonction avec lien externe font référence à la même chose, et cet objet ou fonction est partagé par le programme entier.

Comme nous l'avons présenté au §10.2, la première déclaration externe d'un identificateur donne un lien interne à l'identificateur si le spécificateur `static` est utilisé, sinon elle lui donne un lien externe. Si la déclaration d'un identificateur à l'intérieur d'un bloc ne comprend pas le spécificateur `extern`, alors l'identificateur n'est pas lié et est unique pour la fonction. Si elle comprend `extern`, et si une déclaration externe de l'identificateur est active dans la portée entourant le bloc, l'identificateur est alors lié de la même façon que la déclaration externe et fait référence au même objet ou à la même fonction ; mais si aucune déclaration externe n'est visible, son lien est externe.

## A12. Le préprocesseur

Un préprocesseur effectue des substitutions de macros, une compilation conditionnelle et l'inclusion de fichiers par leurs noms. Les lignes qui commencent par #, qui peut être précédé par des caractères d'espacement, concernent ce préprocesseur. La syntaxe de ces lignes est indépendante du reste du langage ; on peut les trouver n'importe où et leur effet s'étend (de façon indépendante de la portée) jusqu'à la fin de l'unité de traduction. Les limites des lignes sont importantes ; chaque ligne est analysée individuellement (voir aussi le §A12.2 qui montre comment relier des lignes). Pour le préprocesseur, un lexème est un élément lexical quelconque du langage ou une suite de caractères représentant un nom de fichier comme dans la directive `#include` (§A12.4) : de plus, tout caractère qui n'est pas défini par ailleurs est considéré comme un lexème. Cependant, l'effet des caractères d'espacement autres que l'espace et la tabulation horizontale est indéfini dans les lignes du préprocesseur.

Le préprocesseur lui-même fonctionne en plusieurs phases logiques successives, dont certaines peuvent être rassemblées dans le cas d'une implémentation particulière.

1. D'abord, les séquences d'échappement à trois caractères décrites au §A12.1 sont remplacées par leurs équivalents. Si l'environnement du système le demande, des caractères de fin de ligne sont insérés entre les lignes du fichier source.
2. Chaque occurrence du caractère backslash \ suivi d'un caractère de fin de ligne est supprimée, de façon à raccorder des lignes adjacentes (§A12.2).
3. Le programme est divisé en lexèmes séparés par des caractères d'espacement ; les commentaires sont remplacés par un simple espace. Ensuite, les directives du préprocesseur sont exécutées et les macros (§§A12.3-A12.10) sont développées.
4. Les séquences d'échappement figurant dans les constantes de type caractère et de type chaîne (§§A2.5.2-A2.6) sont remplacées par leurs équivalents ; ensuite, les constantes de type chaîne adjacentes sont concaténées.
5. Le résultat est traduit, puis relié aux autres programmes et aux bibliothèques en rassemblant les programmes et les données nécessaires et en liant les fonctions externes et les références d'objets à leurs définitions.

## A12.1 Les séquences d'échappement à trois caractères

Le jeu de caractères des programmes sources C est composé de caractères définis par l'ISO (ISO 644-1983 Invariant Code Set). Pour permettre aux programmes d'être représentés dans le jeu de caractères réduit, on remplace toutes les occurrences des séquences de trois caractères suivantes par le caractère unique correspondant. Ce remplacement est effectué avant tout traitement.

```
??=   #        ??(   [        ??<   {
??/   \        ??)   ]        ??>   }
??'   ^        ??!   |        ??-   ~
```

Aucun autre remplacement n'est effectué.

Les séquences d'échappement à trois caractères sont des nouveautés de la norme ANSI.

## A12.2 Le raccordement des lignes

Les lignes se terminant par le caractère \ sont reliées en supprimant le \ et le caractère suivant de fin de ligne. Ceci est effectué avant la division en lexèmes.

## A12.3 La définition et le développement des macros

Une ligne de contrôle de la forme

# `define` *identificateur suite-de-lexèmes*

demande au préprocesseur de remplacer les instances suivantes de l'identificateur par la suite de lexèmes indiquée ; les caractères d'espacement qui figurent devant et derrière la suite de lexèmes sont supprimés. Un second `#define` pour le même identificateur constitue une erreur, à moins que la seconde suite de lexèmes soit identique à la première, où tous les espacements de séparation sont supposés équivalents.

Une ligne de la forme

# `define` *identificateur* ( *liste-d'identificateurs* ) *suite-de-lexèmes*

où il n'y a pas d'espace entre le premier identificateur et la parenthèse ouvrante, est une définition de macro avec paramètres donnés par la liste d'identificateurs. Comme pour la première forme, les caractères d'espacement qui figurent devant et derrière la suite de lexèmes sont supprimés, et la macro peut être redéfinie uniquement à l'aide d'une définition où le nombre et l'orthographe des paramètres, ainsi que la suite de lexèmes, sont identiques.

Une ligne de contrôle de la forme

`# undef` *identificateur*

demande que la définition de l'identificateur soit oubliée. Appliquer `#undef` à un identificateur inconnu ne constitue pas une erreur.

Quand une macro est définie sous la seconde forme, les instances textuelles ultérieures de l'identificateur de la macro suivies de caractères d'espacement éventuels, puis, entre parenthèses, d'une suite de lexèmes séparés par des virgules, constituent des appels de la macro. Les arguments de l'appel sont les suites de lexèmes séparées par des virgules ; les virgules se trouvant entre guillemets ou protégées par des parenthèses imbriquées ne séparent pas d'arguments. Pendant la lecture des arguments, ceux-ci ne sont pas développés. Le nombre d'arguments de l'appel doit correspondre au nombre de paramètres de la définition. Une fois que les arguments sont isolés, les caractères d'espacement en tête et en queue sont supprimés. Alors, la suite de lexèmes résultant de chaque argument est substituée à chaque occurrence (sauf si elle est entre guillemets) de l'identificateur du paramètre correspondant dans la suite de lexèmes de substitution de la macro. A moins que le paramètre de la séquence de substitution soit précédé de `#`, ou précédé ou suivi de `##`, les lexèmes de l'argument sont examinés à chaque appel de la macro et développés en conséquence avant insertion.

Deux opérateurs spéciaux influent sur le processus de substitution. Premièrement, si une occurrence d'un paramètre de la séquence de lexèmes de substitution est immédiatement précédé de `#`, des guillemets (`"`) sont placés autour du paramètre correspondant, puis le `#` et l'identificateur du paramètre sont tous les deux remplacés par l'argument entre guillemets. Un caractère `\` est inséré avant chaque caractère `"` ou `\` qui figure autour ou à l'intérieur d'une constante de type chaîne ou de type caractère dans l'argument.

Deuxièmement, si la suite de lexèmes de la définition pour l'un des deux types de macros contient l'opérateur `##`, alors juste après la substitution des paramètres, chaque `##` est supprimé, ainsi que les caractères d'espacement éventuels de chaque côté, de façon à concaténer les lexèmes adjacents pour former un nouveau lexème. L'effet est indéterminé si des lexèmes incorrects sont produits ou si le résultat dépend de l'ordre du traitement des opérateurs `##`. De même, on ne peut pas faire figurer `##` au début ni à la fin d'une suite de lexèmes de substitution.

Dans les deux sortes de macros, la suite de lexèmes substituée est encore parcourue de façon répétitive pour rechercher d'autres identificateurs définis. Cependant, une fois qu'un identificateur donné a été remplacé dans un développement donné, il n'est pas remplacé à nouveau si on le retrouve pendant ce nouveau balayage ; il reste alors inchangé.

Même si la valeur finale d'un développement de macro commence par `#`, elle n'est pas considérée comme une directive du préprocesseur.

> Les détails du processus de développement des macros sont décrits plus précisément dans la norme ANSI que dans la première édition. La modification la plus importante est l'apport des opérateurs `#` et `##`, qui permettent la mise entre guillemets et la concaténation. Certaines nouvelles règles sont bizarres, en particulier celles qui concernent la concaténation. (voir l'exemple ci-dessous.)

Par exemple, on peut utiliser cette fonctionnalité pour les «constantes manifestes» comme

```
#define TAILLETAB 100
int table[TAILLETAB];
```

La définition

```
#define ABSDIFF(a, b)  ((a)>(b) ? (a)-(b) : (b)-(a))
```

définit une macro qui retourne la valeur absolue de la différence de ses arguments. Contrairement à une fonction qui effectuerait la même chose, les arguments et la valeur de retour peuvent être de n'importe quel type arithmétique et même de type pointeur. En outre, les arguments, qui peuvent avoir des effets de bord, sont évalués deux fois, une fois pour le test et une fois pour produire le résultat.

Etant donné la définition

```
#define fichtemp(rep)  #rep "/%s"
```

l'appel de la macro `fichtemp(/usr/tmp)` produit

```
"/usr/tmp" "/%s"
```

qui sera ensuite concaténée en une seule chaîne de caractères. Après la directive

```
#define cat(x,y)   x ## y
```

l'appel `cat(var,123)` produira `var123`.

Cependant l'appel `cat(cat(1,2),3))` est indéfini : la présence de `##` empêche de développer les arguments de l'appel extérieur. Par conséquent, celui-ci produira la chaîne de lexèmes

```
cat ( 1 , 2 )3
```

et `)3` (la concaténation du dernier lexème du premier argument et du premier lexème du second) n'est pas un lexème valide. Si l'on ajoute un second niveau de définition,

```
#define xcat(x,y)   cat(x,y)
```

les choses fonctionnent sans problème ; `xcat(xcat(1, 2), 3)` produira `123` parce que le développement de `xcat` ne met pas en jeu l'opérateur `##`.

De même, `ABSDIFF(ABSDIFF(a,b),c)` produira le résultat totalement développé attendu.

## A12.4 L'inclusion de fichier

Une ligne de contrôle de la forme

`# include` <*nom-de-fichier*>

provoque le remplacement de cette ligne par le contenu total du fichier *nom-de-fichier*. Le nom *nom-de-fichier* ne doit pas comporter les caractères > ou de fin de ligne et l'effet est indéfini s'il contient un des caractères `"`, `'`, \ ou `/*`. Le fichier indiqué est recherché dans une suite d'endroits dépendants de l'implémentation.

De même, une ligne de contrôle de la forme

`# include` "*nom-de-fichier*"

recherche d'abord le fichier source original associé (une expression qui dépend délibérément de l'implémentation) et, en cas d'échec, effectue la même recherche que pour la première forme. L'effet de la présence de `'`, `\` ou `/*` dans le nom de fichier reste indéfini, mais > est autorisé.

Finalement, une directive de la forme

`# include` *suite-de-lexèmes*

qui ne correspond pas aux formes précédentes sera interprétée en développant la suite de lexèmes comme un texte normal ; il doit en résulter une des deux formes <...> ou `"..."`, et la directive est alors traitée comme indiqué ci-dessus.

On peut imbriquer les fichiers `#include`.

## A12.5 La compilation conditionnelle

On peut compiler de façon conditionnelle différentes parties d'un programme d'après la syntaxe schématique suivante :

*condition-préprocesseur :*
*ligne-condition texte parties-sinon-condition*$_{opt}$ *partie-sinon*$_{opt}$ `#endif`

*ligne-condition :*
`# if` *expression-constante*
`# ifdef` *identificateur*
`# ifndef` *identificateur*

*parties-sinon-condition :*
*ligne-sinon-condition texte parties-sinon-condition*$_{opt}$

*ligne-sinon-condition :*
`# elif` *expression-constante*

*partie-sinon :*
*ligne-sinon texte*

*ligne-sinon :*
`# else`

Chacune des directives (ligne-condition, ligne-sinon-condition, ligne-sinon et `#endif`) se trouve seule sur une ligne. Les expressions constantes d'une ligne `#if` et des lignes `#elif` qui suivent sont évaluées dans l'ordre jusqu'à ce que l'on trouve une expression de valeur non nulle ; le texte qui suit une ligne de valeur nulle est détruit. Le texte qui suit une ligne comportant une directive réussie est traité normalement. Un «texte» fait ici référence à n'importe quel bloc contenant des lignes du préprocesseur ne faisant pas partie de la structure conditionnelle ; il peut être vide. Une fois qu'on a trouvé une ligne `#if` ou `#elif` réussie et que son texte a été traité, les lignes `#elif` et `#else` suivantes ainsi que leur texte sont supprimées. Si toutes les expressions sont nulles et qu'il y a un `#else`, le texte qui suit le `#else` est traité normalement. Le texte contrôlé par des branches conditionnelles inactives est ignoré, mis à part pour vérifier l'imbrication des blocs conditionnels.

L'expression constante dans `#if` et `#elif` subit les développements de macros normaux. En outre, toute expression de la forme

`defined` *identificateur*

ou

`defined` ( *identificateur* )

est remplacée, avant le balayage des macros, par `1L` si l'identificateur est défini dans le préprocesseur, et sinon par `0L`. Finalement, toutes les constantes entières sont traitées comme si elles portaient le suffixe `L`, si bien que toute valeur arithmétique est considérée de type `long` ou `unsigned long`.

L'expression constante résultante (§A7.19) est restrictive : elle doit être entière et ne peut pas contenir de `sizeof`, de «cast» ni de constante énumérée.

Les lignes de contrôle

`# ifdef` *identificateur*
`# ifndef` *identificateur*

sont respectivement équivalentes à

`# if defined` *identificateur*
`# if ! defined` *identificateur*

> `#elif` est nouveau par rapport à la première édition bien que cette directive ait été disponible sur certains préprocesseurs. L'opérateur du préprocesseur `defined` est également nouveau.

## A12.6 Le contrôle des lignes

Pour aider d'autres préprocesseurs qui génèrent des programmes C, une ligne parmi les formes suivantes

`# line` *constante* "*nom-de-fichier*"
`# line` *constante*

fait croire au compilateur, en ce qui concerne les diagnostic d'erreurs, que le numéro de la ligne de source suivante est donné par la constante entière décimale, et le nom du fichier courant en entrée par l'identificateur. Si le nom de fichier entre guillemets est absent, le nom précédent est inchangé. Les macros éventuelles qui figurent sur la ligne sont développées avant que celle-ci soit interprétée.

## A12.7 La génération d'erreurs

Une ligne du préprocesseur de la forme

`# error` $\textit{suite-de-lexèmes}_{opt}$

fait écrire au processeur un message de diagnostic qui contient la suite de lexèmes.

## A12.8 Les pragmas

Une ligne de contrôle de la forme

`# pragma` $\textit{suite-de-lexèmes}_{opt}$

fait exécuter au processeur une action dépendant de l'implémentation. Tout pragma non reconnu est ignoré.

## A12.9 La directive nulle

Une ligne du préprocesseur de la forme

```
#
```

n'a aucun effet.

## A12.10 Les noms prédéfinis

Pusieurs identificateurs sont prédéfinis et se développent pour produire des informations spéciales. Leurs définitions, ainsi que l'opérateur d'expression du préprocesseur `defined`, ne peuvent pas être supprimées ni modifiées.

| | |
|---|---|
| `__LINE__` | Une constante décimale contenant le numéro de ligne courante du source. |
| `__FILE__` | Une constante de type chaîne contenant le nom du fichier en cours de compilation. |
| `__DATE__` | Une constante de type chaîne contenant la date de compilation sous la forme `"Mmm jj aaaa"` |
| `__TIME__` | Une constante de type chaîne contenant l'heure de compilation sous la forme `"hh:mm:ss"`. |
| `__STDC__` | La constante `1`. Cet identificateur n'est censé être défini que dans les implémentations conformes à la norme, où il vaut 1. |

`#error` et `#pragma` sont des nouveautés de la norme ANSI ; les macros prédéfinies du préprocesseur sont nouvelles, mais certaines étaient déjà disponibles dans certaines implémentations.

# A13. La grammaire

Vous trouverez ci-dessous une récapitulation de la grammaire présentée tout au long de l'annexe. Le contenu est exactement le même, mais dans un ordre différent.

La grammaire comprend des symboles terminaux non définis : *constante-entière*, *constante-caractère*, *constante-flottante*, *identificateur*, *chaîne-de-caractères* et *constante-énumérée* ; les mots et les symboles imprimés en style `machine à écrire` sont des terminaux donnés littéralement. On peut transformer mécaniquement cette grammaire en une entrée acceptable par un générateur d'analyseur automatique. En dehors du fait que l'on a ajouté des remarques de syntaxe pour indiquer des choix de production, il faut développer les constructions «un parmi» et (suivant les règles du générateur d'analyseur) dupliquer chaque production comportant le symbole *opt* ; l'une des productions doit comporter le symbole et l'autre non. Cette grammaire peut être acceptée par le générateur d'analyseur YACC si l'on supprime également la production *nom-typedef : identificateur* et si l'on fait de *nom-typedef* un symbole terminal. Elle ne comporte qu'un seul conflit, provenant de l'ambiguïté `if-else`.

*unité-de-traduction :*
*déclaration-externe*
*unité-de-traduction déclaration-externe*

*déclaration-externe :*
*définition-de-fonction*
*déclaration*

*définition-de-fonction :*
*spécificateurs-de-déclaration*$_{opt}$ *déclarateur liste-de-déclarations*$_{opt}$
*instruction-composée*

*déclaration :*
*spécificateurs-de-déclaration liste-de-déclarateurs-init*$_{opt}$

*liste-de-déclarations :*
*déclaration*
*liste-de-déclarations déclaration*

*spécificateurs-de-déclaration :*
*spécificateur-de-classe-de-stockage spécificateurs-de-déclaration*$_{opt}$
*spécificateur-de-type spécificateurs-de-déclaration*$_{opt}$
*qualificatif-de-type spécificateur-de-déclaration*$_{opt}$

*spécificateur-de-classe-de-stockage :* un parmi
`auto register static extern typedef`

*spécificateur-de-type :* un parmi
`void char short int long float double signed`
`unsigned` *spécificateur-de-struct-ou-union spécificateur-d'énumération*
*nom-typedef*

*qualificatif-de-type :* un parmi
`const volatile`

*spécificateur-de-struct-ou-union :*
*struct-ou-union identificateur*$_{opt}$ { *liste-de-déclarations-de-struct* }
*struct-ou-union identificateur*

*struct-ou-union :* un parmi
`struct union`

*liste-de-déclarations-de-struct :*
*déclaration-de-struct*
*liste-de-déclarations-de-struct déclaration-de-struct*

*liste-de-déclarateurs-init :*
*déclarateur-init*
*liste-de-déclarateurs-init* , *déclarateur-init*

*déclarateur-init :*
*déclarateur*
*déclarateur* = *initialisateur*

*déclaration-de-struct :*
*liste-de-qualificatifs-de-spécificateurs liste-de-déclarateurs-de-struct ;*

*liste-de-qualificatifs-de-spécificateurs :*
*spécificateur-de-type liste-de-qualificatifs-de-spécificateurs$_{opt}$*
*qualificatif-de-type liste-de-qualificatifs-de-spécificateurs$_{opt}$*

*liste-de-déclarateurs-de-struct :*
*déclarateur-de-struct*
*liste-de-déclarateurs-de-struct* , *déclarateur-de-struct*

*déclarateur-de-struct :*
*déclarateur*
*déclarateur$_{opt}$* : *expression-constante*

*spécificateur-d'énumération :*
enum *identificateur$_{opt}$* { *liste-d'énumérateurs* }
enum *identificateur*

*liste-d'énumérateurs :*
*énumérateur*
*liste-d'énumérateurs* , *énumérateur*

*énumérateur :*
*identificateur*
*identificateur* = *expression-constante*

*déclarateur :*
*pointeur$_{opt}$ déclarateur-absolu*

*déclarateur-absolu :*
*identificateur*
( *déclarateur* )
*déclarateur-absolu* [ *expression-constante$_{opt}$* ]
*déclarateur-absolu* ( *liste-de-types-de-paramètres* )
*déclarateur-absolu* ( *liste-d'identificateurs$_{opt}$* )

*pointeur :*
* *liste-de-qualificatifs-de-type$_{opt}$*
* *liste-de-qualificatifs-de-type$_{opt}$ pointeur*

*liste-de-qualificatifs-de-type :*
*qualificatif-de-type*
*liste-de-qualificatifs-de-type qualificatif-de-type*

*liste-de-types-de-paramètres :*
*liste-de-paramètres*
*liste-de-paramètres* , ...

*liste-de-paramètres :*
*déclaration-de-paramètres*
*liste-de-paramètres* , *déclaration-de-paramètre*

*déclaration-de-paramètres :*
*spécificateurs-de-déclaration déclarateur*
*spécificateurs-de-déclaration déclarateur-abstrait*$_{opt}$

*liste-d'identificateurs :*
*identificateur*
*liste-d'identificateurs* , *identificateur*

*initialisateur :*
*expression-d'affectation*
{ *liste-d'initialisateurs* }
{ *liste-d'initialisateurs* , }

*liste-d'initialisateurs :*
*initialisateur*
*liste-d'initialisateurs* , *initialisateur*

*nom-de-type :*
*liste-de-qualificatifs-de-spécificateurs déclarateur-abstrait*$_{opt}$

*déclarateur-abstrait :*
*pointeur*
*pointeur*$_{opt}$ *déclarateur-abstrait-absolu*

*déclarateur-abstrait-absolu :*
( *déclarateur-abstrait* )
*déclarateur-abstrait-absolu*$_{opt}$ [ *expression-constante*$_{opt}$ ]
*déclarateur-abstrait-absolu*$_{opt}$ ( *liste-de-types-de-paramètres*$_{opt}$ )

*nom-typedef :*
*identificateur*

*instruction :*
*instruction-étiquetée*
*instruction-expression*
*instruction-composée*
*instruction-de-sélection*
*instruction-d'itération*
*instruction-de-saut*

*instruction-étiquetée :*
*identificateur* : *instruction*
`case` *expression-constante* : *instruction*
`default` : *instruction*

*instruction-expression :*
*expression*$_{opt}$ ;

*instruction-composée :*
{ *liste-de-déclarations*$_{opt}$ *liste-d'instructions*$_{opt}$ }

*liste-d'instructions :*
*instruction*
*liste-d'instructions instruction*

*instruction-de-sélection :*
   `if ( `*expression*` ) `*instruction*
   `if ( `*expression*` ) `*instruction*` else `*instruction*
   `switch ( `*expression*` ) `*instruction*

*instruction-d'itération :*
   `while ( `*expression*` ) `*instruction*
   `do `*instruction*` while ( `*expression*` ) ;`
   `for ( `*expression*$_{opt}$` ; `*expression*$_{opt}$` ; `*expression*$_{opt}$` ) `*instruction*

*intruction-de-saut :*
   `goto `*identificateur*` ;`
   `continue ;`
   `break ;`
   `return `*expression*$_{opt}$` ;`

*expression :*
   *expression-d'affectation*
   *expression* `,` *expression-d'affectation*

*expression-d'affectation :*
   *expression-conditionnelle*
   *expression-unaire opérateur-d'affectation expression-d'affectation*

*opérateur-d'affectation :* un parmi
   `=   *=   /=   %=   +=   -=   <<=   >>=   &=   ^=   |=`

*expression-conditionnelle :*
   *expression-OU-logique*
   *expression-OU-logique* `?` *expression* `:` *expression-conditionnelle*

*expression-constante :*
   *expression-conditionnelle*

*expression-OU-logique :*
   *expression-ET-logique*
   *expression-OU-logique* `||` *expression-ET-logique*

*expression-ET-logique :*
   *expression-OU-inclusive*
   *expression-ET-logique* `&&` *expression-OU-inclusive*

*expression-OU-inclusive :*
   *expression-OU-exclusive*
   *expression-OU-inclusive* `|` *expression-OU-exclusive*

*expression-OU-exclusive :*
   *expression-ET*
   *expression-OU-exclusive* `^` *expression-ET*

*expression-ET :*
   *expression-d'égalité*
   *expression-ET* `&` *expression-d'égalité*

*expression-d'égalité :*
*expression-relationnelle*
*expression-d'égalité* == *expression-relationnelle*
*expression-d'égalité* != *expression-relationnelle*

*expression-relationnelle :*
*expression-de-décalage*
*expression-relationnelle* < *expression-de-décalage*
*expression-relationnelle* > *expression-de-décalage*
*expression-relationnelle* >= *expression-de-décalage*
*expression-relationnelle* <= *expression-de-décalage*

*expression-de-décalage :*
*expression-additive*
*expression-de-décalage* << *expression-additive*
*expression-de-décalage* >> *expression-additive*

*expression-additive :*
*expression-multiplicative*
*expression-additive* + *expression-multiplicative*
*expression-additive* - *expression-multiplicative*

*expression-multiplicative :*
*expression-conversion*
*expression-multiplicative* * *expression-conversion*
*expression-multiplicative* / *expression-conversion*
*expression-multiplicative* % *expression-conversion*

*expression-conversion :*
*expression-unaire*
( *nom-de-type* ) *expression-conversion*

*expression-unaire :*
*expression-postfixée*
++ *expression-unaire*
-- *expression-unaire*
*opérateur-unaire expression-conversion*
`sizeof` *expression-unaire*
`sizeof` ( *nom-de-type* )

*opérateur-unaire :* un parmi
& * + - ~ !

*expression-postfixée :*
*expression-primaire*
*expression-postfixée* [ *expression* ]
*expression-postfixée* ( *liste-d'expressions-en-arguments*$_{opt}$ )
*expression-postfixée* . *identificateur*
*expression-postfixée* -> *identificateur*
*expression-postfixée* ++
*expression-postfixée* --

*expression-primaire :*
*identificateur*
*constante*
*chaîne-de-caractères*
( *expression* )

*liste-d'expressions-en-arguments :*
*expression-d'affectation*
*liste-d'expressions-en-arguments* , *expression-d'affectation*

*constante :*
*constante-entière*
*constante-caractère*
*constante-flottante*
*constante-énumérée*

La grammaire du préprocesseur ci-dessous résume la structure des lignes de contrôle, mais ne convient pas pour une analyse grammaticale mécanique. Elle comprend le symbole *texte*, qui signifie un texte de programme ordinaire, des lignes de contrôle non-conditionnelles ou bien des constructions conditionnelles complètes.

*ligne-de-contrôle :*
`# define` *identificateur suite-de-lexèmes*
`# define` *identificateur* ( *identificateur* , ... , *identificateur* ) *suite-de-lexèmes*
`# undef` *identificateur*
`# include` <*nom-de-fichier*>
`# include` "*nom-de-fichier*"
`# include` *suite-de-lexèmes*
`# line` *constante* "*nom-de-fichier*"
`# line` *constante*
`# error` *suite-de-lexèmes*$_{opt}$
`# pragma` *suite-de-lexèmes*$_{opt}$
`#`
*condition-préprocesseur*

*condition-préprocesseur :*
*ligne-condition texte parties-sinon-condition*$_{opt}$ *partie-sinon*$_{opt}$ `#endif`

*ligne-condition :*
`# if` *expression-constante*
`# ifdef` *identificateur*
`# ifndef` *identificateur*

*parties-sinon-condition :*
*ligne-sinon-condition texte parties-sinon-condition*$_{opt}$

*ligne-sinon-condition :*
`# elif` *expression-constante*

*partie-sinon :*
*ligne-sinon texte*

*ligne-sinon :*
`# else`

# ANNEXE B : La bibliothèque standard

Cette annexe est un résumé de la bibliothèque définie par la norme ANSI. La bibliothèque standard ne fait pas partie du langage C proprement dit. Cependant, tout environnement intégrant le C standard fournira les déclarations de fontions, de macros et les définitions de types de cette bibliothèque. Nous avons omis volontairement quelques fonctions qui sont d'utilité limitée ou qu'on peut facilement construire à partir d'autres ; nous n'avons pas parlé des caractères à plusieurs octets ; et nous n'avons pas discuté les adaptations locales, c'est-à-dire les propriétés qui dépendent d'une langue, d'une nationalité ou d'une culture spécifiques.

Les fonctions, les types et les macros de la bibliothèque standard sont déclarés dans les *fichiers d'en-tête* standard :

```
<assert.h> <float.h>  <math.h>   <stdarg.h> <stdlib.h>
<ctype.h>  <limits.h> <setjmp.h> <stddef.h> <string.h>
<errno.h>  <locale.h> <signal.h> <stdio.h>  <time.h>
```

Un fichier d'en-tête est accessible par la directive :

```
    #include <fichier d'en-tête>
```

On peut inclure les fichiers d'en-tête plusieurs fois, et dans un ordre quelconque. Un fichier d'en-tête doit être inclus en dehors de toute déclaration ou définition externe et avant toute utilisation des objets qu'il déclare. Un fichier d'en-tête n'est pas nécessairement un fichier source.

Les identificateurs externes commençant par le caractère de soulignement (`'_'`) sont réservés à la bibliothèque, de même que les autres identificateurs qui commencent soit par `'_'` suivi d'une lettre majuscule, soit par `'__'`.

## B1. Les entrées-sorties : <stdio.h>

Les fonctions, les types et les macros se rapportant aux entrées-sorties, définis dans `<stdio.h>`, représentent presque un tiers de la bibliothèque.

Un *flot* est une source ou une destination de données qui peut être associée à un disque ou à un autre périphérique. La bibliothèque peut gérer des flots en mode texte ou des flots binaires, bien que sur certains systèmes, notamment UNIX, ces flots soient identiques. Un flot en mode texte est une suite de lignes ; chaque ligne est constituée de caractères (éventuellement aucun) et se termine par `'\n'`. Un environnement particulier peut avoir besoin de convertir le flot de texte en une autre représentation, ou vice-versa (par exemple, remplacer les `'\n'` par des séquences « retour chariot, avance de ligne »). Un flot binaire est une suite d'octets non traités représentant des données internes, et il possède la propriété de rester inchangé si on le relit après écriture, sur le même système.

On associe un flot à un fichier ou à un périphérique en l'*ouvrant* ; on annule ce lien en *fermant* le flot. L'ouverture d'un fichier retourne un pointeur sur un objet de type `FILE` contenant toutes les informations nécessaires au contrôle du flot. Nous utiliserons indifféremment les termes « pointeur de fichier » et « flot » quand il n'y aura pas d'ambiguïté.

Au début de l'exécution d'un programme, les trois flots `stdin`, `stdout` et `stderr` sont déjà ouverts.

## B1.1 Les opérations sur les fichiers

Les fonctions suivantes concernent le traitement des fichiers. Le type `size_t` est le type entier non signé retourné par l'opérateur `sizeof`.

`FILE *fopen(const char *filename, const char *mode)`

`fopen` ouvre le fichier indiqué et retourne un flot, ou `NULL` si la tentative échoue. Les valeurs autorisées pour l'argument `mode` sont :

| | |
|---|---|
| `"r"` | ouvre un fichier texte en lecture. |
| `"w"` | crée un fichier texte en écriture ; écrase le contenu précédent si le fichier existait. |
| `"a"` | ajoute ; ouvre ou crée un fichier texte et se positionne en écriture à la fin du fichier. |
| `"r+"` | ouvre un fichier texte en mode mise à jour (c.-à.-d. lecture et écriture). |
| `"w+"` | crée un fichier texte en mode mise à jour ; écrase le contenu précédent si le fichier existait. |
| `"a+"` | ajoute ; ouvre ou crée un fichier en mode mise à jour, et se positionne en écriture à la fin du fichier. |

Le mode mise à jour permet de lire et d'écrire dans le même fichier ; il faut appeler `fflush` ou une fonction de positionnement dans les fichiers entre une lecture et une écriture, ou inversement. Si on ajoute un `b` au mode, comme dans `"rb"` ou dans `"w+b"`, cela indique un fichier binaire. La longueur des noms de fichiers est limitée à `FILENAME_MAX` caractères. On peut ouvrir au maximum `FOPEN_MAX` fichiers simultanément.

```
FILE *freopen(const char *filename, const char *mode,
    FILE *stream)
```

`freopen` ouvre le fichier dans le mode indiqué et lui associe un flot. Elle retourne un flot, ou `NULL` en cas d'erreur. On utilise en principe `freopen` pour changer les fichiers associés à `stdin`, `stdout`, ou `stderr`.

`int fflush(FILE *stream)`

Sur un flot de sortie, `fflush` provoque l'écriture des données mises en mémoire tampon ; sur un flot d'entrée, son effet est indéfini. Elle retourne `EOF` pour une erreur d'écriture, zéro sinon.

`int fclose(FILE *stream)`

fclose force l'écriture des données non écrites du flot, efface le contenu des tampons d'entrée, libère tout tampon alloué automatiquement, et finalement ferme le flot. Elle retourne EOF en cas d'erreur, zéro sinon.

`int remove(const char *filename)`

remove détruit le fichier indiqué, de sorte que toute tentative ultérieure d'ouverture de ce fichier échouera. Elle retourne une valeur différente de zéro en cas d'échec.

`int rename(const char *oldname, const char *newname)`

rename change le nom du fichier oldname en newname ; elle retourne une valeur différente de zéro en cas d'échec.

`FILE *tmpfile(void)`

tmpfile crée un fichier temporaire dans le mode "wb+" qui sera automatiquement détruit lors de sa fermeture ou lors de la fin normale du programme. tmpfile retourne un flot, ou NULL si le fichier ne peut pas être créé.

`char *tmpnam(char s[L_tmpnam])`

tmpnam(NULL) crée une chaîne de caractères qui n'est pas le nom d'un fichier existant et retourne un pointeur sur un tableau statique interne. tmpnam(s) stocke cette chaîne de caractères dans s et l'utilise comme valeur de retour ; s doit être d'une taille au moins égale à L_tmpnam caractères. tmpnam génère un nom différent à chaque fois qu'elle est appelée ; il est garanti qu'elle produira au maximum TMP_MAX noms différents pendant l'exécution du programme. Notez bien que tmpnam crée seulement un nom, pas un fichier.

`int setvbuf(FILE *stream, char *buf, int mode, size_t size)`

setvbuf contrôle la mise en mémoire tampon pour le flot stream ; il faut l'appeler avant la première lecture ou écriture sur ce flot. Le mode _IOFBF provoque un tamponnage complet, _IOLBF un tamponnage par lignes de fichier texte, et _IONBF ne provoque pas de tamponnage. Si buf est différent de NULL, il sera utilisé comme tampon ; sinon un tampon sera alloué. size détermine la taille du tampon. setvbuf retourne une valeur différente de zéro en cas d'erreur.

`void setbuf(FILE *stream, char *buf)`

Si buf vaut NULL, setbuf stoppe la mise en mémoire tampon pour le flot stream. Sinon, elle équivaut à (void) setvbuf(stream, buf, _IOFBF, BUFSIZ).

## B1.2 Les sorties mises en forme

Les fonctions printf s'occupent de mettre en forme les données en sortie.

`int fprintf(FILE *stream, const char *format, ...)`

fprintf convertit ses arguments d'après les spécifications du format et écrit le résultat sur le flot stream. Elle retourne le nombre de caractères écrits ou, en cas d'erreur, une valeur négative.

La chaîne de caractères `format` contient deux types d'objets : des caractères ordinaires, qui sont copiés tels quels sur le flot de sortie, et des spécifications de conversion, dont chacune provoque la conversion et l'impression de l'un des arguments suivants de `fprintf`. Chaque spécification de conversion commence par le caractère `%` et se termine par un caractère de conversion. Entre les deux, on peut placer, dans l'ordre :

- Des drapeaux (dans un ordre quelconque), qui modifient la spécification :

  `-`, cadre l'argument converti à gauche, dans son champ d'impression.

  `+`, imprime systématiquement le signe du nombre.

  *espace* : si le premier caractère n'est pas un signe, place un espace au début.

  `0` : pour les conversions numériques, complète le début du champ par des zéros.

  `#`, spécifie un format de sortie différent. Pour `o`, le premier chiffre sera 0. Pour `x` ou `X`, le préfixe correspondant `0x` ou `0X` sera ajouté si le résultat est non nul. Pour `e`, `E`, `f`, `g` et `G`, la sortie comportera toujours un point décimal ; pour `g` et `G`, les zéros de terminaison seront conservés.
- Un nombre, qui précise la largeur minimum du champ d'impression. L'argument converti sera imprimé dans un champ de largeur au moins égale à ce nombre et supérieure si nécessaire. Si l'argument converti possède moins de caractères que le nombre indiqué, il sera complété à gauche (ou à droite, si l'on a demandé un cadrage à gauche) afin de remplir totalement le champ. Le caractère de remplissage est normalement l'espace, mais ce sera le caractère `0` si l'on a demandé le remplissage par des zéros au moyen du drapeau correspondant.
- Un point, qui sépare la largeur du champ de la précision désirée.
- Un nombre, la précision, qui donne soit le nombre maximum de caractères d'une chaîne à imprimer, soit le nombre de chiffres à imprimer à droite du point décimal pour les conversions `e`, `E` ou `f`, soit le nombre de chiffres significatifs pour les conversions `g` ou `G`, soit le nombre minimum de chiffres à imprimer pour un entier (des zéros seront ajoutés en tête afin de remplir totalement le champ).
- Une lettre `h`, `l` ou `L`, qui modifie la largeur du champ. «`h`» indique que l'argument correspondant doit être imprimé comme un `short`, ou un `unsigned short` ; «`l`» indique que l'argument est de type `long`, ou `unsigned long` ; «`L`» indique que l'argument est de type `long double`.

On peut spécifier la largeur et/ou la précision par `*`, auquel cas la valeur est calculée en convertissant le ou les argument(s) suivant(s), qui doi(ven)t être de type `int`.

Les caractères de conversion et leur signification sont présentés dans le tableau B-1. Si le caractère final de la spécification de conversion n'est pas un caractère de conversion, le comportement est indéterminé.

`int printf(const char *format, ...)`

`printf(...)` équivaut à `fprintf(stdout,...)`.

`int sprintf(char *s, const char *format, ...)`

`sprintf` est similaire à `printf`, mis à part que le résultat est écrit dans la chaîne de caractères `s` et terminé par `'\0'`. `s` doit être assez grande pour recevoir le résultat. Cette fonction retourne le nombre de caractères écrits, non compris le `'\0'`.

```
vprintf(const char *format, va_list arg)
vfprintf(FILE *stream, const char *format, va_list arg)
vsprintf(char *s, const char *format, va_list arg)
```

Les fonctions `vprintf`, `vfprintf` et `vsprintf` sont équivalentes aux fonctions `printf` correspondantes, mis à part que la liste variable d'arguments est remplacée par `arg`, qui a été initialisée par la macro `va_start` et éventuellement par des appels de `va_arg`. Voir les explications concernant `<stdarg.h>` à la section B7.

TABLEAU B-1. CONVERSIONS PAR PRINTF

| CARACTÈRE | TYPE DE L'ARGUMENT ; CONVERTI EN |
|---|---|
| `d, i` | `int` ; notation décimale signée. |
| `o` | `int` ; notation octale non signée (non précédée d'un zéro). |
| `x, X` | `int` ; notation hexadécimale non signée (non précédée de `0x` ou `0X`), en utilisant `abcdef` pour `x` ou `ABCDEF` pour `X`. |
| `u` | `int` ; notation décimale non signée. |
| `c` | `int` ; un seul caractère, après conversion en `unsigned char`. |
| `s` | `char *` ; les caractères d'une chaîne sont imprimés jusqu'à rencontrer un `'\0'` ou jusqu'à avoir imprimé le nombre de caractères indiqué par la précision. |
| `f` | `double` ; notation décimale de la forme [–]*mmm.ddd*, où le nombre de *d* est donné par la précision. La précision par défaut vaut 6 ; si la précision vaut 0, le point décimal est supprimé. |
| `e, E` | `double` ; notation décimale de la forme [–]*m.dddddd*`e`±*xx* ou [–]*m.dddddd*`E`±*xx*, où le nombre de *d* est donné par la précision. La précision par défaut vaut 6 ; si la précision vaut 0, le point décimal est supprimé. |
| `g, G` | `double` ; l'impression se fait suivant le format `%e` ou `%E` si l'exposant est inférieur à –4 ou supérieur ou égal à la précision ; sinon, suivant `%f`. Les zéros ou le point décimal à la fin du nombre ne sont pas imprimés. |
| `p` | `void *` ; écrit l'argument suivant le format du type pointeur (représentation dépendant de l'implémentation). |
| `n` | `int *` ; le nombre de caractères écrits jusqu'à présent par cet appel à `printf` est *écrit dans l'argument*. Ne convertit pas d'argument. |
| `%` | ne convertit pas d'argument ; imprime un `%`. |

## B1.3 Les entrées mises en forme

Les fonctions `scanf` convertissent les données en entrée suivant un format.

```
int fscanf(FILE *stream, const char *format, ...)
```

`fscanf` lit les données du flot `stream` d'après les spécifications incluses dans `format`, et affecte les valeurs converties aux arguments suivants, *chacun de ceux-ci devant être un pointeur*. Elle rend la main quand toute la chaîne `format` a été parcourue. `fscanf` retourne `EOF` si la fin de fichier est atteinte ou si une erreur se produit avant toute conversion ; sinon elle retoune le nombre d'objets convertis et affectés.

La chaîne de caractères `format` contient généralement des spécifications de conversion utilisées pour diriger l'interprétation de l'entrée. Cette chaîne peut contenir :

- Des espaces ou des caractères de tabulation qui sont ignorés.
- Des caractères ordinaires (différents de `%`), dont chacun est supposé s'identifier au caractère suivant du flot d'entrée autre qu'un caractère d'espacement.
- Des spécifications de conversion, composées d'un `%`, d'un caractère facultatif de suppression d'affectation, d'un nombre facultatif donnant la largeur maximum du champ, d'un «`h`», «`l`» ou «`L`» facultatif indiquant la largeur de l'emplacement de réception et d'un caractère de conversion.

TABLEAU B-2. CONVERSIONS PAR SCANF

| CARACTÈRE | TYPE DE L'ARGUMENT ; CONVERTI EN |
|---|---|
| `d` | entier sous forme décimale ; `int *`. |
| `i` | entier, `int *`. L'entier peut être sous forme octale, s'il est précédé par un `0`, ou hexadécimale, s'il est précédé par `0x` ou `0X`. |
| `o` | entier sous forme octale (précédé ou non d'un zéro) ; `int *`. |
| `u` | entier non signé sous forme décimale ; `unsigned int *`. |
| `x` | entier sous forme hexadécimale (précédé ou non de `0x` ou `0X`) ; `int *`. |
| `c` | caractères ; `char *`. Les caractères suivants en entrée sont placés dans le tableau indiqué, jusqu'à atteindre la largeur du champ ; par défaut, cette largeur vaut 1. N'ajoute pas de `'\0'`. Dans ce cas, les caractères d'espacement ne sont pas sautés ; pour lire le prochain caractère différent d'un caractère d'espacement, il faut utiliser `%1s`. |
| `s` | chaîne de caractères ne comportant aucun caractère d'espacement (sans guillemets) ; `char *`, pointant sur un tableau de caractères assez grand pour contenir la chaîne et le caractère de terminaison `'\0'` qui lui sera ajouté. |
| `e, f, g` | nombre en virgule flottante ; `float *`. Le format d'entrée des nombres de type `float` est le suivant : un signe facultatif, une suite de chiffres pouvant comporter un point décimal et un exposant facultatif comprenant un `E` ou un `e` suivi d'un entier éventuellement signé. |
| `p` | pointeur, comme l'imprimerait `printf("%p")` ; `void *`. |
| `n` | écrit dans l'argument le nombre de caractères lus jusqu'à présent par cet appel de scanf ; `int *`. Ne lit aucune donnée en entrée. N'incrémente pas le compteur d'objets convertis. |
| `[...]` | s'identifie à la plus longue chaîne de caractères (non vide) en entrée, composée de caractères faisant partie de l'ensemble entre crochets ; `char *`. Un caractère `'\0'` est ajouté. `[]...]` permet d'inclure `]` dans cet ensemble. |
| `[^...]` | s'identifie à la plus longue chaîne de caractères (non vide) en entrée, composée de caractères ne faisant *pas* partie de l'ensemble entre crochets ; `char *`. Un caractère `'\0'` est ajouté. `[^]...]` permet d'inclure `]` dans cet ensemble. |
| `%` | le caractère `%` ; ne réalise aucune affectation. |

Chaque spécification de conversion détermine la conversion du champ d'entrée suivant. Normalement, le résultat est placé dans la variable pointée par l'argument correspondant. Si l'on demande une suppression d'affectation, indiquée par `*`, comme dans `%*s`, la fonction saute simplement le champ correspondant en entrée, sans rien affecter. Un champ en entrée est défini comme une chaîne de caractères différents des caractères d'espacement ; il s'étend soit jusqu'au caractère d'espacement suivant, soit jusqu'à ce que la largeur du champ soit atteinte, si elle est précisée. Cela implique que `scanf` lira au-delà des limites des lignes pour trouver ses données en entrée, puisque le caractère de fin de ligne est un caractère d'espacement. (Les caractères d'espacement sont les caractères « espace », « tabulation », « fin de ligne », « retour chariot », « tabulation verticale » et « saut de page ».)

Le caractère de conversion indique comment interpréter le champ en entrée. L'argument correspondant doit être un pointeur. Les caractères de conversion autorisés sont répertoriés dans le tableau B-2.

Les caractères de conversion `d`, `i`, `n`, `o`, `u` et `x` peuvent être précédés par un «`h`» si l'argument est un pointeur sur un `short` et non sur un `int` ou par un «`l`» si l'argument est un pointeur sur un `long`. Les caractères de conversion `e`, `f` et `g` peuvent être précédés par un «`l`» si l'argument correspondant se trouvant dans la liste est un pointeur sur un `double` et non sur un `float` et par un «`L`» pour un pointeur sur un `long double`.

`int scanf(const char *format, ...)`

`scanf(...)` équivaut à `fscanf(stdin,...)`.

`int sscanf(char *format, ...)`

`sscanf(s,...)` équivaut à `scanf(...)`, mis à part que les caractères en entrée sont extraits de la chaîne de caractères `s`.

## B1.4 Les fonctions d'entrées-sorties de caractères

`int fgetc(FILE *stream)`

`fgetc` retourne le caractère suivant du flot `stream`, lu comme un `unsigned char` (converti en `int`), ou bien `EOF` si la fin de fichier est atteinte ou si une erreur survient.

`char *fgets(char *s, int n, FILE *stream)`

`fgets` lit au plus les `n-1` caractères suivants du flot et les place dans le tableau `s`, s'arrêtant si elle rencontre un caractère de fin de ligne ; le caractère de fin de ligne est alors copié dans le tableau et celui-ci est terminé par `'\0'`. `fgets` retourne `s`, ou bien `NULL` si la fin de fichier est atteinte ou si une erreur survient.

`int fputc(int c, FILE *stream)`

`fputc` écrit le caractère `c` (converti en `unsigned char`) sur le flot `stream`. Elle retourne le caractère écrit, ou bien `EOF` en cas d'erreur.

`int fputs(const char *s, FILE *stream)`

`fputs` écrit la chaîne de caractères `s` (qui ne doit pas forcément contenir `'\n'`) sur le flot `stream` ; elle retourne une valeur positive ou nulle, ou bien `EOF` en cas d'erreur.

`int getc(FILE *stream)`
getc équivaut à fgetc, mis à part que si c'est une macro, elle peut évaluer stream plus d'une fois.

`int getchar(void)`
getchar équivaut à getc(stdin).

`char *gets(char *s)`
gets lit la ligne suivante en entrée et la place dans le tableau s ; elle remplace le caractère de fin de ligne par '\0'. Elle retourne s, ou bien NULL si la fin de fichier est atteinte ou si une erreur survient.

`int putc(int c, FILE *stream)`
putc équivaut à fputc, mis à part que si c'est une macro, elle peut évaluer stream plus d'une fois.

`int putchar(int c)`
putchar(c) équivaut à putc(c,stdout).

`int puts(const char *s)`
puts écrit la chaîne de caractères s et un caractère de fin de ligne sur stdout. Elle retourne EOF en cas d'erreur, une valeur positive ou nulle sinon.

`int ungetc(int c, FILE *stream)`
ungetc remet c (converti en unsigned char) sur le flot stream, où il sera retrouvé à la prochaine lecture. On ne peut remettre qu'un seul caractère par flot de façon garantie. On ne peut pas remettre EOF dans le flot. La fonction ungetc retourne le caractère remis, ou bien EOF en cas d'erreur.

## B1.5 Les fonctions d'entrées-sorties directes

```
size_t fread(void *ptr, size_t size, size_t nobj,
        FILE *stream)
```
fread lit sur le flot stream au plus nobj objets de taille size et les place dans le tableau ptr. fread retoune le nombre d'objets lus ; il peut être inférieur au nombre demandé. Il faut utiliser feof et ferror pour déterminer l'état du flot.

```
size_t fwrite(const void *ptr, size_t size, size_t nobj,
        FILE *stream)
```
fwrite écrit nobj objets de taille size du tableau ptr sur le flot stream. Elle retourne le nombre d'objets écrits, qui est inférieur à nobj en cas d'erreur.

## B1.6 Les fonctions de positionnement dans les fichiers

`int fseek(FILE *stream, long offset, int origin)`

`fseek` positionne le pointeur de fichier pour le flot `stream` ; une lecture ou une écriture ultérieure accèdera aux données commençant à la nouvelle position. Pour un fichier binaire, la position est fixée à `offset` caractères de `origin`, qui peut valoir `SEEK_SET` (début), `SEEK_CUR` (position courante) ou `SEEK_END` (fin de fichier). Pour un flot de texte, `offset` doit valoir zéro, ou une valeur retournée par `ftell` (dans ce cas, `origin` doit valoir `SEEK_SET`). `fseek` retourne une valeur non nulle en cas d'erreur.

`int ftell(FILE *stream)`

`ftell` retourne la position courante dans le fichier pour le flot `stream`, ou bien `-1L` en cas d'erreur.

`void rewind(FILE *stream)`

`rewind(fp)` équivaut à `fseek(fp,0L,SEEK_SET); clearerr(fp)`.

`int fgetpos(FILE *stream, fpos_t *ptr)`

`fgetpos` place dans `*ptr` la position courante dans `stream`, en vue de son utilisation ultérieure par `fsetpos`. Le type `fpos_t` convient à la mémorisation de telles valeurs. `fgetpos` retourne une valeur non nulle en cas d'erreur.

`int fsetpos(FILE *stream, const fpos_t *ptr)`

`fsetpos` positionne `stream` à la position mémorisée dans `*ptr` par `fgetpos`. `fsetpos` retourne une valeur non nulle en cas d'erreur.

## B1.7 Les fonctions de gestion des erreurs

De nombreuses fonctions de la bibliothèque positionnent les indicateurs d'état quand une erreur se produit ou quand la fin de fichier est atteinte. On peut positionner ou tester ces indicateurs de façon explicite. De plus, l'expression entière `errno` (déclarée dans `<errno.h>`) peut contenir un numéro d'erreur qui fournit de plus amples informations au sujet de la dernière erreur survenue.

`void clearerr(FILE *stream)`

`clearerr` remet à zéro les indicateurs de fin de fichier et d'erreur du flot `stream`.

`int feof(FILE *stream)`

`feof` retourne une valeur non nulle si l'indicateur de fin de fichier du flot `stream` est positionné.

`int ferror(FILE *stream)`

`ferror` retourne une valeur non nulle si l'indicateur d'erreur du flot `stream` est positionné.

`void perror(const char *s)`

`perror(s)` imprime `s` et un message d'erreur dépendant de l'implémentation qui correspond à l'entier contenu dans `errno`, comme si l'on utilisait :

```
fprintf(stderr, "%s: %s\n", s, "message d'erreur")
```

Voir `strerror` à la section B3.

## B2. Les tests de catégories de caractères : <ctype.h>

Le fichier d'en-tête <ctype.h> contient des déclarations de fonctions destinées à tester les caractères. Pour chaque fonction, l'argument est de type `int`, et sa valeur doit être `EOF` ou représentable comme un `unsigned char`, et la valeur de retour est de type `int`. Ces fonctions retournent une valeur non nulle (« vrai ») si l'argument `c` remplit la condition indiquée, et zéro sinon.

| | |
|---|---|
| `isalnum(c)` | `isalpha(c)` ou `isdigit(c)` est vrai |
| `isalpha(c)` | `isupper(c)` ou `islower(c)` est vrai |
| `iscntrl(c)` | caractère de contrôle |
| `isdigit(c)` | chiffre décimal |
| `isgraph(c)` | caractère imprimable sauf l'espace |
| `islower(c)` | lettre minuscule |
| `isprint(c)` | caractère imprimable y compris l'espace |
| `ispunct(c)` | caractère imprimable différent de l'espace, des lettres et des chiffres |
| `isspace(c)` | espace, saut de page, fin de ligne, retour chariot, tabulation, tabulation verticale |
| `isupper(c)` | lettre majuscule |
| `isxdigit(c)` | chiffre hexadécimal |

Dans l'ensemble des caractères ASCII sur 7 bits, les caractères imprimables sont compris entre `0x20` (`' '`) et `0x7E` (`'~'`) ; les caractères de contrôle sont les caractères compris entre `0` (NUL) et `0x1F` (US), ainsi que `0x7F` (DEL).

De plus, deux fonctions permettent de convertir les majuscules en minuscules et vice-versa :

| | |
|---|---|
| `int tolower(int c)` | convertit `c` en minuscules |
| `int toupper(int c)` | convertit `c` en majuscules |

Si `c` est une lettre majuscule, `tolower(c)` retourne la lettre minuscule correspondante ; sinon elle retourne `c`. Si `c` est une lettre minuscule, `toupper(c)` retourne la lettre majuscule correspondante ; sinon elle retourne `c`.

## B3. Les fonctions de traitement des chaînes : <string.h>

Les fonctions sur les chaînes définies dans le fichier d'en-tête <string.h> se divisent en deux groupes. Les premières ont des noms qui commencent par `str` ; les secondes ont des noms qui commencent par `mem`. A l'exception de `memmove`, leur comportement est indéterminé en cas de copie entre des objets qui se chevauchent.

Dans la table qui suit, les variables `s` et `t` sont de type `char *` ; `cs` et `ct` sont de type `const char *` ; `n` est de type `size_t` ; et `c` est un `int` converti en `char`.

| | |
|---|---|
| `char *strcpy(s,ct)` | copie la chaîne `ct`, y compris `'\0'`, dans la chaîne `s` ; retourne `s`. |
| `char *strncpy(s,ct,n)` | copie au plus `n` caractères de la chaîne `ct` dans `s` ; retourne `s`. Complète par des `'\0'` si `ct` comporte moins de `n` caractères. |
| `char *strcat(s,ct)` | concatène la chaîne `ct` à la suite de la chaîne `s` ; retourne `s` |
| `char *strncat(s,ct,n)` | concatène au plus `n` caractères de la chaîne `ct` à la chaîne `s`, termine `s` par `'\0'` ; retourne `s`. |

| | |
|---|---|
| `int strcmp(cs,ct)` | compare la chaîne `cs` à la chaîne `ct` ; retourne une valeur négative si `cs<ct`, nulle si `cs==ct`, positive si `cs>ct`. |
| `int strncmp(cs,ct,n)` | compare au plus `n` caractères de la chaîne `cs` à la chaîne `ct` ; retourne une valeur négative si `cs<ct`, nulle si `cs==ct`, positive si `cs>ct`. |
| `char *strchr(cs,c)` | retourne un pointeur sur la première occurrence de `c` dans `cs`, ou `NULL` si `c` ne figure pas dans `cs`. |
| `char *strrchr(cs,c)` | retourne un pointeur sur la dernière occurrence de `c` dans `cs`, ou `NULL` si `c` ne figure pas dans `cs`. |
| `size_t strspn(cs,ct)` | retourne le nombre de caractères du début de `cs` constitué de caractères appartenant à `ct`. |
| `size_t strcspn(cs,ct)` | retourne le nombre de caractères du début de `cs` constitué de caractères n'appartenant pas à `ct`. |
| `char *strpbrk(cs,ct)` | retourne un pointeur sur la première occurrence, dans la chaîne `cs`, de n'importe quel caractère de la chaîne `ct`, ou `NULL` si aucun n'y figure. |
| `char *strstr(cs,ct)` | retourne un pointeur sur la première occurrence de la chaîne `ct` dans la chaîne `cs`, ou `NULL` si elle n'y figure pas. |
| `size_t strlen(cs)` | retourne la longueur de `cs`. |
| `char *strerror(n)` | retourne un pointeur sur la chaîne correspondant à l'erreur `n`, définie par l'implémentation. |
| `char *strtok(s,ct)` | `strtok` recherche dans `s` des lexèmes délimités par des caractères appartenant à `ct` ; voir ci-dessous. |

Une série d'appels à `strtok(s,ct)` décompose `s` en sous-chaînes appelées lexèmes *(tokens)*, chacun étant séparé du suivant par un caractère de `ct`. Le premier appel de la série se fait avec `s` différent de `NULL`. La fonction trouve le premier lexème de `s` composée de caractères n'appartenant pas à `ct` ; pour finir, elle remplace le caractère suivant de `s` par `'\0'` et retourne un pointeur sur le lexème. Chaque appel ultérieur, où l'on donnera à `s` la valeur `NULL`, retourne le lexème suivant, en commençant la recherche immédiatement après le lexème précédent. `strtok` retourne `NULL` lorsqu'elle ne trouve plus de lexème. Il est possible de changer la chaîne `ct` à chaque appel.

Les fonctions `mem...` sont faites pour manipuler des objets en tant que tableaux de caractères ; leur but est de servir d'interface à des routines efficaces. Dans la table qui suit, `s` et `t` sont de type `void *` ; `cs` et `ct` sont de type `const void *` ; `n` est de type `size_t` ; et `c` est un `int` converti en `unsigned char`.

| | |
|---|---|
| `void *memcpy(s,ct,n)` | copie `n` caractères de `ct` dans `s`, et retourne `s`. |
| `void *memmove(s,ct,n)` | comme `memcpy`, mais fonctionne aussi si les objets se chevauchent. |
| `int memcmp(cs,ct,n)` | compare les `n` premiers caractères de `cs` à `ct` ; la valeur de retour se détermine comme pour `strcmp`. |
| `void *memchr(cs,c,n)` | retourne un pointeur sur la première occurrence du caractère `c` dans `cs`, ou `NULL` si `c` ne figure pas dans les `n` premiers caractères. |
| `void *memset(s,c,n)` | remplit les `n` premiers caractères de `s` par le caractère `c` ; retourne `s`. |

## B4. Les fonctions mathématiques : <math.h>

Le fichier d'en-tête `<math.h>` contient des déclarations de fonctions et de macros mathématiques.

Les macros `EDOM` et `ERANGE` (qui se trouvent dans `<errno.h>`) sont des constantes entières non nulles utilisées pour signaler des erreurs de domaine et d'intervalle pour les fonctions ; `HUGE_VAL` est une valeur positive de type `double`. Il se produit une *erreur de domaine* si un argument n'est pas dans le domaine sur lequel la fonction est définie. En cas d'erreur de domaine, `errno` reçoit `EDOM` ; la valeur de retour dépend de l'implémentation. Il se produit une *erreur d'intervalle* si le résultat de la fonction ne peut pas être représenté par le type `double`. Si le résultat est trop grand, la fonction retourne `HUGE_VAL` avec le signe approprié, et `errno` reçoit `ERANGE`. Si le résultat est trop petit, la fonction retourne zéro ; c'est l'implémentation qui détermine si `errno` reçoit `ERANGE` ou pas.

Dans la table qui suit, `x` et `y` sont de type `double`, `n` de type `int`, et toutes les fonctions retournent un `double`. Pour les fonctions trigonométriques, les angles sont exprimés en radians.

| | |
|---|---|
| `sin(x)` | sinus de $x$. |
| `cos(x)` | cosinus de $x$. |
| `tan(x)` | tangente de $x$. |
| `asin(x)` | arc sinus de $x$, dans l'intervalle $[-\pi/2, \pi/2]$, $x \in [-1, 1]$. |
| `acos(x)` | arc cosinus de $x$, dans l'intervalle $[0, \pi]$, $x \in [-1, 1]$. |
| `atan(x)` | arc tangente de $x$, dans l'intervalle $[-\pi/2, \pi/2]$. |
| `atan2(y,x)` | arc tangente de $y/x$, dans l'intervalle $[-\pi, \pi]$. |
| `sinh(x)` | sinus hyperbolique de $x$. |
| `cosh(x)` | cosinus hyperbolique de $x$. |
| `tanh(x)` | tangente hyperbolique de $x$. |
| `exp(x)` | fonction exponentielle $e^x$. |
| `log(x)` | logarithme népérien : $\ln(x)$, $x > 0$. |
| `log10(x)` | logarithme à base 10 : $\log_{10}(x)$, $x > 0$. |
| `pow(x,y)` | $x^y$. Il se produit une erreur de domaine si $x = 0$ et $y \leq 0$, ou si $x < 0$ et $y$ n'est pas un entier. |
| `sqrt(x)` | $\sqrt{x}$, $x \geq 0$. |
| `ceil(x)` | le plus petit entier supérieur ou égal à $x$, exprimé en `double`. |
| `floor(x)` | le plus grand entier inférieur ou égal à $x$, exprimé en `double`. |
| `fabs(x)` | valeur absolue $\|x\|$. |
| `ldexp(x,n)` | $x \cdot 2^n$ |
| `frexp(x, int *exp)` | sépare `x` en une fraction normalisée dans l'intervalle [1/2, 1[, qui est retournée, et une puissance de 2, qui est placée dans `*exp`. Si `x` est nul, les deux parties du résultat sont nulles. |
| `modf(x, double *ip)` | sépare `x` en ses parties entière et fractionnaire, toutes deux du même signe que `x`. Cette fonction place la partie entière dans `*ip` et retourne la partie fractionnaire. |
| `fmod(x,y)` | reste de `x/y`, exprimé en virgule flottante, de même signe que `x`. Si `y` est nul, le résultat dépend de l'implémentation. |

## B5. Les fonctions utilitaires : <stdlib.h>

Le fichier d'en-tête `<stdlib.h>` contient des déclarations de fonctions traitant la conversion de nombres, l'allocation de mémoire, et des opérations similaires.

`double atof(const char *s)`

`atof` convertit `s` en un `double` ; équivaut à `strtod(s, (char**)NULL)`.

`int atoi(const char *s)`

convertit `s` en un `int` ; équivaut à `(int)strtol(s, (char**)NULL, 10)`.

`long atol(const char *s)`

convertit `s` en un `long` ; équivaut à `strtol(s, (char**)NULL, 10)`.

`double strtod(const char *s, char **endp)`

`strtod` convertit le début de `s` en un `double`, sans tenir compte des caractères d'espacement de tête. Elle place dans `*endp` un pointeur sur la partie non convertie de `s`, si elle existe, sauf si `endp` vaut `NULL`. Si la réponse est trop grande, la fonction retourne `HUGE_VAL` avec le signe approprié ; si la réponse est trop petite, la fonction retourne zéro. Dans les deux cas, `errno` reçoit `ERANGE`.

`long strtol(const char *s, char **endp, int base)`

`strtol` convertit le début de `s` en un `long`, sans tenir compte des caractères d'espacement de tête. Elle place dans `*endp` un pointeur sur la partie non convertie de `s`, si elle existe, sauf si `endp` vaut `NULL`. Si la `base` est comprise entre 2 et 36, la conversion s'effectue en considérant que l'entrée est écrite dans cette base. Si `base` vaut zéro, la base est 8, 10 ou 16 ; un `0` en tête indique le format octal, et `0x` ou `0X` le format hexadécimal. Des lettres majuscules ou minuscules représentent les chiffres compris entre 10 et `base-1` ; en base 16, on peut placer un `0x` ou un `0X` en tête du nombre. Si la réponse est trop grande, la fonction retourne `LONG_MAX` ou `LONG_MIN`, selon le signe du résultat, et `errno` reçoit `ERANGE`.

`unsigned long strtoul(const char *s char **endp, int base)`

`strtoul` est la même fonction que `strtol`, mis à part que le résultat est de type `unsigned long` et que la valeur de retour en cas d'erreur est `ULONG_MAX`.

`int rand(void)`

`rand` retourne un entier pseudo-aléatoire compris entre 0 et `RAND_MAX` ; `RAND_MAX` vaut au minimum 32767.

`void srand(unsigned int seed)`

`srand` prend `seed` comme amorce de la nouvelle séquence de nombres pseudo-aléatoires. L'amorce initiale vaut 1.

`void *calloc(size_t nobj, size_t size)`

`calloc` retourne un pointeur sur un espace mémoire réservé à un tableau de `nobj` objets, tous de taille `size`, ou bien `NULL` si cette demande ne peut pas être satisfaite. La mémoire allouée est initialisée par des zéros.

`void *malloc(size_t size)`

`malloc` retourne un pointeur sur un espace mémoire réservé à un objet de taille `size`, ou bien `NULL` si cette demande ne peut pas être satisfaite. La mémoire allouée n'est pas initialisée.

`void *realloc(void *p, size_t size)`

`realloc` change en `size` la taille de l'objet pointé par `p`. Si la nouvelle taille est plus petite que l'ancienne, seul le début du contenu de l'objet est conservé. Si la nouvelle taille est plus grande, le contenu de l'objet est conservé, et l'espace mémoire supplémentaire n'est pas initialisé. `realloc` retourne un pointeur sur le nouvel espace mémoire, ou bien `NULL` si cette demande ne peut pas être satisfaite, auquel cas `*p` n'est pas modifié.

`void free(void *p)`

`free` libère l'espace mémoire pointé par `p` ; elle ne fait rien si `p` vaut `NULL`. `p` doit être un pointeur sur un espace mémoire alloué par `calloc`, `malloc` ou `realloc`.

`void abort(void)`

`abort` provoque un arrêt anormal du programme, comme si l'on utilisait `raise(SIGABRT)`.

`void exit(int status)`

`exit` provoque l'arrêt normal du programme. Les fonctions `atexit` sont appelées dans l'ordre inverse de leur enregistrement, l'écriture des tampons associés aux fichiers ouverts est forcée, les flots ouverts sont fermés et le contrôle est rendu à l'environnement. La façon dont `status` est retourné à l'environnement dépend de l'implémentation, mais la valeur zéro indique que le programme qui s'arrête a rempli sa mission. On peut aussi utiliser les valeurs `EXIT_SUCCESS` et `EXIT_FAILURE`, pour indiquer respectivement la réussite ou l'échec du programme.

`int atexit(void (*fcn)(void))`

`atexit` enregistre que la fonction `fcn` devra être appelée lors de l'arrêt normal du programme ; elle retourne une valeur non nulle si cet enregistrement n'est pas réalisable.

`int system(const char *s)`

`system` passe la chaîne `s` à l'environnement pour que celui-ci l'exécute. Si `s` vaut `NULL`, `system` retourne une valeur non nulle si un interpréteur de commandes est présent. Si `s` ne vaut pas `NULL`, la valeur de retour dépend de l'implémentation.

`char *getenv(const char *name)`

`getenv` retourne la chaîne d'environnement associée à `name`, ou `NULL` si cette chaîne n'existe pas. Les détails dépendent de l'implémentation.

```
void *bsearch(const void *key, const void *base,
    size_t n, size_t size,
    int (*cmp)(const void *keyval, const void *datum))
```

`bsearch` recherche parmi `base[0]...base[n-1]` un objet s'identifiant à la clé `*key`. La fonction `cmp` doit retourner une valeur négative si son premier argument (la clé de recherche) est plus petit que le second (un élément du tableau), zéro s'ils sont égaux, et une valeur positive si la clé est plus grande que l'élément considéré. Les objets du tableau `base` doivent être rangés dans l'ordre croissant. `bsearch` retourne un pointeur sur un objet du tableau identique à la clé, ou `NULL` s'il n'en existe aucun.

```
void qsort(void *base, size_t n, size_t size,
      int (*cmp)(const void *, const void *))
```

qsort trie dans l'ordre croissant un tableau base[0]...base[n-1] d'objets de taille size. La fonction de comparaison cmp doit avoir les mêmes caractéristiques que pour bsearch.

```
int abs(int n)
```

abs retourne la valeur absolue de son argument de type int.

```
long labs(long n)
```

labs retourne la valeur absolue de son argument de type long.

```
div_t div(int num, int denom)
```

div calcule le quotient et le reste de la division de num par denom. Le quotient et le reste sont placés respectivement dans les champs quot et rem, de type int, d'une structure de type div_t.

```
ldiv_t ldiv(long num, long denom)
```

ldiv calcule le quotient et le reste de la division de num par denom. Le quotient et le reste sont placés respectivement dans les champs quot et rem, de type long, d'une structure de type ldiv_t.

## B6. Les messages d'erreur : <assert.h>

On utilise la macro assert pour insérer des messages d'erreur dans les programmes :

void assert(int *expression*)

Si *expression* vaut zéro au moment où

assert(*expression*)

est exécutée, la macro assert imprime sur stderr un message de la forme :

Assertion failed: *expression*, file *nom_de_fichier*, line *nnn*

Puis, elle appelle abort pour arrêter l'exécution. Le nom du fichier source et le numéro de ligne *nnn* sont donnés par les macros __FILE__ et __LINE__ du préprocesseur.

Si NDEBUG est défini au moment où <assert.h> est inclus, la macro assert n'est pas prise en compte.

## B7. Les listes variables d'arguments : <stdarg.h>

Le fichier d'en-tête <stdarg.h> permet à une fonction d'utiliser une liste d'arguments de nombre et de types inconnus.

Supposons que *dernier_argument* soit le dernier paramètre nommé d'une fonction f ayant un nombre variable d'arguments. Il faut alors déclarer à l'intérieur de f une variable ap de type va_list, qui pointera tour à tour sur chaque argument :

```
va_list ap;
```

Il faut initialiser `ap`, une seule fois, par la macro `va_start` avant d'utiliser les arguments n'ayant pas de nom :

va_start(va_list ap, *dernier_argument*);

Par la suite, chaque exécution de la macro `va_arg` retournera un objet ayant le type et la valeur de l'argument suivant non nommé, et modifiera également `ap` de façon que le prochain appel de `va_arg` retourne l'argument suivant :

*type* va_arg(va_list ap, *type*);

Il faut appeler la macro

```
void va_end(va_list ap);
```

une seule fois après avoir traité les arguments, mais avant de quitter `f`.

## B8. Les branchements hors fonction : <setjmp.h>

Les objets déclarés dans `<setjmp.h>` permettent d'éviter la séquence normale d'appel et de retour de fonction, ce qui s'utilise essentiellement pour revenir immédiatement d'une fonction profondément imbriquée.

`int setjmp(jmp_buf env)`

La macro `setjmp` sauvegarde l'état du programme dans `env`, en vue de son utilisation par `longjmp`. `setjmp` retourne zéro en cas d'appel direct, et une valeur non nulle en cas d'appel ultérieur via `longjmp`. On ne peut appeler `longjmp` que dans certains contextes, essentiellement à l'intérieur des tests de `if`, de `switch` et des boucles, et seulement dans des expressions simples.

```
if (setjmp(env) == 0)

     /* l'exécution continue ici en cas d'appel direct */

else

     /* elle reprend ici au retour de longjmp */
```

`void longjmp(jmp_buf env, int val)`

`longjmp` remet le programme dans l'état sauvegardé lors du dernier appel à `setjmp`, grâce aux informations mémorisées dans `env`, et l'exécution reprend comme si la fonction `setjmp` venait de s'exécuter et avait retourné la valeur non nulle `val`. La fonction qui contient le `setjmp` ne doit pas être terminée. Les objets accessibles gardent les mêmes valeurs qu'au moment de l'appel de `longjmp` ; cependant, si des variables automatiques non volatiles de la fonction qui a appelé `setjmp` ont été modifiées depuis cet appel, leurs valeurs sont indéfinies après `longjmp`.

## B9. Les signaux : <signal.h>

Le fichier d'en-tête <signal.h> permet de traiter les événements exceptionnels qui se produisent durant l'exécution, par exemple un signal d'interruption provenant d'une source extérieure, ou une erreur d'exécution.

```
void (*signal(int sig, void (*handler)(int)))(int)
```

signal détermine la façon dont les signaux ultérieurs seront traités. Si handler vaut SIG_DFL, le système utilisera le comportement par défaut défini par l'implémentation ; si handler vaut SIG_IGN, le signal suivant ne sera pas pris en compte ; dans les autres cas, la fonction pointée par handler sera appelée, avec comme argument le type du signal. Les signaux autorisés sont :

| | |
|---|---|
| SIGABRT | arrêt anormal, par exemple depuis abort |
| SIGFPE | erreur arithmétique, par exemple division par zéro ou dépassement de capacité |
| SIGILL | image de fonction invalide, par exemple instruction illégale |
| SIGINT | appel au système pendant l'exécution, par exemple interruption |
| SIGSEGV | accès mémoire interdit, par exemple accès en dehors des limites de la mémoire |
| SIGTERM | envoi d'une demande d'arrêt à ce programme |

signal retourne la valeur de handler définie précédemment pour ce signal, ou SIG_ERR en cas d'erreur.

Par la suite, quand un signal sig survient, le comportement par défaut de ce signal est rétabli ; puis la fonction de traitement de ce signal est appelée, comme si l'on utilisait (*handler)(sig). Si cette fonction rend la main, l'exécution reprendra à l'endroit où elle s'était arrêtée quand le signal est survenu.

Le comportement de départ des signaux est défini par l'implémentation.

```
int raise(int sig)
```

raise envoie le signal sig au programme ; elle retourne une valeur non nulle en cas d'échec.

## B10. Les fonctions de traitement de la date et de l'heure : <time.h>

Le fichier d'en-tête <time.h> contient des déclarations de types et de fonctions servant à manipuler la date et l'heure. Certaines fonctions traitent l'*heure locale*, qui peut être différente de l'heure calendaire, par exemple à cause des fuseaux horaires. clock_t et time_t sont des types arithmétiques qui représentent des instants, et struct tm contient les composantes d'une heure calendaire :

| | |
|---|---|
| int tm_sec; | secondes après la minute (0-61) |
| int tm_min; | minutes après l'heure (0-59) |
| int tm_hour; | heures depuis minuit (0-23) |
| int tm_mday; | jour du mois (1-31) |
| int tm_mon; | mois *depuis* janvier (0-11) |
| int tm_year; | année depuis 1900 |
| int tm_wday; | jours depuis dimanche (0-6) |
| int tm_yday; | jours depuis le premier janvier (0-365) |
| int tm_isdst; | drapeau de l'heure d'été |

`tm_isdst` est positif si l'heure d'été est en vigueur, nul sinon, et négatif si cette information n'est pas disponible.

`clock_t clock(void)`
: `clock` retourne le temps d'utilisation du processeur par le programme depuis le début de son exécution, ou bien `-1` si cette information n'est pas disponible. `clock()/CLK_TCK` est une durée en secondes.

`time_t time(time_t *tp)`
: `time` retourne l'heure calendaire actuelle, ou bien `-1` si l'heure n'est pas disponible. Si `tp` est différent de `NULL`, `*tp` reçoit aussi cette valeur de retour.

`double difftime(time_t time2, time_t time1)`
: `difftime` retourne la durée `time2-time1`, exprimée en secondes.

`time_t mktime(struct tm *tp)`
: `mktime` convertit l'heure locale contenue dans la structure `*tp` en heure calendaire, exprimée suivant la même représentation que celle employée par `time`. Les valeurs des composantes de l'heure seront comprises dans les intervalles donnés ci-dessus. La fonction `mktime` retourne l'heure calendaire, ou bien `-1` si celle-ci ne peut pas être représentée.

Les quatre fonctions suivantes retournent des pointeurs sur des objets statiques qui peuvent être écrasés par d'autres appels.

`char *asctime(const struct tm *tp)`
: `asctime` convertit l'heure représentée dans la structure `*tp` en une chaîne de la forme :

```
Sun Jan  3 15:14:13 1988\n\0
```

`char *ctime(const time_t *tp)`
: `ctime` convertit l'heure calendaire `*tp` en heure locale ; elle équivaut à :

```
asctime(localtime(tp))
```

`struct tm *gmtime(const time_t *tp)`
: `gmtime` convertit l'heure calendaire en Temps Universel (TU). Elle retourne `NULL` si le TU n'est pas disponible. Cette fonction s'appelle `gmtime` pour des raisons historiques.

`struct tm *localtime(const time_t *tp)`
: `localtime` convertit l'heure calendaire `*tp` en heure locale.

`size_t strftime(char *s, size_t smax, const char *fmt, const struct tm *tp)`
: `strftime` transforme les informations de date et d'heure contenues dans `*tp` suivant le format `fmt`, qui est analogue à un format de `printf`, et place le résultat dans `s`. Les caractères ordinaires (y compris le `'\0'` final) sont copiés dans `s`. Chacun des `%`*c* est remplacé comme indiqué ci-dessous, en utilisant des valeurs adaptées à l'environnement local. `strftime` place au maximum `smax` caractères dans `s`. Cette fonction retourne le nombre de caractères de `s`, non compris le `'\0'`, ou bien zéro si elle a produit plus de `smax` caractères.

| | |
|---|---|
| `%a` | abréviation du jour de la semaine. |
| `%A` | nom complet du jour de la semaine. |
| `%b` | abréviation du mois. |
| `%B` | nom complet du mois. |
| `%c` | représentation locale de la date et de l'heure. |
| `%d` | jour du mois (`01-31`). |
| `%H` | heure (sur 24 heures) (`00-23`). |
| `%I` | heure (sur 12 heures) (`01-12`). |
| `%j` | numéro du jour dans l'année (`001-366`). |
| `%m` | numéro du mois (`01-12`). |
| `%M` | minutes (`00-59`). |
| `%p` | équivalent local de `AM` ou `PM` (matin ou après-midi). |
| `%S` | secondes (`00-59`). |
| `%U` | numéro de la semaine dans l'année (en prenant le dimanche comme premier jour de la semaine) (`00-53`). |
| `%w` | numéro du jour de la semaine (`0-6`, `0` représentant le dimanche). |
| `%W` | numéro de la semaine dans l'année (en prenant le lundi comme premier jour de la semaine) (`00-53`). |
| `%x` | représentation locale de la date. |
| `%X` | représentation locale de l'heure. |
| `%y` | année dans le siècle (`00-99`). |
| `%Y` | année, y compris le siècle. |
| `%Z` | nom du fuseau horaire, s'il existe. |
| `%%` | `%`. |

## B11. Les limites définies par l'implémentation : <limits.h> et <float.h>

Le fichier d'en-tête `<limits.h>` définit des constantes pour les tailles des types entiers. Les valeurs ci-dessous sont les amplitudes minimum acceptables ; il se peut que des valeurs plus grandes soient utilisées.

| | | |
|---|---|---|
| `CHAR_BIT` | `8` | bits par caractère |
| `CHAR_MAX` | `UCHAR_MAX` *ou* `SCHAR_MAX` | valeur maximum d'un `char` |
| `CHAR_MIN` | `0` *ou* `SCHAR_MIN` | valeur minimum d'un `char` |
| `INT_MAX` | `+32767` | valeur maximum d'un `int` |
| `INT_MIN` | `-32767` | valeur minimum d'un `int` |
| `LONG_MAX` | `+2147483647L` | valeur maximum d'un `long` |
| `LONG_MIN` | `-2147483647L` | valeur minimum d'un `long` |
| `SCHAR_MAX` | `+127` | valeur maximum d'un `signed char` |
| `SCHAR_MIN` | `-127` | valeur minimum d'un `signed char` |
| `SHRT_MAX` | `+32767` | valeur maximum d'un `short` |
| `SHRT_MIN` | `-32767` | valeur minimum d'un `short` |
| `UCHAR_MAX` | `255U` | valeur maximum d'un `unsigned char` |
| `UINT_MAX` | `65535U` | valeur maximum d'un `unsigned int` |
| `ULONG_MAX` | `4294967295UL` | valeur maximum d'un `unsigned long` |
| `USHRT_MAX` | `65535U` | valeur maximum d'un `unsigned short` |

Les noms donnés dans la liste ci-dessous, qui constitue un sous-ensemble de `<float.h>`, sont des constantes relatives à l'arithmétique en virgule flottante. Lorsqu'une valeur est donnée, elle représente l'amplitude minimum pour la quantité correspondante. Chaque implémentation définit des valeurs qui lui sont appropriées.

| | | |
|---|---|---|
| `FLT_RADIX` | 2 | base de la représentation exponentielle, par ex. 2 ou 16 |
| `FLT_ROUNDS` | | mode d'arrondi pour l'addition en virgule flottante |
| `FLT_DIG` | 6 | précision, en chiffres décimaux |
| `FLT_EPSILON` | 1E-5 | le plus petit nombre $x$ tel que $1{,}0 + x \neq 1{,}0$ |
| `FLT_MANT_DIG` | | nombre de chiffres de la mantisse, dans la base `FLT_RADIX` |
| `FLT_MAX` | 1E+37 | le plus grand nombre représentable en virgule flottante |
| `FLT_MAX_EXP` | | le plus grand exposant $n$ tel que `FLT_RADIX`$^{n}-1$ soit représentable |
| `FLT_MIN` | 1E-37 | le plus petit nombre représentable en virgule flottante sous forme normalisée |
| `FLT_MIN_EXP` | | le plus petit exposant $n$ tel que $10^{n}$ soit normalisé |

Les constantes suivantes sont relatives aux nombres en virgule flottante de type `double`.

| | | |
|---|---|---|
| `DBL_DIG` | 10 | précision, en chiffres décimaux |
| `DBL_EPSILON` | 1E-9 | le plus petit nombre $x$ tel que $1{,}0 + x \neq 1{,}0$ |
| `DBL_MANT_DIG` | | nombre de chiffres de la mantisse, dans la base `FLT_RADIX` |
| `DBL_MAX` | 1E+37 | le plus grand nombre représentable en virgule flottante `double` |
| `DBL_MAX_EXP` | | le plus grand exposant $n$ tel que `FLT_RADIX`$^{n}-1$ soit représentable |
| `DBL_MIN` | 1E-37 | le plus petit nombre représentable en virgule flottante `double` sous forme normalisée |
| `DBL_MIN_EXP` | | le plus petit exposant $n$ tel que $10^{n}$ soit normalisé |

# ANNEXE C : Récapitulatif des changements

Depuis la publication de la première édition de ce livre, la définition du langage C a subi beaucoup de modifications. Presque tous ces changements sont des extensions du langage d'origine, et ont été soigneusement conçus pour rester compatibles avec la pratique existante ; d'autres permettent de résoudre des ambiguïtés de la description d'origine ; enfin, d'autres modifications changent la pratique existante. La plupart des nouvelles fonctionnalités furent annoncées dans les documents fournis avec les compilateurs d'AT&T, et adoptées ultérieurement par d'autres concepteurs de compilateurs C. Plus récemment, la commission ANSI de normalisation du langage a incorporé la plupart de ces changements, et a également introduit d'autres modifications importantes. Certains compilateurs commercialisés ont anticipé en partie le rapport de cette commission, avant même la parution de la norme formelle du C.

Cette annexe présente un résumé des différences entre le langage défini par la première édition de ce livre et ce qui est censé être défini par la norme finale. On ne s'occupe ici que du langage en lui-même, et non de son environnement et de sa bibliothèque ; bien que ces derniers représentent une partie importante de la norme, il y a peu de comparaisons à faire à leur sujet car la première édition ne parlait ni de l'environnement, ni de la bibliothèque.

- Le préprocesseur est défini plus précisément dans la norme que dans la première édition, et a été étendu : il est défini de manière explicite avec des lexèmes ; il existe de nouveaux opérateurs de concaténation de lexèmes (`##`) et de création de chaînes de caractères (`#`) ; il existe de nouvelles lignes de contrôle telles que `#elif` et `#pragma` ; on est autorisé explicitement à redéclarer des macros par la même suite de lexèmes ; il ne remplace plus les paramètres compris dans les chaînes de caractères. On peut couper des lignes par \ à un endroit quelconque et non seulement à l'intérieur des chaînes de caractères et des définitions de macros. Voir §A12.

- Le nombre minimum de caractères significatifs pour les identificateurs internes est passé à 31 caractères ; celui des identificateurs ayant un lien externe reste égal à au moins 6 caractères, sans distinction entre les majuscules et les minuscules. (De nombreuses implémentations en fournissent plus).

- Les séquences d'échappement à trois caractères, commençant par `??`, permettent de représenter des caractères manquants dans certains jeux de caractères. On définit ces séquences d'échappement pour les caractères `#\^[]{}|~` ; voir §A12.1. Remarquez que l'introduction de ces séquences à trois caractères peut changer la signification des chaînes de caractères contenant la séquence `??`.

- On a introduit de nouveaux mots-clés (`void`, `const`, `volatile`, `signed`, `enum`). Le mot-clé `entry`, mort-né, n'est plus réservé.
- De nouvelles séquences d'échappement ont été définies pour servir à l'intérieur des constantes de type caractère et de type chaîne. Le caractère \ suivi d'un caractère ne faisant pas partie des séquences d'échappements reconnues a un effet indéfini. Voir §A2.5.2.
- Le changement trivial plébiscité : `8` et `9` ne sont plus des chiffres octaux.
- La norme introduit un jeu important de suffixes permettant de rendre explicite le type des constantes : `U` ou `L` pour les entiers, `F` ou `L` pour les nombres flottants. Elle raffine également les règles concernant le type des constantes non suffixées (§A2.5).
- Les constantes de type chaîne adjacentes sont concaténées.
- Il existe une notation pour les constantes de type caractère étendu et chaîne de caractères étendus ; voir §A2.6.
- On peut déclarer de manière explicite le fait que des caractères, ou d'autres types, soient des quantités signées ou non grâce aux mots-clés `signed` et `unsigned`. La locution `long float` pour `double` a disparu, mais on peut employer `long double` pour déclarer une quantité flottante de précision étendue.
- Le `unsigned char` est disponible depuis quelque temps. La norme introduit le mot-clé `signed` pour indiquer explicitement qu'un `char` ou un objet de type entier est signé.
- La plupart des implémentations reconnaissent le type `void` depuis des années. La norme introduit l'usage du type `void *` en tant que pointeur générique ; c'est le type `char *` qui jouait ce rôle auparavant. En même temps, la norme énonce des règles explicites contre le mélange des pointeurs et des entiers, et les pointeurs de différents types, sans utiliser de conversions par «cast».
- La norme fixe explicitement les minima des valeurs des types arithmétiques, et elle rend obligatoires les fichiers d'en-tête donnant les caractéristiques de chaque implémentation particulière (`<limits.h>` et `<float.h>`).
- Les énumérations sont une nouveauté par rapport à la première édition.
- La norme emprunte au C++ la notion de qualificatif de type, comme par exemple `const` (§A8.2).
- Les constantes de type chaîne ne sont plus modifiables ; on pourra donc les placer en mémoire morte.
- Les «conversions arithmétiques usuelles» ont changé ; essentiellement, les deux règles stipulant que «les entiers `unsigned` s'imposent toujours» et que «les nombres en virgule flottante sont toujours de type `double`» sont remplacées par «utiliser par défaut le type le plus petit dont la taille convient». Voir §A6.5.
- Les anciens opérateurs d'affectation tel que `=+` ont disparu pour de bon. Maintenant, les opérateurs d'affectation sont également des lexèmes uniques ; dans la première édition, ces opérateurs étaient des paires de lexèmes, qui pouvaient être séparés par des caractères d'espacement.
- Les compilateurs n'ont pas le droit de traiter les opérateurs associatifs mathématiquement comme s'ils étaient associatifs informatiquement.

- L'opérateur + unaire est ajouté au – unaire, pour des raisons de symétrie.
- On peut employer un pointeur de fonction pour désigner une fonction sans utiliser l'opérateur `*` explicitement. Voir §A7.3.2.
- On peut affecter les structures, les passer en arguments à des fonctions et les faire renvoyer par des fonctions.
- On peut appliquer l'opérateur `&` («adresse de») à un tableau ; le résultat est un pointeur sur ce tableau.
- Dans la première édition, l'opérateur `sizeof` produisait un type `int` ; par la suite, beaucoup d'implémentations le rendirent `unsigned`. La norme le rend explicitement dépendant de l'implémentation mais demande que le type `size_t` soit défini dans un fichier d'en-tête standard (`<stddef.h>`). Le même changement s'applique au type `ptrdiff_t` concernant la soustraction des pointeurs. Voir §A7.4.8 et §A7.7.
- On ne peut pas appliquer l'opérateur `&` («adresse de») à un objet déclaré de classe `register`, même si l'implémentation choisit de ne pas stocker cet objet dans un registre.
- Le type d'une expression de décalage est celui de son opérande de gauche ; l'opérande de droite ne peut pas imposer son type au résultat. Voir §A7.8.
- La norme autorise la création d'un pointeur pointant juste après la fin d'un tableau, ainsi que les calculs et les relations utilisant un tel pointeur ; voir §A7.7.
- La norme introduit (c'est un emprunt au C++) la notion de déclaration du prototype d'une fonction, comprenant les types des paramètres, et elle reconnaît explicitement les fonctions à liste variable d'arguments en fournissant un moyen de les traiter. Voir §§A7.3.2, A8.6.3, B7. L'ancienne forme des déclarations est encore acceptée, moyennant certaines restrictions.
- La norme interdit l'emploi de déclarations vides qui ne contiennent pas de déclarateurs et ne déclarent pas non plus une structure, une union ou une énumération. D'un autre côté, une déclaration contenant uniquement une étiquette de structure ou d'union redéclare cette étiquette même si elle était déjà déclarée avec une portée plus large.
- Il est interdit d'effectuer des déclarations externes sans spécificateurs ni qualificatifs (c'est-à-dire de simples déclarateurs «nus»).
- Certaines implémentations exportaient une déclaration `extern` vers le reste du fichier lorsque celle-ci figurait dans un bloc interne. La norme indique clairement que la portée d'une telle déclaration est limitée au bloc.
- La portée des paramètres dans l'instruction composée d'une fonction est telle que les déclarations de variables au premier niveau de la fonction ne peuvent pas cacher ses paramètres.
- Les classes des noms des identificateurs sont quelque peu différentes. La norme met toutes les étiquettes de structure ou d'union dans une classe unique, et introduit une classe distincte pour les étiquettes de branchement ; voir §A11.1. De plus, les noms de membres sont associés à la structure ou l'union dont ils font partie (ce qui était une pratique courante depuis quelque temps).

- On peut initialiser les unions ; la valeur initiale fait référence au premier membre et doit être de son type.
- On peut initialiser les structures, les unions et les tableaux automatiques, moyennant certaines restrictions.
- On peut initialiser les tableaux de caractères de taille explicite par des constantes de type chaîne comportant exactement le même nombre de caractères (le caractère `'\0'` est supprimé sans avertissement).
- L'expression de contrôle et les étiquettes des différents cas d'un `switch` peuvent être d'un type entier quelconque.

# Index

Masson, Éditeur
120, bd St-Germain
75280 Paris Cedex 06
Dépôt légal : juillet 1992

Achevé d'imprimer sur les presses
d'Aubin Imprimeur à Ligugé
en juillet 1992
Dépôt légal juillet 1992
N° d'impression L 40819